Introductory Lectures on Economics of Tourism

観光経済学の
基礎講義

中平千彦・薮田雅弘 [編著]
Kazuhiko Nakahira, Masahiro Yabuta

九州大学出版会

はじめに

　観光は，日本のみならず，国際的に見ても，現在最も発展している分野の一つである。観光発展は，経済的な豊かさをもたらすだけでなく，ホスピタリティやサービスなど社会の在り方を変えるものとして期待されている。また，グローバル化する世界の中で，人々がダイナミックに交流し所得が動くことで，貧困や格差を解消させる力を持つものとしても期待されている。観光を考える際には，観光地の歴史や社会，風土，観光をすすめる企業の行動，観光客の行動パターンなどを広範な視点からとらえる必要がある。観光が持つ多様性のために，観光を学ぶ場合には，多様な関心と多彩な分野の学修が必要となる。たとえば，代表的な観光地である京都を知るためには，京都の地理や歴史はもちろんのこと，観光地としての宿泊や食事，土産の発展過程，観光客のニーズ，交通，ビジネス，京都らしさを保全する歴史や景観の保全など，多くのことを知らなければならない。観光を学ぶことは，深い関心のもとで，総合的な分析視点を磨くことに他ならない。

　本書の特徴は，観光を「経済学」という分析ツールで考えることにある。これまでにも，A. ブル『旅行・観光の経済学』，M. T. シンクレア『観光の経済学』や J. マック『観光経済学入門』などに代表されるような観光経済学のテキストが邦訳の形で上梓されてきた。いずれも，経済学をベースにして観光経済学の概説を試みているが，本書は，次のいくつかの点で一線を画している。第 1 に，観光の経済事象に関する事項をしっかりと経済学の視点から記述し，解説している点である。これによって，経済学の基本的な考え方を，観光を通して学ぶことができる。読者は，ミクロ経済学やマクロ経済学などの基本事項を適宜学ぶとともに，最後には，観光の経済学的な考え方を修得することができるように工夫している。ミクロ経済学やマクロ経済学の枠組みを，豊富な観光の事例に適用することで，経済学が学びやすくなっ

ていると考える。第2に，ミクロ経済学やマクロ経済学をベースにして，国際経済学や経済成長論の枠組みを用いて，観光成長や観光の国際的側面を解説している点である。観光分野での技術革新や観光成長をもたらす諸要因や，外国人観光客の来訪を促す為替相場などについても概説し，そのプロセスを平易に論じている。第3に，観光の実際の課題を公共政策的な側面から概説している点である。経済事象として発生する問題の多くは，これまでも公共経済学や環境経済学など経済学の応用分野として論じられてきた。観光を考える場合も同様であって，観光は社会や経済にとってプラスにもマイナスにも作用する。観光開発や観光から派生するさまざまな問題を，経済学の枠内で把握し考えること，とくに外部性や市場の失敗などの観点から考えている。これに基づいて，経済的インセンティブや直接規制などの観光政策や地域政策の政策手段を説明している。第4に，観光経済学の理論的な概説に加えて，観光に関する新しい概念であるエコツーリズムや貧困を解消するプロプアツーリズムなどに言及している点である。いわば，観光分野の具体的事例と問題意識に対応して，観光資源としての文化財や世界遺産の意義と課題，島嶼地域の観光の現状と課題について，読者に問題提起し自答するためのエクササイズを提供している。

　本書は，以上の特徴点を持ちながら，とくに，大学での経済学の初学者，あるいは現実経済に直面するビジネスマンを対象に，観光とは何か，観光はなぜ重要なのか，観光が経済社会にどのような影響を及ぼすか，また，観光発展は今後どのように展開するのか，といった問題意識に率直にかつ簡潔に応えようとするものである。本書の構成に関するナビゲーション役は，第1章の「観光の現状と課題」に委ねているので，読者には，まずは第1章から読み進めていただきたい。

　ここでは，本書全体の構成を簡単に説明し，学修の方法やステップを解説する。本書は四部構成からなっている。大きな括りで言えば，第1部はマクロ経済学，第2部はミクロ経済学，第3部は，経済成長と国際経済などの理論をベースに観光への応用を概説している。また，第4部では，観光のさまざまな事象について，観光資源の保全や管理，実際の観光開発の事例，エコツーリズムなどの新たな観光形態の解説が行われ，今後の観光発展の姿や方

向性について論じている。言うまでもなく，マクロ経済学やミクロ経済学は，経済学のコアの部分であって，優れたテキストは数多く出版されている。そのような中で，第1部から第3部までが対象とする理論内容は，基本的な枠組みや考え方に留意し，最も基本的な部分に限定している。ただし，本書の目的である，観光事象を経済学で理解するための必要な部分は含んでいる。各章の冒頭では，読者の理解に資するために，各章で理解すべきいくつかのキーワードと，各章が目的とする内容を簡潔に掲示している。各章を読みすすめるためのチェックポイントとして活用していただきたい。また，多くの章では，関連するトピックスを挙げて説明しているので，知識の醸成に役立てていただきたいと考えている。

　本書出版のアイデアは，編著者の一人が観光経済学の講義を行うなかで，経済学をベースにした分かりやすいテキストがなく，平易ではあるが体系的に経済学も学ぶことができる観光経済学のテキストの必要性を強く感じていたことから始まった。またもう一人の編著者は，オーストラリアでの学会において，ニューサウスウェールズ大学のドワイアー（Larry Dwyer）教授を中心として上梓された本格的な観光経済学のテキスト（*Tourism Economics and Policy*）に接し，コンパクトかつ平易な日本語のテキストの必要性を感じていた。ドワイアー教授に福岡で開催された制度と経済に関する国際会議に来日講演を招聘した2011年ごろは，まだ，観光経済学は応用経済学の一分野としての認識しかなく，観光経済学の重要性に関する理解は十分とは言えなかった。このたび，九州大学出版会のもとで出版の機会を得たことで，本書によって観光と観光経済学の重要性がより広く認知されることになるとすれば，編著者ならびに執筆者にとってこれ以上の喜びはない。

　本書の編集にあたっては，中央大学大学院藪田研究室のメンバーに校正の手伝いをしていただいた。本書公刊の強い意図にもかかわらず，出版に至るまでには，長い期間を要した。その間，忍耐強く見守り励ましてくださった九州大学出版会の古澤言太氏ならびに永山俊二氏には，この場をお借りして感謝申し上げたい。

2017年6月

編著者一同

目　次

はじめに……………………………………………………………………… i

第 1 章　観光の現状と課題………………………………………… 1

1.1　はじめに　*1*

1.2　観光をどうとらえるか　*3*

1.3　観光の目的はなにか　*6*

1.4　観光のもたらす課題はなにか　*8*

第 1 部　マクロ経済学と観光

第 2 章　SNA と観光統計………………………………………… 13

2.1　はじめに—SNA の概念と観光統計—　*13*

2.2　SNA の基本構造　*13*

2.3　SNA 推計の現代的トピック　*17*

2.4　サテライト勘定の意義と分類　*19*

2.5　旅行・観光サテライト勘定と観光分析　*22*

2.6　旅行・観光統計および関連情報の入手　*28*

2.7　おわりに　*32*

第 3 章　消費理論と観光………………………………………… 35

3.1　はじめに—消費と消費関数—　*35*

3.2　可処分所得と租税を考慮した消費関数　*37*

3.3　消費関数における短期と長期　*38*

3.4　消費決定の仮説　*40*

vi　目　次

3.5　観光消費の性質　*50*

3.6　おわりに　*52*

第**4**章　投資理論と観光 ································· *54*

4.1　はじめに―投資と投資の決定要因―　*54*

4.2　限界効率と投資判断　*55*

4.3　投資の限界効率表と投資量の決定　*58*

4.4　加速度原理　*60*

4.5　ストック調整原理　*62*

4.6　ジョルゲンソン型投資関数　*65*

4.7　投資の調整費用モデル　*67*

4.8　トービンの q 理論　*70*

4.9　おわりに―観光投資の性質―　*73*

第**5**章　産業連関表と観光 ···························· *76*

5.1　はじめに　*76*

5.2　世界の観光　*77*

5.3　観光のマクロ経済効果と産業連関分析　*80*

5.4　観光の経済効果分析の事例　*87*

5.5　旅行・観光サテライト勘定（TSA）　*89*

5.6　おわりに　*92*

トピックス：観光の効果を実際に計算する　*94*

第**2**部　ミクロ経済学と観光

第**6**章　消費者行動と観光 ···························· *97*

6.1　はじめに　*97*

6.2　消費者行動の把握―需要曲線の導出―　*98*

6.3　観光サービスの対象と観光サービスの選択　*104*

目次　vii

6.4　観光需要と弾力性　*109*

6.5　おわりに　*112*

トピックス：わが国におけるインバウンドの急増　*113*

第7章　観光需要 ……………………………………………… *114*

7.1　はじめに　*114*

7.2　観光需要の実際　*115*

7.3　観光需要の弾力性　*120*

7.4　日本および世界の観光動向　*128*

7.5　おわりに　*129*

トピックス：九州の観光列車　*131*

第8章　観光サービスの供給 ………………………………… *132*

8.1　はじめに　*132*

8.2　企業の生産行動　*133*

8.3　観光サービスの供給　*139*

8.4　観光市場の構造　*143*

8.5　おわりに　*148*

トピックス：ホテル・旅館の倒産　*149*

第9章　観光市場の機能 ……………………………………… *151*

9.1　はじめに　*151*

9.2　市場需要曲線と市場供給曲線　*152*

9.3　市場均衡と市場調整　*154*

9.4　観光市場の価格変動　*158*

9.5　観光財・サービスの価格決定メカニズム　*163*

9.6　おわりに　*167*

トピックス：フリーパス料金制　*168*

第 10 章 観光市場の失敗 ·· 169

10.1 はじめに　*169*

10.2 市場の失敗と観光　*170*

10.3 公共財　*179*

10.4 コモンプール財と資源の過剰利用　*182*

10.5 おわりに　*183*

トピックス：世界遺産の価値　*185*

第 3 部　経済学の応用と観光

第 11 章　開放経済と観光 ··· 189

11.1 はじめに　*189*

11.2 開放経済の道具立て　*190*

11.3 観光の乗数分析　*193*

11.4 開放経済と IS-LM 体系　*198*

11.5 マンデル・フレミングモデル　*203*

11.6 おわりに―インバウンド観光―　*205*

トピックス：市中免税店と ICT 活用最前線　*207*

第 12 章　経済成長と観光 ··· 208

12.1 はじめに　*208*

12.2 新古典派の経済成長モデル　*209*

12.3 観光の成長とテクノロジーの進歩　*213*

12.4 日本のインバウンド市場と対策　*214*

12.5 宿泊などの予約サービスにおける「口コミ」の重要性　*222*

12.6 日本における観光発展の将来　*223*
　　　―技術とホスピタリティ―

トピックス：日本観光とホスピタリティ　*225*

目次　ix

第13章　貧困と観光 ·················· 226

13.1 はじめに　*226*

13.2 プロプアー・ツーリズムとは　*227*

13.3 貧困と市場経済　*232*

13.4 持続可能な国・地域づくりに向けて　*237*

13.5 おわりに　*239*

トピックス：国民幸福度について　*241*

第4部　観光経済の事例分析

第14章　文化財と観光政策 ·················· 245

14.1 はじめに　*245*

14.2 文化財保護制度の現状と課題　*245*

14.3 文化財と観光政策　*253*

14.4 おわりに　*256*

トピックス：日本遺産の認定　*257*

第15章　世界遺産と観光 ·················· 258

15.1 はじめに　*258*

15.2 世界遺産の基礎知識　*258*

15.3 観光資源としての世界遺産　*264*

15.4 世界遺産の旅　*267*

15.5 観光競争力　*269*

15.6 おわりに　*271*

トピックス：見た目の存在感から使い良さへ。「ル・コルビュジエの
建築作品―近代建築運動への顕著な貢献―」の遺産価値　*272*

x 目次

第16章 エコツーリズム ··· 274

16.1 はじめに　*274*

16.2 エコツーリズムとは何か　*275*

16.3 わが国のエコツーリズムの展開　*280*

16.4 エコツーリズムの事例と課題　*285*

16.5 おわりに　*291*

トピックス：エコツアーガイド　*292*

第17章 離島の観光 ··· 293

17.1 はじめに　*293*

17.2 離島振興法の成立と展開　*294*

17.3 離島の現状—人口，産業の概観—　*298*

17.4 離島観光の現状と課題　*301*

17.5 おわりに　*304*

第18章 観光の課題と将来 ··· 306

18.1 はじめに　*306*

18.2 国際観光市場の基本的構造とその動向　*307*

18.3 日本の観光政策の主な目標と枠組み　*311*

18.4 総合保養地域整備法（リゾート法）の失敗　*314*

18.5 新しい観光戦略「ニューツーリズム」　*315*

18.6 おわりに　*317*

トピックス：民泊の課題　*318*

おわりに ··· *321*

索　引 ··· *325*

第1章 観光の現状と課題

●キーワード
観光の動向，観光への期待，観光の負の側面，観光の課題
●ポイント
海外や日本の観光発展の重要性について学び，観光のポジティブな側面と課題について
検討します。

1.1 はじめに

　本書では，観光の現状や課題について，観光経済学の観点から包括的な概
説を与える。本書全体のナビゲーション役として，本章では，今なぜ観光な
のか，観光を経済学的に把握することにはどういった意味があるのか，観光
経済学が提示する問題解決の方法はどのようなものか，などの点を整理す
る。本書は，大きく分けて，観光を経済学的に考察するためのマクロ・ミク
ロ経済学を基礎として観光に応用する部分（第1部から第3部まで）と，観
光に関連する経済事情やトピックスを論じる部分（第4部）の二部構成から
なる。観光の現状を概観するために，まず第4部から読みはじめ，その後，
第1部から，順次マクロやミクロ経済学のエッセンスに触れ，第3部のマク
ロ開放体系に進んでいくというステップや，正攻法で，理論部分を学び，そ
の応用としての観光を考えるというステップも考えられる。

　世界経済が全体として停滞傾向にある中で，観光に関連する産業の成長は
際立っている。第二次大戦後だけでも，石油危機，通貨危機，また体制のス
キーム変動などがあり，2008年のリーマンショック，欧州債務危機，と
いった経済危機が生じたのも記憶に新しいところである（図1.1）。世界経済
全体にネガティブな影響を及ぼす諸要因は，新興工業諸国の台頭や新たな制

2　第1章　観光の現状と課題

図1.1　世界の経済成長と観光発展

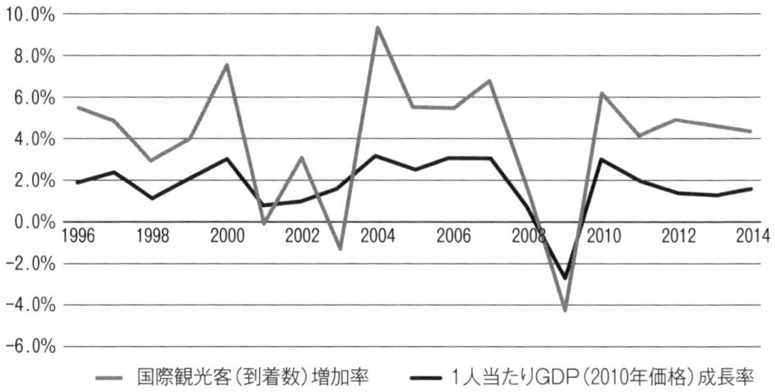

出所：世界銀行　世界開発指標（WDI）により筆者作成（http://data.worldbank.
org/products/wdi　2016/12/10 アクセス）。

度的拮抗関係のもとで，払拭されるどころか，むしろ広がっているように思
われる。

　他方，観光関連の産業については，先進国から途上国への所得移転や新興
国における所得の成長傾向によって牽引され，他の産業に比して高い成長率
を誇っている。**国連世界観光機関**（UNWTO：World Tourism Organization）
は，観光が石油輸出や食料品や自動車といった業種を超え，国際交易の中心
となりつつあること，同時に，多くの開発途上国では主な所得の源泉になっ
ていることを指摘している[1]。このため，先に掲げたさまざまな要因で生じ
た世界経済停滞のもとでも，観光関連の産業に対する影響は小さく，停滞か
らの回復が比較的早かった。世界全体では，観光客数や観光消費は伸びてお
り，観光に対する期待はより大きくなっている。確かに，観光自身はまた，
経済的危機などのほかに，津波などの自然災害や，テロなどの政治的要因を
含めて，多くの不安定要素を抱えている。しかし，観光は，そうした危機や

　1　なぜ観光が重要であるかについて，観光が，GDP の 10 ％，11 人に 1 人の割合の仕
　　　事，15 兆ドルの輸出に相当し，世界輸出額の 7 ％，サービス輸出の 30 ％を占めて
　　　いる点を挙げている（http://www2.unwto.org/content/why-tourism　2016/9/10
　　　アクセス）。

第1章 観光の現状と課題　　*3*

不安定要因を乗り越えて確実に成長しており，世界経済を牽引する先導的な役割が期待されている。以下では，観光の現状を経済学でどうとらえるか，そもそも観光を発展させる目的は何か，観光のもたらす経済社会への影響をどう考えるか，観光の課題に対抗する公共政策や観光政策はどのように考えればよいか，について順に考察し，本書を読み進めるための手引きを与える。

1.2 ｜ 観光をどうとらえるか

　観光の目的は何であろうか。所得理論を体系化した**ケインズ**（J. M. Keynes）が生きた時代，資本蓄積が進み資本の希少性が失われると，製鉄業や鉱山業などの既存産業における**資本の限界効率**（収益率）は低くなり，産業の活力は失われていった[2]。一方，資本コストとしての利子率の重要性が増し，金融市場の役割が重視されることになる。政府の役割に対する期待は大きくなったが，一方で，新たな産業（新機軸）の育成や展開は，喫緊の課題であった。戦後の経済では，自動車や家電に始まり，情報産業や**ICT**（Information and Communication Technology）を支えるパソコンなどの第2次産業を軸としたモノづくりに至り，最近では，流通や情報ソフトウエア，**IoT**（Internet of Things）や**Fintech**（**金融技術**）関連などの第3次産業が発展している。このような産業の展開は，雇用増や所得増をもたらし，消費者の財やサービスに対する需要の増大と，需要選択の多様性を進めている[3]。こうした中で，人々の観光需要は高まり，観光の役割はより大きくなってい

2　主著『雇用・利子および貨幣の一般理論』（1936年）で知られるケインズ（1883-1946）の時代は，経済停滞，経済不況のなかで経済の独占化が進み，不況対策に対する新たな枠組みが求められた時代であった（第3章，第4章を参照）。

3　経済産業省の「新中間層獲得戦略研究会」の中間報告（2012）は，アジア・アフリカの新興諸国を対象に，所得が5千～1万5千ドルの下位中間層と1万5千ドル～3万5千ドルの上位中間層の人口が，中国，インドを中心に2010年から2030年の間に約17億人から24億人へと増大し，交通，レジャー・娯楽，ホテル外食など多くの分野で消費の拡大が見込まれると予測している（http://www.meti.go.jp/committee/kenkyukai/external_economy/chukan_kakutoku/report01.html　2016/12/10アクセス）。

る。観光は，多くの産業と多様な関連を持っており，たとえば，宿泊業や飲食業などのサービス業は，農業・漁業や食品工業，建設業などと関連し，そのすそ野の広さは，第1次産業から第3次産業までを包括的に含むために，**第6次産業**（各産業を表す数値をもとに，1＋2＋3あるいは1×2×3）などと称せられることがある。

　そもそも，観光がもたらす効果や効能，人々の暮らしや地域の歴史との関係，観光の主体やまちづくりなど，観光のとらえ方はさまざまである。そのために，観光を分析するアプローチはさまざまである。社会学，文化人類学，歴史学，経営学，心理学，工学などさまざまな観点からの研究が進められ，学際的な色彩を強く帯びている。

　本書は，このような学際的かつ広範な視座の中で，とくに「観光経済学」をベースにしている。実際，観光は，経済や社会の環境を含め基本的に経済事象であり，経済活動の枠組みのなかで多くの部分を論じることができる。経済学では，人々や企業，政府の経済行動を，行動に関わる費用と，行動の結果がもたらす便益によって説明する。経済学の観点から観光をとらえる場合，少なくとも以下の2つの視点が重要である。まず，経済学には，通常，消費者や企業といった個々の経済行動について，その行動パターンを解明し，生み出される財やサービスの価格をベースとした取引や市場の調整を考え，それに関わるメカニズムを分析するミクロ経済学（価格分析）のアプローチ（第2部）がある。観光に関するミクロ経済分析は，市場の背後にある観光客や観光関連業の行動を分析し，観光市場の特性や観光市場が解決できない問題を検討する。他方で，消費や生産といった一国の集計概念をベースに，国民所得や所得成長，総雇用や失業の動向や決定要因を分析するマクロ経済学（所得分析）のアプローチがある（第1部）。観光の需要が所得の変化をもたらすマクロの経済効果は，観光乗数の分析や産業連関分析によって明らかになる。本書でもたびたび登場する外国人観光客（インバウンド観光客）の消費支出を輸出として把握し，為替レートの影響について分析するためには，国際収支を含む開放体系で考える必要がある（第3部）。

　より大きな所得を得た消費者の行動パターンは，どのように変容していったであろうか。戦後，高度成長を経験した日本のケースに当てはめて考えよ

う。いくつかの指摘すべき特徴点がある。まず，所得は着実に増加傾向を示している。次に，所得から消費に振り分けられる割合である消費性向の動向（あるいは貯蓄性向）については，高度成長期にはほぼ25％と大きく，その後は低下しているものの，金額自体はむしろ大きくなっている。消費者の基礎的な消費財への支出傾向を示すエンゲル係数（家計の消費支出に占める食料費の占める割合）は，1980年代はほぼ28％であったものが，2005年の23％から近年はむしろ上昇傾向に転じている。家計は，いったい何に支出しているであろうか。観光統計に関しては第2章で詳しく説明するが，『観光白書』（平成28年版）の資料編の資料47によると，1世帯当たり年間の平均旅行関連支出は約12万円程度で，全消費支出の3.5％程度であり，ここ10年間ほぼ一定である。経済成長が停滞し，労働時間が長く余暇選択の余裕がないままに，日本人の国内観光の状況は決して良いとは言えない。ただし，観光立国推進基本法のもとで，観光立国をめざす政策展開によって，訪日外国人（インバウンド）観光客の増加と観光支出の増大（2.2兆円（2014年））は，観光全体が日本のGDPを押し上げる（付加価値効果は23.9兆円（同年））のに役立っている。とくに，経済成長が著しい中国，台湾，韓国，香港などアジアの諸地域からのインバウンドが急増しており，観光発展の可能性は，現在のところアウトバウンド観光客の増大に求められている。たしかに，本書で論じるようなマクロ経済的な観点からは，観光消費額の増大は，乗数過程を通じて一定の所得効果を持つ。しかし，真に日本の国民がより豊かになるためには，労働時間の短縮，働き方や余暇環境の改善など多くの課題が残されており，日本人にとっての観光の在り方は，それらを映し出す鏡でもある。

　言うまでもなく，本節の最初に述べたように，観光をとらえる場合，観光の多様性のゆえに，経済学を超えた視点もまた重要である。例えば，文化財の保全（第14章）や世界遺産（第15章）などの制度やガバナンス，国や地域の観光政策がある。観光に関するこれらのうちいくつかは，本書の第4部で取り上げている。

1.3 観光の目的はなにか

　観光は，国や地域にとって所得や雇用を生み出す源泉のみならず，ブランドや人的交流を通じて価値をつくり出す源泉でもある。とくに，文化財や自然公園など観光資源が豊かなところや，観光発展のアイデアを生み出す人的資源が存在する場所では，その効果が期待されている。現実には，多くの発展途上国は，経済成長による所得の上昇がなかなか進まず，また所得の分配に関する制度が未成熟であるために貧困や貧困の中の格差が解消できないでいる。このような問題を抱える開発途上国の中には，市場経済の枠組みを活用して，海外からの直接投資や対外援助を受け成功した国や地域もあるが，多くの国は，国連開発計画（UNDP；1965年設立）などの国際機関の助けを借りて，社会経済の発展に関する資金や技術援助の計画策定や遂行を行っている。2000年の国連ミレニアム宣言のもとでまとめられた8項目の**ミレニアム開発目標**（MDGs）が定められ，経済成長による貧困の解消や環境の持続可能性の確保などを進めることが企図された（第13章）。MDGsは2015年を目途に終了し，それを継承発展させ，途上国のみならず先進国の責務や取組みを含む形で，新たに持続可能な開発目標（SDGs）の行動指針が定められた[4]。ところで，1972年の**国連人間環境会議**（**ストックホルム会議**）以降，オゾン層破壊や地球温暖化，越境廃棄物など環境問題への国際的関心が高まる中，持続可能な開発という理念のもとで，温暖化などの地球環境問題の解決と開発の両立をめざして地球サミット（**国連環境開発会議**）（UNCED）が開催された。**国連環境計画**（UNEP）と世界観光機関（UNWTO）の下で，国連は，「エコツーリズム」は，環境を損なうことなく観光開発が行われるあり方であるとし，それを推進するために，2002年を

　4　国連総会（2015年9月）で採択された『我々の世界を変革する：持続可能な開発のための2030年アジェンダ』（Transforming our world: the 2030 Agenda for Sustainable Development）と題する文書で示された具体的な行動指針であり，SDGsは17の個別目標と169項目の達成基準から構成され，貧困の撲滅，所得の向上，社会生活環境の改善など多くの事項が含まれている。

第1章 観光の現状と課題　7

表1.1　地域別の世界遺産と危機遺産　　　　　　　　　　　　　　（2016/07 現在）

地　域	世　界　遺　産					世界危機遺産				
	文化遺産	自然遺産	混合遺産	合計	構成比%	文化遺産	自然遺産	混合遺産	合計	構成比%
アフリカ	48	37	5	90	9%	4	13	0	17	31%
アラブ諸国	73	5	3	81	8%	21	0	0	21	38%
アジア・大洋州	172	62	12	246	23%	4	2	0	6	11%
欧州・北アメリカ	426	62	10	498	47%	3	1	0	4	7%
ラテンアメリカ・カリブ海諸国	95	37	5	137	13%	5	2	0	7	13%
合　計	814	203	35	1,052	100%	37	18	0	55	100%

出所：世界遺産センターホームページにより筆者作成。
（http://whc.unesco.org/en/list/　2016/12/10 アクセス）

「国際エコツーリズム年」と定め，持続可能な観光開発を進める端緒とした（第16章）。こうして，観光開発は，環境に配慮した持続可能な形態であること，観光開発によって貧困問題をはじめとする社会経済問題を解消すること，などの方向性が認識されるようになった。観光には，国，地域の自然や文化・歴史といった地域観光資源が重要である。これらの資源は，紛争や観光，経済開発，不十分な資源管理などによって，時として傷つけられ価値を失うことがある。たとえば，わが国においては，日本の文化財の保全と活用に関して「**文化財保護法**」がある（第14章）。また，とくに人類にとって普遍的な価値を持つ資産を登録認定することで，その価値を認知し，保全に繋げようとする仕組みとして，ユネスコの世界遺産制度がある（第15章）。1972年のユネスコ総会で採択された**世界遺産条約**のもとで，2016年7月現在，1,052の遺産が登録されているが，そのうち，表1.1にあるように，遺産の保全上問題を抱えている**危機遺産**（world heritage in danger）には，46の遺産が含まれている。危機遺産には，米国（フロリダ州）のエバーグレーズ国立公園のように，ハリケーンなどの自然災害を主な原因とする場合もあるが，多くの危機遺産は開発途上国にあり，紛争や密猟，違法伐採や開発などによって遺産の保全管理がうまくいかないケースがほとんどである。世界

遺産に最も早く（1987 年）登録されたエクアドルのガラパゴス諸島の場合も，観光客の急増や固有種の保全に関する検疫不備などの問題によって，一時期（2007〜2010 年）危機遺産であった。こうした点は，観光が持つ影の部分として，注意深く対応すべき課題である。

1.4 | 観光のもたらす課題はなにか

観光は，その発展を通じて，国や地域の経済社会の発展に大きく貢献し，それによって，貧困や格差の問題が減じられる可能性がある。しかし，これまで，先進国や途上国の多くで，経済発展が公害や自然環境や景観の破壊などを惹き起こしてきた現実を見ると，開発と保全のトレードオフ問題に対して，常に注視する姿勢が必要である。本書のナビゲーション役の章として，本書の読者が座礁することなく正しい航路に従って進路を取る道標となるよう，次の問題提起をしておく。それは，「**「ライオンの経済学」とライオン**」とでも呼ぶべき問題である。

観光開発については，その他の経済開発（マングローブの開発や森林開発など）に比べて，所得増大や環境保全の面で優位性があることを研究した先行研究と，代替的な観光開発の在り方を考える研究がある。「ライオンの経済学」はその一例である。アフリカ，ケニアの国立公園で，ライオンなどの狩りを主として行う狩猟（gaming）ツアーと動物の見学ガイドツアーについて，どちらが経済学的な観点から便益がより大きいかを考え，観光のより望ましい方法を比較検討する考え方である。具体的には，サファリの見学ツアーの場合，一頭のライオンが生み出す価値は約 50 万ドルと計算され，一方，ハンティングによる観光の場合は約 1 万ドルにしか過ぎないと計算された。この研究は「ライオンの経済学」という名で知られており，自然資源の保護と開発利用の経済効果を測る基礎理論を提供するとともに，当該観光地域にとっての生活の安定，生活水準の向上に資する観光の在り方を示す考え方となっている。

しかし，南アフリカなどで，保全のために飼育されるライオンの生育頭数が増大すると状況は一変する。ライオンに限らず，自然に生息する動物は希

少でかつ価値は高い。見学ガイドツアーは，自然の生態系を観察，見学でき
るために依然需要は大きい。その意味では，ライオンの経済学は成立する。
しかし，私的に所有された土地で人工的に飼育（養殖）され数が増えたライ
オンは，狩猟観光のために放たれる。狩猟ツアーを望む顧客は，たとえ自然
ではなくても，その土地を自由に走り回るライオンを狩猟する。人工飼育を
含めて，ライオンの総数が一定数保全されていれば，ライオンが枯渇するこ
となく，見学ガイドツアーと狩猟ツアーが両立する可能性がある。観光は，
自然や文化・歴史などの観光資源にアクセスし利用することで成立する。こ
の場合，持続可能性は，種の保全が実現されることで維持され，観光発展
も，見学ガイドや狩猟といったツアーを適切に組み合わせることで保障され
ると思われる。しかし，このとき環境保全の考え方からは，常に，「それで
いいのか」という問が寄せられる。

　コルスタッド（2001, pp. 35-53）が述べているように，個々人は，環境保
護に対してはさまざまな哲学的見解があり，異なった信念があるということ
である。本書を読み終えたのちに辿り着く港で待ち受けているのは，観光を
終えた安堵感と，あらたな観光に向かう期待感であって，国際経済学や環境
経済学，あるいは公共経済学など学際的な視点を伴って，読者には，さらに
新たな船出に向かわれることを期待している。

[参考文献]

　本書の各章では，そのつど有用な参考文献を掲げているので参照していただきたい。本
　　章については関連する以下の URL での資料と併せて以下の文献を推奨する。
コルスタッド，C. D.（2001）（細江守紀・藤田敏之監訳）『環境経済学入門』有斐閣
薮田雅弘（2015）「エコツーリズムと環境保全」（亀山康子・森晶寿編『グローバル社会
　　は持続可能か』（第6章））岩波書店，pp. 119-140
Thresher, P.（1981）"The economics of a lion," UNFAO（国連食糧農業機関 http:
　　//www.fao.org/docrep/p4150e/p4150e05.htm　2016/12/10 アクセス）

（薮田雅弘）

第 1 部

マクロ経済学と観光

第2章 SNAと観光統計

●キーワード
　SNA，SNA の中枢体系，機能型サテライト勘定，拡張型サテライト勘定，TSA
●ポイント
　SNA と TSA の基本構造を把握し，また，観光統計の基礎を学びます。

2.1 はじめに—SNA の概念と観光統計—

　我々は，インフレ率，失業率，貯蓄率，経済成長率，消費者物価指数，企業物価指数，GDP（国内総生産）など，さまざまな経済統計の指標に接している。たとえば，GDP と，その変化率としての GDP 成長率は，時には景気判断の材料とされ，他のある時には経済発展段階を計る指標と見なされるという点で，きわめて重要な**経済統計指標**であるが，それらの推計プロセスは **SNA（国民経済計算体系）**に立脚している。さらに，本章で重要項目として扱う，旅行・観光サテライト勘定も，SNA を土台として創出される。したがって，観光統計を含む，各種の統計指標を理解するためには，**SNAの基本構造**を知ることが不可欠となる。この観点から，本章では，まずは SNA の基本構造，次に，**TSA（旅行・観光サテライト勘定）**について学ぶ。続いて，各種の観光統計データを入手する経路を紹介する。

2.2 SNA の基本構造

　「**SNA**」（System of National Accounts，国民経済計算体系）は，国際連合によって提唱された，世界で統一的なマクロ経済統計の基準である。最初に示された SNA の国際基準は，1953 年バージョンの **53SNA（1953SNA）**である

14　**第 1 部**　マクロ経済学と観光

が，その後，漸進的に改良が施されながら，**68SNA**（**1968SNA**），さらに**93SNA**（**1993SNA**）が公表され，最新のものは，2009 年 2 月に公表された2008 年バージョンの**08SNA**（**2008SNA**）[1]である。すでに，アメリカ，オーストラリアなどが 93SNA から 08SNA への移行を果たしている。日本も，2016 年末，「平成 23 年基準改訂」とともに移行を完了するに至った。

　SNA 統計は，家計，企業，政府を含む各経済主体の経済行動をあらゆる側面から記述する包括的かつ整合的な経済統計のフレームワークであり，かつ，各種の**一次統計（基礎統計）**を用いて推計を行う**二次統計（加工統計）**[2]である。各数値は複式簿記の原則によって記録され，また，「行」と「列」の組み合わせで勘定を表す「行列形式」で表される部分が多く，収入は「行」（横方向），支出は「列」（縦方向）によって示される[3]。

　さらに，SNA 統計は，期末貸借対照表などから成る**「ストック」**を表す部分と，主に GDP 統計や所得支出勘定から成る**「フロー」**を表す部分によって構成される。一般に，**「ストック変数」**（stock variables）とは，ある特定の時点において観測される経済変数である。ストック変数の例として，株式，債券，資本ストック，マネーストックなどがある。一方，**「フロー変数」**（flow variables）とは，一定期間内における経済量の変動を指す経済変数である。フロー変数の例としては，消費，投資，貯蓄，GDP，NDP などが挙げられる。経済量の動きは一定の期間を通じて観測され，ストックの変化はフローによってもたらされる。ストックには「実物ストック」と「金融ストック」があり，フローには「実物フロー」，「金融フロー」，そして「移転フロー」があるが[4]，それらの記録は「資産残高および取引」の中で，そ

1　08SNA の詳細については，European Commission *et al.*（2009）などを参照願いたい。

2　二次統計（加工統計）の他の例として，たとえば，産業連関表，国際収支表，資金循環表が挙げられる。

3　SNA で行列形式が多用される理由として，大住（1997）は，「勘定形式」との比較において，各勘定をそれぞれに切り離して作成する勘定形式よりも，行列形式の方が簡明な表記であることを挙げている。

4　「実物ストック」を「非金融ストック」，「実物フロー」を「非金融フロー」と表現することがある。

れぞれに,「実物資産残高」,「金融資産残高」,「実物取引」,「金融取引」,「移転取引」とされる[5]。

SNA の構成要素として,**「部門」**(sector)と**「勘定」**(accounts)がある。前者は制度的・機能的観点から経済活動を分類するものであり,後者は部門ごとの収支を記録するものである。より具体的には,部門は,SNA の統計処理が有効に行われるよう,経済主体を活動や保有資産などによって,「家計」,「企業」,「政府」などと分類する。勘定は,一般に,各項目別に集計した「収入」と「支出」の表記であり,大別すれば,「生産勘定」,「所得支出勘定」,「蓄積勘定」の3つとなるが[6],収支に超過や不足があれば「残差」が示される。

一般に,SNA 統計の中で最も注目される項目は**「GDP」**(Gross Domestic Product,国内総生産)[7]であり,これは,経済活動の様態を**「付加価値」**(value added)の観点から表現する SNA の基本理念に基づいたものである。付加価値とは,生産活動によって新たに発生した財・サービスの価値のことであり,推計(計測)上は,それぞれの部門における生産額から**中間投入額**(原材料などの額)を差し引いたものとされる。その付加価値を,全部門にわたって合計したものが,一国の GDP となる。ただし,**「名目 GDP」**(nominal GDP)は評価時点での**市場価格表示**となっており,**「実質 GDP」**(real GDP)は物価変動による影響を除去したものである。なお,実質 GDP の推計法については 2.3 で言及される。GDP から**「固定資本減耗」**(consumption of fixed capital)[8]の額を差し引いたものは,**「NDP」**(Net Domestic Product,国内純生産)である。

---

5 「フロー」と「取引」の違いが問われることもあるが,武野(1995)の第1章脚注1では,事実上,両者の範囲を区別する必要はないという見解が示されている。

6 「所得支出勘定」は,「所得分配・使途勘定」,「処分勘定」などと表記されることもある。また,68SNA から 93SNA への移行に伴って勘定体系の分類に変更が行われたことについては,山下(1995)などを参照願いたい。

7 日本語表記では,"Gross" が「総」と表現されているが,多くの解説書で指摘されている通り,本来,これは「租」とされるべきである。

8 これを「減価償却費」(depreciation cost, depreciation expense)と表現することがある。

16　第1部　マクロ経済学と観光

　付加価値の性質を捉える一つの方法は，GDP における「三面等価の原則」
を援用することである。「三面」とは，「**生産面**」，「**分配面**」，「**支出面**」の3
つを指し，それらの関係は次のようになる。各々の部門の生産によって生起
された付加価値は，「生産」に用いられた**生産要素**（factor(s) of pro-
duction)[9] に対し，利潤，賃金，利子などの形態で報酬として「分配」され
て**要素所得**（factor income）となる。要素所得は最終段階で，個人消費，設
備投資などの最終需要や在庫投資などの形態で「支出」される。すなわち，
付加価値の総計として GDP が成立し，GDP は，生産面，分配面，支出面の
三面から捉えることができ，それらの額が理論的にはすべて一致することか
ら，三面等価の原則が成立する。実際の推計では計測誤差が発生するため，
当初から同値になる生産面と分配面の額が，「**統計上の不突合**」を加味した
支出面の額と一致するという構造を成立させる。

　上記の三面のうち，消費や投資などから捉えた支出面は，理論的には
「**GDE**」（**Gross Domestic Expenditure**，**国内総支出**）と表現される。しかし，
実際の推計過程において，支出面の統計項目には，国内生産分の財・サービ
スに対する海外からの需要（すなわち輸出）は計上されるが，海外生産分の
それに対する国内からの需要（すなわち輸入）は計上されないため，この計
算過程から得られるものを「総支出」と表現することの妥当性が問われるに
至った。このため，日本の内閣府においても，国民経済計算のデータ公表に
際し，従来は「国内総支出」としていたものを，2006 年 1 月より，「**国内総
生産（支出側）**」（Gross Domestic Product（expenditure approach））と表記し
ている。なお，生産面は「**国内総生産（生産側）**」（Gross Domestic Product
（production approach））としている。一方，固定資本減耗，雇用者報酬，企
業所得などで構成される分配面は，「**GDI**」（**Gross Domestic Income**，**国内総
所得**）と表現される。ただし，所得は，「国内」概念でなく，ネット（net)
の「国民」概念で評価されることが多く，「**GNI**」（**Gross National Income**，**国
民総所得**）から固定資本減耗と間接税を差し引き，補助金を採り入れた，
「**NI**」（**National Income**，**国民所得**）が，しばしば参照される。

　9　たとえば，資本，労働，土地などの，財・サービスの生産に要する資源を指す。

2.3 | SNA 推計の現代的トピック

SNA の公表データ[10] は，日本においては，「**速報値**」（preliminary estimates），「**確報値**」（annual revisions），「**確々報値**」（second annual revisions）に分類され，速報値には「**1次速報値**」（first preliminary estimates）と「**2次速報値**」（second preliminary estimates）がある[11]。なお，速報値は四半期ベースであり，**四半期速報値をQE** と表現することがある。これは quarterly estimates の略語であり，決して quick estimates の意味ではないが，この点には報道などにおいて混乱が見られる。

1次速報値は，支出系列および雇用者報酬について，対象となる四半期終了から，おおむね1ヵ月と2週間のラグをもって公表される。2次速報値は，1次速報値の公表からおよそ1ヵ月（対象となる四半期終了後からおおむね2ヵ月と10日）の遅れをもって，1次速報値で公表された支出系列と雇用者報酬について，新たに入手された情報を加味した改善を行ったものとして公表される。速報値の推計では，利用できる情報の制約より，しばしば確報値との乖離が起こり，それが問題視されてきた。

確報値は各年の12月ごろ公表されるが，それは前年度の年次および四半期ベースの確定値である。支出系列の推計には主に「**コモディティー・フロー法**」（commodity-flow method），産業別国内総生産には「**付加価値法**」（value-added method）が採用されている。コモディティ・フロー法は，それぞれの財・サービスにおける総供給額を推計し，それらから中間投入額を差し引いて最終需要額を推計する方法であるが，いわゆる「モノ」の流れを把握する手法であることから「**物的接近法**」と表現されることもある。総供給額の中における中間需要や国内最終需要などの按分比率（proportional division ratio）は，**基準年次**（benchmark year）における「**産業連関表**」の

---

10 データ公表の枠組みや名称が国によって異なることには，十分な注意が必要である。

11 詳細については，内閣府経済社会総合研究所国民経済計算部（編）（2007）を参照願いたい。

18　第1部　マクロ経済学と観光

データなどから算定する。

　確々報値は，確報値の公表から1年後，さらなる新規入手データを推計に採用し，最終的な調整と改善を施して公表するものである。しかし，この最終的な数値も，その後に行われる「**基準改定**」（benchmark revision）によって，さらに再推計のうえ，改定される。これは，「**国勢調査**」や，コモディティー・フロー法のベースとなる産業連関表などの新しい調査結果が5年に1度の周期で公表され，また，「消費者物価指数」を含む物価指数には基準時改定が適用されるため，それらに順応してSNAにも再推定の必要が生じるためである。これと同時期に，GDPデフレーターの参照年（reference year）も改定される。

　現在，実質GDPの推計は，「**連鎖方式**」[12]で行われている。従来の「**固定基準年方式**」による推計では，固定された基準年の価格や数量のウェイト構造が，基準年から乖離する期間が長くなるにつれて適合性の低いものとなり，推定上のバイアスが生じることなどの問題が指摘されていた。さまざまな不備に対応すべく，実質GDPの推計方法が，前年を基準年とした実質化の指数算式を毎年積み重ねて接続してゆく手法，すなわち，連鎖方式へと移行することとなった。

　なお，実質GDPの推計法が連鎖方式に移行したことで，SNAに関わる3種類の基準年次が，名実ともに区別されるに至った。SNAの推計に関する基準年次として，(1)「**体系基準年**」（benchmark year）：『国勢調査』，『産業連関表』などの重要な基礎統計に関わる名目値の基準，(2)「**基準年**（base year）」：実質値とデフレーターについて指数算式のウェイトを統合する基準，(3)「**参照年**（reference year）」：デフレーター値を100とする実質値の基準，の3つがある。推計法が固定価格方式であった時期は，それら3つはすべて同じ年度であり，区別は表面的なものであったが，連鎖方式への移行に伴い，それぞれが異なる年度となり，本質的な区別が認識されることとなった。

12　紙幅の関係から，連鎖方式による推計の詳細な解説は割愛せざるを得ない。その具体的内容については，経済統計学の専門書や論文の解説を参照していただきたい。

2.4 | サテライト勘定の意義と分類

　93SNA の「中枢体系」（central framework）[13] では，すべての勘定におい
て，概念，定義，分類が統一されているため，フローとストックも，すべて
の経済主体について同じ基準で測定され，体系内の個々の計数間において，
また，個々の計数と集計量の間において，整合的関係が実現されている。し
たがって，SNA は「経済循環」を表現する一貫した体系であり，そして，
国際比較に適用できるスタンダードな統合体系であり，国際機関にも統計情
報として提出される。

　このような中枢体系の整合性は，マクロの視点から経済活動を分析する体
系的要素となるという点において，きわめて重要である。一方で，現代にお
ける経済構造の複雑化は，個別・具体的な分野，たとえば，旅行・観光，医
療，教育，環境などに対する経済分析の精緻化を要求し，それには従来の
SNA で提供されてきた項目で対応できない事例も生じる。しかし，それは
決して SNA の欠点ではない。SNA の中枢体系は，それぞれの目的，単位，
生産物，取引が，**代表的活動**（characteristic activity）に集約されて記録され
る構造になっており，それゆえ，SNA は整合的体系性を維持しつつ，広範
なマクロ経済構造を的確に把えて国際基準の統計情報を提供する。つまり，
SNA は，そもそも個別の統計ニーズを満たすために存在するものではない。
個別・具体的な統計ニーズに対応するには，基本的には SNA の体系性に則
りながらも，中枢体系とは別枠の，あるいは衛星（サテライト）のような関
係の，意図的に自由度を高めた勘定を創出する必要がある。それが，
93SNA から新たに導入が提案された[14]，**「サテライト勘定」**（satellite
account）[15] である。すなわち，サテライト勘定は，従来の SNA のように付

13　SNA 中枢体系は，SNA において，国民勘定や産業連関構造を示す，あるいは，ス
　　トックやフローを含む中枢部分を体系性のある経済循環として表す領域である。
14　93SNA においてサテライト勘定の創出が可能であるとされた特定分野については，
　　Commission of the European Communities *et al.*（1993）を参照願いたい。
15　サテライト勘定は，「**付属勘定**」と表現されることもある。

20　第1部　マクロ経済学と観光

加価値や最終生産物などの推計を大局的に行うものでなく，多様な社会的関心の対象となる特定分野の姿を的確に把握することを目的としたものである。この性質より，サテライト勘定の創出には，中枢体系で設定された「**生産境界**」（production boundary）[16]と「**資産境界**」（asset boundary）[17]の拡張（または変更）が必要になる場合と，そうでない場合とがあり得る。

　サテライト勘定には2つのタイプが存在する。その1つは「**機能型サテライト勘定**」（または「**機能指向型サテライト勘定**」）（Functionally Oriented Satellite Accounts）である。これは，あくまで中枢体系の枠組みを維持したまま，代替的概念の部分的導入を行うことで創出可能なものである。あるいは，中枢体系における「生産境界」と「資産境界」の拡張（または変更）を伴わず，「中枢分類」（central classifications）の組替え（rearrangement）や，「付随的活動」（ancillary activities）[18]における産出の特定化などで補完的要素を導入するような対応を施して成立するサテライト勘定である。

　機能型サテライト勘定に適用可能な概念として，たとえば，「観光」あるいは「旅行」が挙げられる。観光産業の重要性は高まっているが，SNA が採用している**国際標準産業分類**（ISIC：International Standard Industrial Classification of All Economic Activities）には「観光産業」という産業の項目が存在せず，SNA の中枢体系では，その分析に十分な対応ができない。また，一般に観光産業と表現されるものには，旅客輸送，宿泊，飲食，文化関連，情報提供など，きわめて広範な業種が包含され，この点でも，SNA で標準的に想定される産業分類で対応するのは困難である。さらに，支出に関わる全活動を中枢体系で扱うことは，**活動の重複計算**（double counting）の回避などの観点から望ましくない。しかし，この状況でのサテライト勘定の作成には，中枢分類の組替えや補完的要素の導入で対応可能であり，生産と資産の境界を拡張（または変更）するほどの大きな枠組み変更が必要になるわけではない。このような事例に適応可能なサテライト勘定が，機能型サテ

16　SNA に関わる推定に用いられる「生産」の定義的範囲を示す境界。

17　SNA に関わる推定に用いられる「資産」の定義的範囲を示す境界。

18　SNA における付随的活動は，**主活動**（primary activity）と**副次的活動**（secondary activity）に付随して生じる活動と定義される。

ライト勘定である。「旅行・観光サテライト勘定」（TSA：Tourism Satellite Account）は，その一例である。なお，旅行・観光の他に，機能型サテライト勘定で対応可能な分野として，環境保護，教育，文化，保険・医療，研究開発，開発援助などがある。

サテライト勘定の，もう1つのタイプが「拡張型サテライト勘定」（Experimental, Conceptually Open Satellite Accounts）[19] である。これは，中枢体系の基礎概念に対して積極的な代替概念または追加的次元の導入を必要とし，生産境界と資産境界の拡張，消費・資本形成・資本等における概念の拡張，場合によっては経済活動と自然現象の境界を変更することまで必要になるものである。さらに，代替概念の下で中枢体系を補完する部分的補完推定量（partial complementary aggregates）[20] が作成される。

拡張型サテライト勘定の典型例[21] として，「環境・経済統合勘定（体系）」（SEEA：System of Integrated Environmental and Economic Accounting）があり，これは1993年に国際連合が暫定指針を示したことに端を発し，その後に発展を見た。これには，中枢体系における資産境界の拡張を伴わざるを得ない。それは，新たな定義としての「自然資産」（たとえば「空気」や「水」）を設定し，その資産が被る「負荷量」を経済価値として推定する作業を要するからである。この問題は，次のように考えることができる。我々の経済活動による経済循環は，資源の消費のみならず，環境汚染など，自然循環に対する負荷を発生させている。ゆえに，その負荷を具体的に捉える経済評価としての推計を行うべきであるが，たとえば「大気」などについては，

---

19 「拡張型サテライト勘定」については，筆者の知る限り，定番の英語表記は存在しない。本文に示した "Experimental, Conceptually Open Satellite Accounts" は，Rannan-Eliya *et al.*（1997）で用いられている表現である。なお，European Commission *et al.*（2009）は，Ch. 29.6 において，これを "The second type of satellite analysis" と表現している。

20 European Commission *et al.*（2009）では，Ch. 29.6 において "partial complementary aggregates" に言及している。なお，「部分的補完推定量」という表現は，大住（1997）の第11章に示されたものである。

21 「拡張型サテライト勘定」の例としての，「環境・経済統合勘定」と「無償労働の貨幣評価」については，佐藤（2012）に有益な解説がある。

その要素が，SNA中枢体系の「資産」には含まれておらず，従来の枠組みでは推計が不可能である。そこで，資産境界の拡張を伴う環境・経済統合勘定を創出し，経済と環境の関係を明示的に評価する必要が生じる。なお，紙幅の関係から本章で詳細には触れないが，この問題をより厳密に考察するには，経済活動の環境に対する影響を，金額情報に加えて物量情報の観点からも評価する必要がある[22]。

また，他に拡張型サテライト勘定の適応対象となるものとして，家事，介護，保育などに関する「**無償労働**（unpaid work）の貨幣評価」[23]がある。これは，会社員として雇用される場合のような市場で直接に金銭的評価と報酬が得られる「有償労働」（paid work）の対極にあり，一般に生産境界の外側にあるものとされる。したがって，無償労働の貨幣的評価には，生産境界の拡張を要する。

2.5 旅行・観光サテライト勘定と観光分析

サテライト勘定の対象例である，旅行・観光，環境，保険，無償家計生産活動などのうち，前述の「**旅行・観光サテライト勘定**」（TSA）と「**環境・経済統合勘定（体系）**」（SEEA）として扱われる「**環境サテライト勘定**」には，すでに作成プロセスについて定番の国際的なマニュアルが存在する。「保険サテライト勘定」のマニュアルは，まだ準備段階にある。「無償家計生産活動のサテライト勘定」については，マニュアルの準備について未だ国際的コンセンサスが得られていないが，Eurostat（2003），Abraham and MacKie（eds.）（2005），Statistics Finland and the National Consumer Research Centre（2006）など，さまざまな試みが行われている。なお，TSAの日本語表記には，「旅行・観光サテライト勘定」，「旅行（観光）サテライト勘定」，「観光サテライト勘定」など，いくつかの種類があるが，以下

---

22 この問題を含め，「環境・経済統合勘定」の個別・具体的な問題については，河野・大森（2012）の第9章を参照願いたい。

23 この問題について，佐藤（2012）は，家計生産と市場生産の代替関係を計る上で生産境界の拡張が必要であることを説明している。

では，「旅行・観光サテライト勘定」という表現で統一する。

旅行・観光サテライト勘定の国際基準として，United Nations *et al.*（2010）（あるいは TSA：RMF08[24]）が公表されている。また，European Commission *et al.*（2009），Dwyer, Forsyth, and Dwyer（2010）においても，旅行・観光サテライト勘定についての基本的な解説がある。本節では，特に European Commission *et al.*（2009）の Ch. 29 で示された基本的なエッセンスを紹介する形で，旅行・観光サテライト勘定の基本構造について，簡潔に説明する[25]。

まず，旅行・観光サテライト勘定によって示される情報は，次に挙げる4種である。（1）「旅行」（tourism）の規模（size）と経済的貢献（economic contribution）を表すマクロ経済集計指標であり，経済全体，その他の生産的経済活動，そして機能的に関連する領域についての類似した集計指標と整合的なもの。旅行直接総付加価値（TDGVA：Tourism Direct Gross Value Added），旅行直接国内総生産（TDGDP：Tourism Direct Gross Domestic Product）などが，それに該当する。（2）「消費者」（consumers）となる「訪問者」（visitors）の活動に関する，より広範な概念（a more extended concept）として捉えた旅行消費（tourism consumption）の詳細なデータ，および，当期価値（current value）と物量単位（volume terms）に従いうる供給・使用表（supply and use table）から導出された表で統合的に示された国内供給と輸入によって，需要がいかに満たされているかの説明。（3）「観光産業」（tourism industries）とそれ以外の生産的経済活動との雇用面における連環，および，総固定資本形成（gross capital formation）のデータを含む，観光産業の詳細な生産勘定（production accounts）。（4）旅行の経済データと，その特性を明確化し得る，旅行回数（あるいは訪問者数），滞在期間，旅行目的，輸送形態などの非金銭的情報との連環。

旅行・観光サテライト勘定には，いくつかの用語に関する特有の定義や分

24　これは "TSA Recommended Methodological Framework 2008" の略語である。

25　ただし，European Commission *et al.*（2009）における用語の日本語訳は，一部は内閣府が用いているものに従うが，それ以外は本章筆者の独自判断によるものを用いる。

類が存在する。たとえば，「旅行」は，通常の概念において典型的なレクリエーションとされるものだけでなく，商用，教育，研修用の旅行など，「旅行者」（tourists）が経験するすべての活動を含む。また，旅行者による訪問の目的は，個人的か，商用的か，専門的かによって分類される。個人的な目的は，休暇，娯楽とレクリエーション，友人や親戚への訪問，教育と研修，保健と医療，宗教または巡礼，ショッピング，トランジット[26] およびその他，の項目に分けられる。

「訪問者」は，日常環境（usual environment）の外部（outside）におり，その場所における「居住者の事業体」（entity resident）[27] によって雇用されていない人物と定義される。また，訪問者は「移動者」（travelers）の一部分であり，1泊の宿泊を行う訪問者（overnight visitors）[28]，つまり旅行者，あるいは「1日のみの訪問者」（same day visitors），すなわち「日帰り旅行者」（excursionists）の，どちらかに分類される。さらに，旅行者は，その「居住国」（country of residence）によって「国内旅行者」（domestic tourists）と「海外旅行者」（external tourists）に分類される。また，**「アウトバウンド旅行」**（outbound tourism）は「居住者」（residents）が国外を訪問することであり，**「インバウンド旅行」**（inbound tourism）は「非居住者」（non-residents）が「国内経済圏」（domestic economy）を訪問することである。居住者による「国内旅行」（domestic tourism）（居住者による国内経済圏内の旅行）とアウトバウンド旅行の合計は，「国民旅行」（national tourism）とされる。一方，「インターナル旅行」（internal tourism）は，国内旅行とインバウンド旅行の合計である。

---

26 European Commission *et al.*（2009），Ch. 29.93 では "transit" となっているが，この用語が具体的に何を示すかは明らかにされていない。しかし，「通過点での滞在」，「交通手段の乗り継ぎ地点における滞在」などを意味すると考えられる。

27 European Commission *et al.*（2009），Ch. 29.91 では "entity resident" となっているが，実際には resident business entities，business-entity resident など，「居住者の事業体」を指していると考えられる。

28 European Commission *et al.*（2009），Ch. 29.92 では，"overnight visitors" は言及されているが，2泊以上の宿泊を伴う者について直接の言及はない。しかし，一般に，後者も旅行者（tourists）として扱われている。

「旅行支出」（tourism expenditure）は、自己使用の有価物と旅行終了後あるいは期間中における贈答への支出、および、消費財とサービスの獲得に対する支出と定義される。一方、「旅行消費」（tourism consumption）の概念は、随時使用の宿泊施設に関わるサービスへの自己支払い、「旅行現物社会移転」（tourism social transfers in kind）、および、その他の「帰属消費」（imputed consumption）を含む点で、旅行支出より広義である。さらに、旅行消費は、旅行がどこで行われるか、また、旅行者が居住者か非居住者かによって分類される。

旅行・観光サテライト勘定（TSA）における「消費生産物」（consumption products）は、「旅行特有生産物」（tourism characteristic products）、および、「その他の消費生産物」（other consumption products）に分類され、旅行特有生産物は、「国際的に比較可能な旅行特有生産物」（internationally comparable tourism characteristic products）と「各国に固有な旅行特有生産物」（country specific tourism characteristic products）に分かれる。その他の消費生産物は、「旅行関連生産物」（tourism connected products）と「非旅行関連生産物」（non-tourism connected products）に細分される。「非消費生産物」（non-consumption products）は、消費財とサービスを構成しないすべての生産物を含むが、それは「貴重品」（valuables）、「旅行総固定資本形成」（tourism gross fixed capital formation）、「集合的消費」（collective consumption）などである。

「旅行産業」（tourism industry）は、主要な活動が、旅行特有生産物とサービスに対応している事業者の集団である。旅行産業は、訪問者の宿泊施設、飲食・飲料業、鉄道・道路・水運・航空旅客業、輸送設備賃貸業、旅行代理店とその他の予約サービス業、文化産業、スポーツ・レクリエーション産業、そして、各国に固有な旅行特有生産物の小売業と「各国に固有な旅行特有産業」（country specific tourism characteristic industries）を包含する。

TSAの内容は、**UNWTO（国連世界観光機関）**が推奨する10種類の表によって表される。表1、表2、そして表3は、旅行支出を扱う。表4は、国内旅行とインバウンド旅行を分類し、旅行支出から旅行消費への変換に必要となる調整手続きを示す。表5は旅行産業による生産の状況を表す。TSA

表 2.1 旅行・観光サテライト勘定における参考表（2014 年）

商 品	訪日観光消費日費	国内観光消費			宿泊旅行			日帰り旅行		
		旅行前支出	旅行中支出	旅行後支出	旅行前支出	旅行中支出	旅行後支出	旅行前支出	旅行中支出	旅行後支出
旅行会社収入	8	0	416	0	0	213	0	0	33	0
交通費	424	0	7,557	0	0	4,757	0	0	2,003	0
飛行機（国内線，現地）	11	0	1,346	0	0	1,185	0	0	145	0
飛行機（国際線）	208	0	698	0	0	0	0	0	0	0
新幹線	0	0	1,836	0	0	1,216	0	0	605	0
鉄道（新幹線を除く）	150	0	664	0	0	435	0	0	210	0
バス	39	0	376	0	0	208	0	0	152	0
タクシー・ハイヤー	0	0	142	0	0	102	0	0	34	0
船舶（内航，現地）	3	0	92	0	0	81	0	0	11	0
船舶（外航）	1	0	2	0	0	0	0	0	0	0
レンタカー代	12	0	250	0	0	214	0	0	35	0
ガソリン代	0	0	1,097	0	0	653	0	0	436	0
駐車場・有料道路料金（高速道路料金を除く）	0	0	315	0	0	194	0	0	109	0
高速道路料金	0	0	739	0	0	468	0	0	265	0
宿泊費	601	0	3,043	0	0	3,018	0	0	0	0
別荘の帰属家賃	0	0	437	0	0	437	0	0	0	0
飲食費	425	100	2,100	0	74	1,527	0	18	549	0
土産代・買物代	704	2,248	2,625	0	1,505	1,731	0	527	831	0
農産物	0	0	145	0	0	75	0	0	70	0
農産加工品	0	0	100	0	0	61	0	0	39	0
水産物	0	0	144	0	0	100	0	0	44	0
水産加工品	0	0	145	0	0	105	0	0	40	0
菓子類	80	400	888	0	257	615	0	131	249	0
その他の食料品	76	460	476	0	314	329	0	131	136	0
繊維製品	23	633	265	0	446	148	0	121	107	0
靴・カバン類	154	295	144	0	201	89	0	50	51	0
陶磁器・ガラス製品	0	0	52	0	0	42	0	0	11	0
出版物	9	57	28	0	38	17	0	8	10	0
木製品・紙製品	0	0	29	0	0	18	0	0	10	0
医薬品・化粧品	166	87	39	0	60	30	0	10	6	0
フィルム	0	2	0	0	1	0	0	1	0	0
電気機器・関連商品	71	123	41	0	66	22	0	32	11	0
カメラ・眼鏡・時計	79	99	19	0	61	17	0	14	2	0
スポーツ用具・CD・文具	0	92	0	0	61	0	0	28	0	0
その他製造品	48	0	109	0	0	64	0	0	45	0
入場料・娯楽費・その他	45	476	1,123	144	287	676	96	92	440	34
立寄温泉・温浴施設・エステ	0	0	94	0	0	57	0	0	37	0
美術館・博物館・動植物園・水族館	12	0	126	0	0	82	0	0	44	0
スポーツ観戦・芸術鑑賞	3	0	112	0	0	59	0	0	53	0
遊園地・博覧会	13	0	330	0	0	208	0	0	122	0
スポーツ施設	0	0	128	0	0	57	0	0	72	0
スキー場リフト代	0	0	42	0	0	23	0	0	19	0
キャンプ場	0	0	5	0	0	0	0	0	5	0
展示会・コンベンション参加費	0	0	26	0	0	20	0	0	6	0
観光農園	0	0	13	0	0	6	0	0	7	0
遊漁船	0	0	17	0	0	11	0	0	6	0
ガイド料	0	0	23	0	0	15	0	0	8	0
レンタル料	2	31	16	0	20	11	0	5	5	0
マッサージ	0	0	41	0	0	35	0	0	5	0
写真撮影代	0	0	25	0	0	17	0	0	9	0
郵便・通信料	0	16	4	0	12	4	0	2	1	0
宅配便	0	64	45	0	56	40	0	4	3	0
旅行保険・クレジットカード入会金	0	37	0	0	10	0	0	2	0	0
パスポート申請費用	0	44	0	0	0	0	0	0	0	0
ビザ申請費用	0	0	0	0	0	0	0	0	0	0
美容室・理容室	0	209	0	0	138	0	0	58	0	0
写真の現像・プリント	0	0	0	71	0	0	44	0	0	17
クリーニング	0	0	0	46	0	0	32	0	0	9
その他	15	76	74	28	50	31	20	22	37	7
合　　計	2,207	2,824	17,301	144	1,866	12,359	96	638	3,856	34

出所：国土交通省観光庁（2016）『旅行・観光産業の経済効果に関する調査研究（2014 年版）』．p. 388.

（単位：10億円）

海外旅行（国内分）			海外観光消費	
旅行前支出	旅行中支出	旅行後支出	旅行前支出	旅行中支出
0	170	0	0	37
0	797	0	0	1,909
0	16	0	0	135
0	698	0	0	978
0	15	0	0	0
0	19	0	0	38
0	15	0	0	639
0	6	0	0	0
0	0	0	0	115
0	2	0	0	4
0	0	0	0	0
0	7	0	0	0
0	12	0	0	0
0	6	0	0	0
0	25	0	0	399
0	0	0	0	0
7	24	0	0	261
216	63	0	0	304
0	0	0	0	0
0	0	0	0	0
0	0	0	0	0
13	23	0	0	120
14	11	0	0	0
66	10	0	0	74
44	4	0	0	86
0	0	0	0	0
10	1	0	0	0
0	0	0	0	0
17	4	0	0	22
0	0	0	0	0
25	8	0	0	2
24	0	0	0	0
3	0	0	0	0
0	0	0	0	0
97	7	14	7	113
0	0	0	0	0
0	0	0	0	38
0	0	0	0	31
0	0	0	0	0
0	0	0	0	0
0	0	0	0	0
0	0	0	0	0
0	0	0	0	0
0	0	0	0	0
6	0	0	0	0
0	0	0	0	0
2	0	0	0	6
4	1	0	0	1
25	0	0	0	0
44	0	0	0	0
0	0	0	7	0
12	0	0	0	0
0	0	9	0	0
0	0	4	0	0
4	6	1	0	38
320	1,086	14	7	3,024

の核心部分とされる表6は，主要な集計値（main aggregates）を表し，その項目は，「国内旅行支出」（internal tourism expenditure），「国内旅行消費」（internal tourism consumption），「旅行産業における総付加価値」（GVATI：Gross Value Added of the Tourism Industry），「旅行直接総付加価値」（TDGVA：Tourism Direct Gross Value Added），「旅行直接国内総生産」（TDGDP：Tourism Direct Gross Domestic Product）である。雇用については表7に，固定資本と集合的消費の状態は表8と表9に，「非貨幣情報」（non-monetary information）は表10に示される。この分類については，Stabler, Papatheodorou, and Sinclair（2009）の第6章にも解説がある。

日本においては，2006年の**観光立国推進基本法**の成立，2007年の**観光立国推進基本計画**の策定などを受け，（国土交通省）観光庁が2009年よりSNAベースのTSAを作成・公表している。現在，UNWTOが推奨する10種類の表のうち，第1表から第7表が公表されているが，UNWTO推奨表の番号と観光庁が公表している表の番号とが直接に対応していないことに注意が必要である。

表2.1は，（国土交通省）観光庁（2016）『旅行・観光産業の経済効果に関する調査研究（2014年版）』[29]より引用した，「旅行・観光サテライト勘定」における「参考表：購入時期別内部観光消費及び国民観光消費（2014年）」である。これは，**「旅行・観光消費動向調査」**から得られた，品目別の内部観光消費と国民観光消費の統計数値を示

しており，消費項目から見た国内観光のアウトラインを把握するのに有益なものである。

2.6 旅行・観光統計および関連情報の入手

　旅行・観光統計情報は，さまざまなルートで入手可能であるが，以下では，インターネットでの入手経路，冊子体での入手経路の順で，代表例を紹介する。

　2015 年 12 月，経済産業省は，旅行関連情報および国内・国外における旅行者・観光者の行動に関わるデータを収集・活用することによって，サービス産業の生産性向上，新規サービス企業などの創出を企図したデータベース構築の実証事業を，民間事業者とともに開始したことを公表した。その大きな柱としての**「観光予報プラットフォーム」**は，全国各地における宿泊データの分析結果，観光地の混雑状況や注目度，宿泊者数の推移予測などの情報提供を試みるものである。これは，2016 年より観光予報プラットフォーム推進協議会が管理・運営を行い，2016 年 11 月 1 日から本格運用が開始された。本章編集時点（2017 年 3 月）で，ウェブサイト「観光予報プラットフォーム」（https://kankouyohou.com/）が稼働しており，有益なデータが提供されている。また，経済産業省は，訪日外国人旅行者を対象とした，高度で先進的なサービスや決済システムの提供などを行う**「おもてなしプラットフォーム」**の，2020 年における社会実装を目指している。その準備段階として，2016 年 10 月より「IoT 活用おもてなし実証事業」を，民間事業者との連携により 3 地域（関東，関西，九州）でスタートしたが，訪日外国人は「miQip」（http://miqip-info.jp/jp/）に個人情報を登録することで，さまざまなサービスやアプリの利用が可能となっている。

　一方，内閣官房「まち・ひと・しごと創生本部事務局」と内閣府「地方創生推進事務局」の協力関係の下で，地方創生の推進に向けたさまざまな取り

---

29 本章編集時点（2017 年 3 月）で，http://www.mlit.go.jp/kankocho/siryou/toukei/shouhidoukou.html より入手可能である。

組みが行われ，前者と経済産業省によって 2015 年 4 月から供用が開始され
たのが，「**地域経済分析システム**」（RESAS：Regional Economy（and）Society
Analyzing System）である。これは，「産業マップ」「観光マップ」「人口マッ
プ」「自治体比較マップ」の 4 つで構成されている。紙幅の制約により，詳
細には触れないが，RESAS のポータルサイト（https://resas-portal.go.jp/）
では，観光分野を含む各種の情報やデータを入手可能である。

　また，官公庁，地方公共団体，国際機関，各種の法人，そして企業や出版
社も，旅行・観光に関わるデータや資料を提供している。以下に，本章編集
時点（2017 年 3 月）で代表的なものを紹介する。

　（国土交通省）観光庁のウェブサイト（http://www.mlit.go.jp/kankocho/ind
ex.html）では，「統計情報」のコーナー（http://www.mlit.go.jp/kankocho/
siryou/toukei/index.html）において，各種の旅行・観光関連データや，「旅
行・観光サテライト勘定」の統計表が公開されている。

　地方公共団体によって公表されている観光統計として，たとえば，横浜市
（http://www.city.yokohama.lg.jp/）の「文化観光局」（http://www.city.yokoha
ma.lg.jp/bunka/）が挙げられるが，そこでは横浜市の観光情報が得られる。
「観光・MICE」（http://www.city.yokohama.lg.jp/bunka/kancon/）の中では各
種の観光情報とともに，「観光に関する計画・調査・統計データ」（http:
//www.city.yokohama.lg.jp/bunka/kancon/kanko/data/）として，観光集客，
観光動態・消費動向などのデータを公表している。

　国際機関がデータを提供している例として，UNWTO（国連世界観光機
関）本部のコミュニケーション部による UNWTO eLIBRARY（http://www.
e-unwto.org/）がある。Tourism Statistics（http://www.e-unwto.org/toc/unwt
otfb/current）のページでは，有料で世界の観光統計資料が提供されている。

　日本政府観光局（JNTO）[30] のウェブサイトでは，トップページ（http://
www.jnto.go.jp/jpn/index.html）から〈統計・データ〉（http://www.jnto.go.
jp/jpn/statistics/data_info_listing/index.html）を選択すると，「訪日外客統

30　正式名称は，独立行政法人国際観光振興機構（JNTO：Japan National Tourism
　　Organization）であり，「日本政府観光局」は通称である。

計」,「世界各国,地域への外国人訪問者数ランキング」などのデータが得られる。さらに,トップページから〈世界のインバウンド市場〉―〈世界の市場別基礎データ〉(http://www.jnto.go.jp/jpn/inbound_market/index.html)の選択で,海外市場別データを入手できる。また,〈統計・データ〉―〈世界20市場マーケティングデータ〉(http://www.jnto.go.jp/jpn/statistics/datahandbook.html)と進めば,『JNTO訪日旅行データハンドブック(世界20市場)』がダウンロード可能である。

日本観光振興協会(http://www.nihon-kankou.or.jp/home/)は,「ニュースリリース一覧」(http://www.nihon-kankou.or.jp/home/topics/newsrelease.html)において新しい調査結果やデータを紹介している。また,「調査研究」(http://www.nihon-kankou.or.jp/home/topics/jigyou.php?g = 6&c = 1)でも,データを含んだ各種の調査結果を公表している。

太平洋諸島センター(PIC)[31]では,ホームページ(http://blog.pic.or.jp/)の「観光情報」(http://blog.pic.or.jp/modules/tourism/index.htm),また,「観光統計」(http://blog.pic.or.jp/modules/tourism/tourism_statistics.htm)の項目で,太平洋諸国,および,日本と太平洋諸島フォーラム加盟島嶼国間の統計情報が得られる。

日本旅行業協会(JATA)(http://www.jata-net.or.jp/)では,「旅行データバンク」(http://www.jata-net.or.jp/data/)の項目として,「JATA旅行市場動向調査」の調査結果や,各種の旅行統計などに関する情報が提供されている。

JTB総合研究所(http://www.tourism.jp/)は,ウェブサイトの「調査・研究」(http://www.tourism.jp/research-studies/)のページで,「観光統計」(http://www.tourism.jp/tourism-database/stats/)の項目を設置し,「訪日外国人数統計」,「日本人出国者数統計」などのデータを,出所や準拠資料を示しながら提供している。なお,「白書・刊行物」(http://www.tourism.jp/touris

---

31 正式名称は,南太平洋経済交流支援センター(SPEESC:South Pacific Economic Exchange Support Centre)であり,「太平洋諸島センター(PIC:Pacific Islands Centre)」は通称である。

m-database/publications/）のページでは，『JTB レポート』を含むオリジナル刊行物を紹介している。

リクルートホールディングス（http://www.recruit.jp/）は，「プレスルーム」（http://www.recruit.jp/news_data/）の「調査・データ」（http://www.recruit.jp/news_data/library/）の中で，「旅行の調査・データ」（http://www.recruit.jp/news_data/library/travel/）として，リクルートライフスタイル，リクルートなどによる旅行・観光についての調査結果を提供している[32]。

リクルートライフスタイル系のじゃらんリサーチセンター（http://jrc.jalan.net/）は「調査データ」（http://jrc.jalan.net/j/surveys.html）の項目で，主に国内旅行・観光に関するユニークな調査の結果を公表している。

リクルートライフスタイルの調査研究機関である，エイビーロード・リサーチ・センターのホームページ（http://www.ab-road.net/research_center/）では，海外旅行などに関する各種の調査結果とデータを公表している。

一方，有益な冊子体の情報源で，本章編集時点（2017 年 3 月）において入手可能なものとして，以下のものを紹介する。JTB（監修）（2016）『JTB REPORT 2016』，国土交通省観光庁（編）（2016）『平成 28 年版 観光白書』，日本観光振興協会（編）（2016）『2016 年度版 数字でみる観光』，日本政府観光局（2016）『JNTO 日本の国際観光統計（2015 年）』は，観光の状況と，その関連情報などを，データと図表によって解説している。日本観光振興協会（編）（2017）『平成 28 年度版 観光の実態と志向』は全国アンケート調査によって，日本交通公社（編）（2016）『旅行年報 2016』は独自調査の結果を踏まえ，それぞれに，観光の動向を分析している。他に，日本旅行業協会（編）（2016）『数字が語る旅行業 2016』，九州経済調査協会（編）（2011）『訪日外国人観光の新段階—2011 年版九州経済白書』，日本生産性本部（編）（2015）『レジャー白書 2015—国内旅行のゆくえと余暇』も，観光統計情報として非常に有益である。

---

[32]　ただし，このサイトで提供されている調査結果およびデータは，系列機関が開設しているサイトによる提供情報と，一部が重複している。

2.7 | おわりに

　本章では，SNA（国民経済計算体系）と TSA（旅行・観光サテライト勘定）を題材として，観光統計の基礎を学んだ。SNA は経済循環を表現する一貫した体系としての国際基準であり，各種の経済統計の土台である。一方，サテライト勘定は，SNA の中枢体系との関連を保ちつつも，別枠または衛星（サテライト）のような位置において，意図的に自由度を高めた勘定として，個別・具体的な統計ニーズに対応すべく創出されるものであるが，本章では，特に旅行・観光サテライト勘定を扱った。

　今後，観光立国を目指す日本においては，その目標を達成するプロセスの一環として，観光統計の一層の拡充と整備が求められる。すでに試みが開始され，本章でも紹介した「観光予報プラットフォーム」，「おもてなしプラットフォーム」，そして「地域経済分析システム」は，その一部に過ぎない。統計学的手法の進展とデータ観測技術の高度化が，これからの日本における観光の発展に寄与することを，大いに期待する。

[参考文献]

梅田雅信・宇都宮浄人（2014）『経済統計の活用と論点（第 3 版）』東洋経済新報社
大住莊四郎（1997）『入門 SNA—国民経済計算で読む日本経済』日本評論社
九州経済調査協会（編）（2011）『訪日外国人観光の新段階—2011 年版九州経済白書』
　　九州経済調査協会
河野正男・大森明（2012）『マクロ会計入門—国民経済計算への会計的アプローチ』中
　　央経済社
国土交通省観光庁（編）（2016）『旅行・観光産業の経済効果に関する調査研究（2014
　　年版）』（http://www.mlit.go.jp/common/001136064.pdf）
国土交通省観光庁（編）（2016）『平成 28 年版 観光白書』昭和情報プロセス
JTB（監修）（2016）『JTB REPORT 2016 日本人海外旅行のすべて』JTB 総合研究所
作間逸雄（2012）「（第 2 章）SNA の基礎」作間逸雄（編）『SNA がわかる経済統計学』
　　所収，有斐閣
佐藤勢津子（2012）「（第 7 章）サテライト勘定」作間逸雄（編）『SNA がわかる経済統
　　計学』所収，有斐閣
武野秀樹（1995）『国民経済計算と国民所得』九州大学出版会

内閣府経済社会総合研究所国民経済計算部（編）（2007）『季刊 国民経済計算』, No. 134，内閣府社会経済総合研究所

中島隆信・木村福成・北村行伸・新保一成（2000）『テキストブック経済統計』東洋経済新報社

日本観光振興協会（編）（2016）『2016 年度版 数字でみる観光』日本観光振興協会

日本観光振興協会（編）（2017）『平成 28 年度版 観光の実態と志向～第 35 回国民の観光に関する動向調査～』日本観光振興協会

日本交通公社（編）（2016）『旅行年報 2016』公益財団法人日本交通公社．（https://www.jtb.or.jp/publication-symposium/annual-report）

日本生産性本部（編）（2015）『レジャー白書 2015―国内旅行のゆくえと余暇』生産性出版

日本政府観光局（2016）『JNTO 日本の国際観光統計（2015 年）』国際観光サービスセンター

日本政府観光局（2016）『JNTO 訪日旅行データハンドブック 2016（世界 20 市場）』日本政府観光局（http://www.jnto.go.jp/jpn/statistics/jnto_databook_2016.pdf）

日本旅行業協会（2016）『数字が語る旅行業 2016』日本旅行業協会（https://www.jata-net.or.jp/data/stats/2015/pdf/2015_sujryoko.pdf）

廣松毅・高木新太郎・佐藤朋彦・木村正一（2006）『経済統計』新世社

谷沢弘毅（2006）『コア・テキスト経済統計』新世社

山下正毅（1993）「（第 13 章）サテライト勘定」武野秀樹・山下正毅（編）『国民経済計算の展開』所収，同文舘出版

山下正毅（1995）「国連 1993 年 SNA の構造」『横浜経営研究』（横浜国立大学経営学会），第 16 巻第 1 号，pp. 45-51

Abraham, Katharine G., and Christopher D. MacKie (eds.) (2005), *Beyond the Market: Designing Non-market Accounts for the United States*, National Academies Press.

Commission of the European Communities, International Monetary Fund, Organisation for Economic Co-operation and Development, United Nations, World Bank (1993), *System of National Accounts 1993*. (http://unstats.un.org/unsd/nationalaccount/sna1993.asp)

Dwyer, Larry, Forsyth, Peter, and Wayne Dwyer (2010), *Tourism Economics and Policy*, Channel View Publications.

European Commission, International Monetary Fund, Organisation for Economic Co-operation and Development, United Nations, World Bank (2009), *System of National Accounts 2008*. (http://unstats.un.org/unsd/nationalaccount/sna2008.asp)

Eurostat (2003), *Household Production and Consumption: Proposal for a Methodology of Household Satellite Accounts*. (http://ec.europa.eu/eurostat/documents/3888793/5823569/KS-CC-03-003-EN.PDF/8e284578-a435-4bd8-b42d-b86d4a911637)

Rannan-Eliya, Ravindra P., Berman, Peter A., and Aparnaa Somanathan (1997), "Special Initiative Report 4; Health Accounting: A Comparison of the System of National Accounts and National Health Accounts Approaches," provided by *The Partnerships for Health Reform Project*. (http://www.phrplus.org/Pubs/Sir4.pdf)

Stabler, Mike J., Papatheodorou, Andreas., and M. Thea Sinclair（2009）, *The Economics of Tourism*, 2nd. ed., Routledge.

Statistics Finland and the National Consumer Research Centre（2006）, *Household Production and Consumption in Finland, 2001-Household Satellite Account.* （http://www.stat.fi/tup/kantilinpito/2001_household_satellite_account.pdf）

United Nations, World Tourism Organization, Commission of the European Communities, Organisation for Economic Co-operation and Development（2010）, *Tourism Satellite Account: Recommended Methodological Framework 2008.* （http://unstats.un.org/unsd/publication/Seriesf/SeriesF_80rev1e.pdf）

World Tourism Organization（ed.）（2016）, *Yearbook of Tourism Statistics 2016 : Data 2010-2014*, World Tourism Organization Publications.

World Tourism Organization（ed.）（2016）, *Compendium of Tourism Statistics 2016: Data 2010-2014*, World Tourism Organization Publications.

（中平千彦）

第**3**章 消費理論と観光

●キーワード
　観光消費，所得と消費の関係，消費性向，短期消費関数，長期消費関数
●ポイント
　マクロ経済学における消費について学び，消費の決定過程と観光消費の性質を考えます。

3.1 はじめに—消費と消費関数—

　本章では，まず，消費の基礎理論を学び，次に，観光消費の性質と特徴について考察する。

　一般に，**消費**あるいは**消費水準**は，国の経済を測る代表的な指標の1つと見なされている。たとえば，日本の**GDP**を構成する要素[1]を見ると，最も大きなものは民間最終消費支出であり，消費が経済の動向について，きわめて重要な要素であることがわかる。

　消費関数（consumption function）は，消費を関数の形で表すものである。消費は，われわれの経済行動の中で，さまざまな要素によって決定されるため，経済の実体を直接に反映する消費関数を表すことは，非常に困難な作業となる。そこで，消費を決定する特に大きな要素の1つが，所得あるいは所得水準であることを踏まえ，消費が所得のみによって決定されるという単純化の仮定を与え，C：消費，Y：所得とすると[2]，消費関数は，「C は Y の関数である」という意味において，次のように表現される[3]。

　1　ここでは，支出側の GDP を想定している。
　2　厳密には，実質消費，実質所得とすべきである。

図 3.1 ケインズ型消費関数

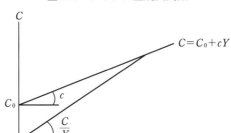

(3.1)　　$C=C(Y)$.

マクロ経済モデルでは，これを1次近似（1次関数で近似）した，いわゆる「**ケインズ型消費関数**」がしばしば用いられ，それは一般に次のようなものである。

(3.2)　　$C=C_0+cY$.

ここで，C_0：**基礎消費**（basic consumption），c：**限界消費性向**（marginal propensity to consume）であり，大文字 C と小文字 c の違いに注意を要する。このグラフは図3.1に示され，C_0 が切片，c が傾きとなっている。基礎消費は，所得水準にかかわらず，生活のために最低限度必要な消費であり，通常は，$C_0>0$ と仮定される。**限界消費性向**は，

(3.3)　　$\dfrac{dC}{dY}=c$

となり，所得が限界的に1単位増加した際に消費がどれだけ増加するか示す係数である。一般に，限界消費性向は $0<c<1$ とされ，(3.2)式では，右辺の第2項（cY）より，所得が増加したとき，消費の増加分は所得の増加分より小さくなる。これらより，ケインズ型消費関数は，消費を，所得に依存しない要素（C_0）と所得に依存する要素（cY）の和によって表現したも

3　(3.1)式による表現の他に，$C=f(Y)$ と表すこともできる。f は関数（function）を意味する記号である。

のであることが分かる。また，所得増加に伴う消費の平均的増加 $\left(\dfrac{C}{Y}\right)$，つまり，**平均消費性向**（average propensity to consume）は，

$$(3.4) \qquad \frac{C}{Y} = \frac{C_0}{Y} + c$$

となり，Yの増加に伴って減少する。図3.1で，原点から消費関数のグラフに伸ばした直線の傾きが，平均消費性向を表している。

3.2 | 可処分所得と租税を考慮した消費関数

　前節では，消費関数を構成する要素として，消費と所得を単純に扱ったが，より現実的な視点を導入すれば，消費に影響する所得は，消費の前に支出または支払いをすべき項目の額を差し引いたもの，たとえば税金の支払い後の残額であると考えられる。一般に，税引き後の所得を**可処分所得**（disposable income）といい，T を税額とすれば，可処分所得は $Y-T$ となる。これを反映させれば，先の消費関数は，

$$(3.5) \qquad C = C_0 + c\,(Y-T)$$

となる。ここで，可処分所得に対する限界消費性向は，

$$(3.6) \qquad \frac{dC}{d\,(Y-T)} = c$$

より c となるが，この c が前節で見た税引き前の所得に対する限界消費性向 c と同じ値であるとは限らない。おそらく，それらは実際には異なる値であることに注意が必要である。一方，税が定額部分と所得に比例する部分とによって構成されるとすれば，次のような**租税関数**が与えられる[4]。

$$(3.7) \qquad T = tY - T_0.$$

---

　4 厳密には，課税所得，すなわち，所得（Y）から所得控除等を差し引いた所得を考慮すべきである。所得控除等を D とすれば，課税所得＝$Y-D$ となる。しかし，本章では議論の複雑化を避けるため，あえて課税所得を考慮しない。

ただし，T_0：税の定額部分で$T_0>0$，t：限界税率であり，**限界税率は**，

(3.8)　　　$\dfrac{dT}{dY}=t$

と表すことができるが，これは所得に比例して徴収される税負担の税率であり，一般に，$0<t<1$とされる。(3.7) 式を (3.5) 式に代入することにより，次のような，租税を考慮した消費関数が得られる。

(3.9)　　　$C=C_0+c\,(Y-T)$
　　　　　　$=C_0+c\,\{Y-(tY-T_0)\}$
　　　　　　$=C_0+c\,(Y-tY+T_0)$
　　　　　　$=C_0+cT_0+c\,(Y-tY)$
　　　　　　$=C_0+cT_0+c\,(1-t)\,Y.$

租税を考慮した限界消費性向は，

(3.10)　　　$\dfrac{dC}{dY}=c\,(1-t)$

より，$c\,(1-t)$ となる。

3.3 | 消費関数における短期と長期

3.1で消費関数を扱ったが，それは，いわゆるケインズ型消費関数であった。消費関数については，以下に説明するような論争が起こったことがある。

クズネッツ（S. S. Kuznets）が1942年に発表した研究で，1869年から1938年にわたるアメリカの時系列データによって計量的な検証を行ったところ，所得上昇期における長期の経済において，ほぼ一定の平均消費性向，および，ほぼゼロの切片を持つ，線型の消費関数が観測された。すなわち，おおむね，

(3.11)　　　$C=c'Y$

という形状の消費関数が観測された。この消費関数によれば，消費は所得に

図 3.2 ケインズ型消費関数（短期消費関数）と
クズネッツ型消費関数（長期消費関数）

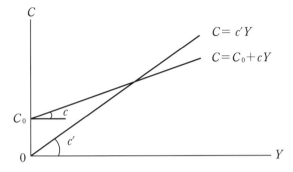

比例し，平均消費性向は長期で c' という一定の値（$0<c'<1$）をとる。これは，平均消費性向が所得の増加に伴って減少し，（明らかにゼロではない）正の切片を持つケインズ型消費関数と整合的でない。図 3.2 に，この**クズネッツ型消費関数**とケインズ型消費関数との違いが示されている。この違いは，短期と長期で消費関数の関数型が異なるという，「**消費関数のパラドクス**」を示唆するが，これは，1940 年代から 1950 年代にかけての，いわゆる「**消費関数論争**」（consumption function controversy）[5] が起こる契機となった。その論争によって，ケインズ型消費関数は，短期の時系列データや家計調査などの横断面データに当てはまりが良く，クズネッツ型消費関数は，長期の時系列データにうまく適合することが分かった。つまり，おおまかに言えば，ケインズ型消費関数は「**短期消費関数**」（short-run consumption function）であり，クズネッツ型消費関数は「**長期消費関数**」（long-run consumption function）であると理解されたのである。また，短期と長期に関する橋渡しの議論も多様に展開された。そこで，次節では，この問題についての主要な仮説について解説する。

---

[5] 「消費関数論争」についての詳しい解説として，たとえば，蓑谷（1997）の第 6 章が挙げられる。

3.4 | 消費決定の仮説

3.4.1 相対所得仮説

　デューゼンベリー（J. S. Duesenberry）およびモディリアーニ（F. Modigliani）による「**相対所得仮説**」（relative income hypothesis）は，大別して2つの仮説によって成り立つ[6]。1つは時系列で消費を捉えた「**時間的な相対所得仮説**」（または「**習慣形成仮説**」）であり，それは消費習慣によって説明される。この仮説によれば，「消費者には過去から現在までに形成された消費習慣があり，現在の消費水準は，現在の所得水準のみならず，過去の消費水準にも依存する。今期の所得が過去から今期までの最高所得であれば，消費は所得と比例的に上昇する。しかし，今期の所得が過去の最高水準を下回っていれば，消費習慣によって，ある程度は消費水準の維持を試みる「**ラチェット効果**」（または「**歯止め効果**」）（ratchet effect）が働き，消費を所得比例的には減少させない」ということになる。この考え方は，消費の非可逆性に対するデューゼンベリーの考察に立脚している。一方，もう1つの仮説は，横断面で所得階層別の効用を捉えた「**空間的な相対所得仮説**」である。この仮説の意味するところは次の通りである。「消費者の選好は個人で独立に決定されるものでなく，消費から得られる効用は，自分の消費が社会平均より相対的に大きくなったときに上昇する。高所得者層は平均所得者層よりも，所得に対して相対的に小さい比率の支出で社会平均以上の消費を実現できるため，平均消費性向が低くなる傾向があり，低所得者層は平均所得者層に消費を追いつかせようとして，平均消費性向が高くなる傾向がある」。ここで，個人の消費が他人の消費との相対関係に影響されることを「**デモンストレーション効果**」（または「**示威効果**」）（demonstration effect）という。

　上記2つの仮説のうち，「**時間的な相対所得仮説**」（「**習慣形成仮説**」）については，少し詳しく考察する。まず，S：貯蓄，Y：所得（または可処分所

　6　「相対所得仮説」との対比において，ケインズ型消費関数を「**絶対所得仮説**」（absolute income hypothesis）による消費関数と表現することがある。

図3.3 相対所得仮説による消費関数

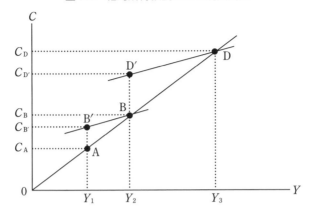

得)，C：消費，Y_m：過去の最高所得とし，平均貯蓄率を次のように表す．

(3.12) $\quad \dfrac{S}{Y} = c_0 + c_1 \dfrac{Y}{Y_m}$.

ここで，$c_0 > 0$，$c_1 > 0$ と仮定する．所得のうち，消費に振り向けられなかった分はすべて貯蓄に回ると仮定すれば，$S = Y - C$ または $C = Y - S$ となり，後者の両辺を Y で割って平均消費性向 $\left(\dfrac{C}{Y}\right)$ を求めると，

(3.13) $\quad \dfrac{C}{Y} = \dfrac{Y}{Y} - \dfrac{S}{Y} = 1 - \dfrac{S}{Y}$

となる．(3.13) 式に (3.12) 式を代入すると，

(3.14) $\quad \dfrac{C}{Y} = 1 - \dfrac{S}{Y} = 1 - \left(c_0 + c_1 \dfrac{Y}{Y_m}\right) = (1 - c_0) - c_1 \dfrac{Y}{Y_m}$

となる．$\dfrac{Y}{Y_m}$ は相対所得項である．もし，今期の所得 Y が過去から今期までの最高所得 Y_m であれば，相対所得項は $\dfrac{Y}{Y_m} = 1$ となる．ここで，単純化のために，所得の成長率は一定で，(3.14) 式の相対所得項が1になるという仮定の下で，右辺が全体として定数になると解釈して α と表すこととし，両辺に Y をかけて整理すると，

(3.15) $\quad C = \alpha Y$

という消費関数になる。ただし，$\alpha = (1-c_0)-c_1$，$\alpha < 1$ である。この消費関数は切片がゼロの1次関数であるから，α は限界消費性向，かつ，平均消費性向となる。この関数形から，(3.15) 式は，3.3で見た「長期消費関数」に該当するものと解釈される。図3.3に，このグラフが描かれている。今期の所得が過去から今期までの最高所得であれば，消費はこの長期消費関数のグラフに沿って，所得と比例的に上昇する。たとえば，所得と消費の組み合わせが，図3.3のA点からB点に移動し，消費水準は C_A から C_B 増加する。

　一方，もし今期の所得が過去の最高所得を下回る場合，消費は減少するが，しかし，前述のラチェット効果によって，所得比例的には減少しない。この場合は $\dfrac{Y}{Y_m} < 1$ となるだけでなく，消費関数の傾きが，先に見た $\dfrac{Y}{Y_m} = 1$ の場合より小さくなり，平均消費性向と限界消費性向が異なるケースが生じる。すなわち，今期の所得が過去の最高所得を下回るケースは，長期消費関数と比べて，傾きは小さく，また切片を持つ消費関数によって説明されることになる。これを図3.3で考えてみよう。図中で，所得と消費の組み合わせがB点にあり，所得は Y_2，消費は C_B であるとする。今期の所得が過去の最高所得に達しておらず，たとえば Y_1 となった場合，消費は減少するが，ラチェット効果により，所得比例的に C_B から C_A には減少せず，長期消費関数より傾きが小さい消費関数のグラフ上で，B点の C_B から B′ 点の $C_{B'}$ まで減少することになる。この消費関数が，短期的な所得と消費の関係を表す「短期消費関数」であると解釈される。次期に所得水準が Y_1 から Y_2 に回復すれば，消費は短期消費関数のグラフに沿ってB′点の $C_{B'}$ からB点の C_B に戻る。B点に戻り，所得が Y_2 から Y_3 に上昇すれば，消費は長期消費関数上を上方に動いて，D点に対応する C_D となるが，その次の期に所得が Y_2 に戻れば，消費はD点を通る短期消費関数のグラフ上をD′点まで移動して $C_{D'}$ の水準となる。図から明らかなように，短期消費関数のグラフの傾き，すなわち限界消費性向は，長期消費関数のそれより小さい値となり，長期消費関数は，潜在的には無数に存在する短期消費関数の間をすり抜けて延

びるものとなる。また，短期消費関数では Y の減少に伴って平均消費性向が増大する，あるいは，短期消費関数では所得減少期に平均消費性向が増大し，所得増加期に平均消費性向が減少するので，平均消費性向が一定の長期消費関数とは，この点でも性質が異なる。

相対所得仮説では，以上のような論理で，短期消費関数と長期消費関数との関係を説明する。

3.4.2　ライフ・サイクル仮説

モディリアーニ（F. Modigliani），ブランバーグ（R. Brumberg），アンドウ（A. Ando）による「ライフ・サイクル仮説」（life cycle hypothesis）（あるいは「生涯所得仮説」（lifetime income hypothesis））は，「人々の消費行動は，単に各期の所得のみに依存する短期的視点によるものでなく，生涯にわたって予想される生涯所得に基づく長期的視点によって決定されるものである」と主張する。本節では，単純化されたモデルを用いてライフ・サイクル仮説の骨子を学ぶ。

ある時点（0 時点）で資産を $\overline{w}$ の額だけ保有し，就職してから N 年間就業し，就業期間中は各年で平均的に y の所得を得て，残された生存期間が L 年間であると予想される代表的個人を想定する。ただし単純化のため，$\overline{w}>0$，$0<N<L$ とし，また，ここでの代表的個人は，N 年間の就業期間を終えてから人生を終了するまでの $L-N$ 年間は収入がなく，就業期間中に積み立てた貯蓄を取り崩して生活するが，遺産は残さず[7]，貯蓄に利子収入が発生しないと仮定する。これらの条件より，代表的個人が得るであろう生涯所得は，0 時点での資産と就業期間中の所得を合計したものであり，

(3.16)　　　　$\overline{w}+yN$

となる。この生涯所得に基づいて，人生を終えるまで均等に配分するように消費 c を行うのであれば，この個人の生涯にわたる予算制約式は，

7　遺産を残さないということは，総資産を完全に使いきって人生を終えることを意味する。

44　第1部　マクロ経済学と観光

(3.17)　　　　$\overline{w}+yN=cL$

となる。したがって、各期における消費は、次のようになる。

(3.18)　　　　$c=\dfrac{1}{L}(\overline{w}+yN)=\dfrac{1}{L}\overline{w}+\dfrac{N}{L}y.$

ここで、単純化のため、$\dfrac{N}{L}=a$ $(0<a<1)$、$\dfrac{1}{L}=b$ $(b>0)$ とし、また、a と b はそれぞれに一定と仮定して、

(3.19)　　　　$c=b\overline{w}+ay$

と表す。これが代表的個人の消費関数である。また、社会全体における消費は、代表的個人の消費を社会に存在する個人の人数分だけ合計したものと考え、C：社会全体の消費、Y：社会全体の所得、$\overline{W}$：社会全体の（0 時点での）資産とすれば、社会全体の消費関数は、次のようになる。

(3.20)　　　　$C=b\overline{W}+aY$

ここで、短期的には $\overline{W}$ が一定であるとすれば、この関数は、傾き、あるいは限界消費性向が a、切片が $b\overline{W}$ の 1 次関数となる。平均消費性向は、

(3.21)　　　　$\dfrac{C}{Y}=b\dfrac{\overline{W}}{Y}+a$

であり、Y の増加に伴って減少する。これらの性質から、(3.20) 式は、ケインズ型消費関数と類似の、短期消費関数であると考えられる。他方、長期的に Y と $\overline{W}$ がおおむね連動して成長するのであれば、$\dfrac{\overline{W}}{Y}$ は長期で一定の値となり、θ：長期 $\dfrac{\overline{W}}{Y}$ の値、a^*：長期平均消費性向の値とした、長期平均消費性向は、

(3.22)　　　　$\dfrac{C}{Y}=b\theta+a=a^*$

という、一定値として表すことができる。両辺に Y をかけると、

(3.23)　　　　$C=a^*Y$

となる。これは切片のない 1 次関数であるから、a^* は限界消費性向、かつ

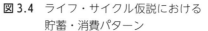

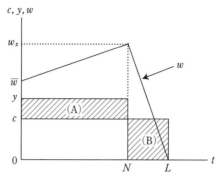

図3.4 ライフ・サイクル仮説における貯蓄・消費パターン

平均消費性向であり，(3.23) 式は，クズネッツ型消費関数と同じ関数型をした，長期消費関数と考えられる。ライフ・サイクル仮説では，このようにして，短期と長期の消費関数の接続が説明される。

次に，代表的個人の貯蓄を考える。就業期間中の各期の貯蓄は，各期における所得と消費の差であるが，これを s_1 とする。(3.18) 式を考慮して s_1 を表せば，

$$(3.24) \quad s_1 = y - c = y - \left(\frac{1}{L}\overline{w} + \frac{N}{L}y\right) = -\frac{\overline{w}}{L} + \frac{(L-N)}{L}y = -\frac{1}{L}\{\overline{w} - (L-N)y\}$$

となる[8]。また，退職後に行うのは，消費（$-c$）のみであるため，負の貯蓄が実現するが，退職後の各期における負の貯蓄を s_2 とすれば，(3.18) 式より，それは

$$(3.25) \quad s_2 = -c = -\left(\frac{1}{L}\overline{w} + \frac{N}{L}y\right) = -\frac{\overline{w}}{L} - \frac{yN}{L} = -\frac{1}{L}(\overline{w} + yN)$$

と表すことができる。図3.4に，代表的個人の消費・貯蓄行動が示されている。t は時点，あるいは期間を表す。就業期間中の貯蓄総額は，図中の斜線で示された四角形（A）の面積となるが，具体的には (3.24) 式に N をかけ

---

8 ここでは $y > c$（または $y - c > 0$）を仮定している。これは，借入制約の仮定と考えることもできる。

46　第1部　マクロ経済学と観光

て，（3.26）式のように得られる。

$$(3.26) \quad -\frac{1}{L}\{\overline{w}-(L-N)y\}N=-\frac{\overline{w}N}{L}+\frac{(L-N)yN}{L}=-\frac{N}{L}\{\overline{w}-(L-N)y\}.$$

退職後における負の貯蓄総額は，（3.25）式に（$L-N$）をかけた，

$$(3.27) \quad s_2(L-N)=-c(L-N)=-\frac{1}{L}(\overline{w}+yN)(L-N)=-\frac{L-N}{L}(\overline{w}+yN)$$

であり，図3.4では斜線で示された四角形（B）の面積となる。一方，退職時点（N時点）での資産総額は，0時点での資産額（$\overline{w}$）と（3.26）式で得られた就業期間中の貯蓄総額（s_1N）の合計額，すなわち，

$$(3.28) \quad \overline{w}+s_1N=\overline{w}+\left[-\frac{1}{L}\{\overline{w}-(L-N)y\}\right]N$$

$$=\overline{w}+\left[-\frac{N}{L}\{\overline{w}-(L-N)y\}\right]=\frac{\overline{w}L-\overline{w}N+(L-N)yN}{L}$$

$$=\frac{\overline{w}(L-N)+(L-N)yN}{L}=\frac{L-N}{L}(\overline{w}+yN)$$

であり，この値が生涯における最高資産総額となる。退職後は消費のみが行われ，遺産は残さないと仮定されていることより，総資産額は人生を終える時点（L時点）でゼロになる。退職後の各期における負の貯蓄（s_2）は（3.25）式に示され，退職から人生を終えるまでの期間は$L-N$であるから，退職から人生終了までの負の貯蓄総額は，s_2と（$L-N$）の積，

$$(3.29) \quad s_2(L-N)=-c(L-N)=-\frac{1}{L}(\overline{w}+yN)(L-N)$$

$$=-\frac{L-N}{L}(\overline{w}+yN)$$

となる。（3.29）式の値は，（3.28）式の値の符号を負にしたものとなっており，これは，代表的個人の，就業期間中に蓄積した貯蓄額を退職後にすべて取り崩して人生を終える行動を示している。図3.4では，w：資産総額であり，そのグラフが，退職時点（N時点）で代表的個人の資産総額が最大値（w_x）となり，人生を終える時点（L時点）でゼロになる様態を示している。

　ライフ・サイクル仮説では，このように短期と長期の消費関数の橋渡しが

行われ，また，人々の消費行動が，生涯にわたって予想される生涯所得に基づく長期的なライフ・サイクルの視点で決定されることが説明される。

3.4.3 恒常所得仮説

フリードマン（M. Friedman）による「**恒常所得仮説**」（permanent income hypothesis）は，消費は資産と人的資本の現在価値に依存すると主張し，また，所得階層別の**横断面（クロスセクション）分析**[9]によってケインズ型の短期消費関数を導いた。後者については，少し詳しく見ることにする。まず，所得は，個人が認識する所得稼得能力によって現在から将来までに予想される平均的所得である「**恒常所得**」（permanent income）と，個人の所得稼得能力とは独立な一時的要因によって決まる「**変動所得**」（transitory income）との合計[10]とする。y_i：消費者 i の所得（合計），y_{ip}：消費者 i の恒常所得，y_{it}：消費者 i の変動所得とすれば，y_i は次のように表すことができる。

$$(3.30) \qquad y_i = y_{ip} + y_{it}.$$

消費も同様に，c_i：消費者 i の消費（合計），c_{ip}：消費者 i の恒常消費，c_{it}：消費者 i の変動消費とすれば[11]，c_i は，

$$(3.31) \qquad c_i = c_{ip} + c_{it}$$

と表すことができる。これまでは，個人の所得と消費を考えていたが，ここで，社会全体の集計的な所得と消費を考える。Y_p：社会的恒常所得，C_p：社会的恒常消費として，消費は主に恒常所得に依存すると仮定すれば，単純化された社会全体の消費関数は，次のようになる。

$$(3.32) \qquad C_p = \mu Y_p.$$

ただし，μ は一定の比例定数とする。

9　特定の一時点における，観察対象の横断的なデータ系列を用いて行う分析。

10　恒常所得と変動所得は独立で，変動所得は撹乱的に発生すると仮定する。

11　恒常所得と変動消費は独立で，後者は撹乱的に生じると仮定する，また，変動所得と変動消費は独立であり，それぞれの期待値はゼロ，分散は一定と仮定する。

48　第1部　マクロ経済学と観光

図3.5 恒常所得仮説の消費関数

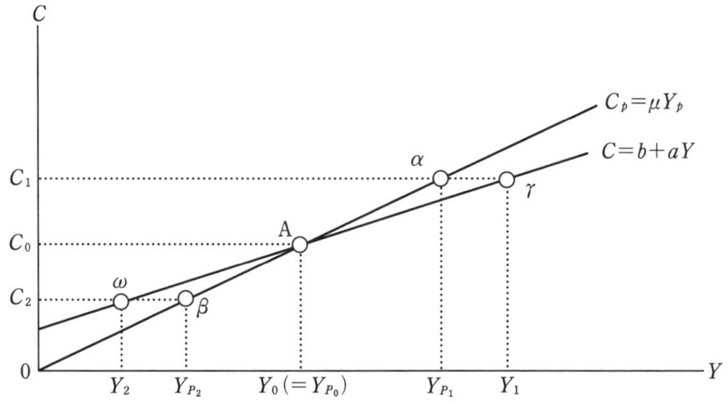

　次に，所得階層別の，初歩的な横断面（クロスセクション）分析を導入する。図3.5には，先ほど導いた社会全体の消費関数（3.32）式と，それより傾きが小さく，切片のある1次関数のグラフが描かれている。（3.32）式に示されたように，単純化された社会全体の消費関数では，消費を決める要素は恒常所得のみであるから，あえて言えば，変動所得部分はゼロである。図3.5では，A点は社会全体の消費関数上の点であるから，Yを社会の集計された所得とすれば，この点は，変動所得部分がゼロで，$Y=Y_P$となっている所得階層に属する人々の状態を示している。また，この階層の人々の所得は$Y_0 (=Y_{P_0})$，消費はC_0と表されている。しかし，少なくとも短期的所得変動を考える限り，一時的な要因による変動所得部分は多かれ少なかれ発生する潜在的な可能性があり，その値は正（プラス）も負（マイナス）もあり得る。この観点より，所得がY_0という人々は，変動所得部分が正でも負でもなく，社会の中で平均所得を得ている階層に属すると解釈される。

　次に，平均所得（Y_0）より大きい所得，たとえばY_1の所得を得て，消費水準がC_1の人々を考える。この階層に属する人々の状態は，図中のγ点で表されるが，消費水準がC_1であれば，恒常所得は社会全体の消費関数上のα点に対応するY_{P_1}となるはずである。したがって，Y_1とY_{P_1}の差が変動所得であるが，$Y_1-Y_{P_1}>0$であり，この所得階層の人々は正の変動所得を得ていることになる。このような，高い所得階層の中には，おそらく，何ら

かの一時的要因によって高い変動所得を得たために社会平均より高い所得を得た人々が多数含まれており，この階層では平均的に変動所得が正であると考えられる。以上より，平均より高い所得階層に属する人々の状態は，社会的消費関数上の α 点より右側の γ 点で表されることが分かる。

平均所得 (Y_0) より小さい所得，たとえば，Y_2 の所得水準で，消費水準が C_2 の人々の状態は，図中の ω 点で表されている。消費水準 C_2 より，恒常所得は社会全体の消費関数より β 点に対応する Y_{P_2} となるはずである。したがって，Y_2 と Y_{P_2} の差が変動所得であり，$Y_2 - Y_{P_2} < 0$ となるから，この階層の人々は負の変動所得を得ていることになる。このような，低い所得階層には，おそらく，何らかの理由で一時的に特別な支払いなどに直面したことによって変動所得が負になったために，社会平均より低い所得を得た人々が多数含まれており，この階層では平均的に変動所得が負であると考えられる。この考察より，平均より低い所得階層に属する人々の状態は，社会的消費関数で示される β 点より左側にある ω 点で表されることが分かる。

これまでに見た，平均所得階層に属する人々の A 点，高所得階層の人々の γ 点，低所得階層の人々の ω 点を結ぶと，図3.5で描かれているように，社会全体の消費関数と，A 点で交差し，傾きは相対的に小さく，正の切片を持つ関数が得られる。それを1次関数であるとみなし，a：傾き，b：切片とすれば，

$$(3.33) \qquad C = b + aY$$

という関数が得られ，$0 < a < \mu < 1$，$b > 0$ となる。γ 点，ω 点は，前述の通り，変動所得，すなわち一時的に起こった要因，あるいは短期的要因によって変動する所得を反映したものであるから，(3.33) 式は，短期消費関数に対応するものと解釈される。これとの対比で考えると，(3.32) 式を，長期では一時的要因による変動所得が平均的にゼロとなり，消費が恒常所得のみで説明されることを反映した，長期消費関数と解釈することができる。

このように考えれば，恒常所得仮説でも，短期消費関数と長期消費関数の接続が示されていることになる。

3.5 観光消費の性質

　（国土交通省）観光庁が公表した，**「旅行・観光消費動向調査」**（平成 27
年，年間値，確報）によれば，「日本人国内旅行消費額」は，前年比 10.8 ％
増の 20 兆 4,090 億円であった，このうち，「宿泊旅行消費額」は 15 兆
8,120 億円で前年比 13.8 ％増，「日帰り旅行消費額」は 4 兆 5,970 億円で前
年比 1.5 ％増となった。このような旅行消費額の増加は，国内景気の推移，
大型連休や新幹線の路線拡張の影響などを含んだ複合的要因によるものと考
えられる。「日本人国内延べ旅行者数」は，前年比で 1.6 ％増の 6 億 0,472
万人となったが，「宿泊旅行」と「日帰り旅行」に分けて捉えると，前者は
前年比 5.3 ％増，後者は 2.1 ％減であり，要因別に明暗の分かれる結果と
なった。観光立国を目指す日本において，特に観光消費は重大な項目であ
り，今後の動向が注目される。観光消費についての解説は，第 7 章でも観光
需要の関連項目として行われているので，それも参照願いたい。しかし，観
光消費の動向を詳細に考察する際には，消費理論による理論分析や，データ
解析に基づいた実証分析が必要となる。この点において，本章で前節までに
学んだ消費理論は，大いに役立つものである。

　ここで，観光消費の性質と特徴について考えよう。この作業は，項目別に
消費の比率を探ることから始まる。一般に，観光消費では，「基本的項目」
と「付随的項目」[12] が，2 つの主要項目とされている。前者は，交通，宿泊，
飲食など，観光サービスの柱となる項目の消費であり，後者は，ショッピン
グ，娯楽など，周辺的ないしは付随的な要素の消費である。両者のうち，観
光消費が成熟するにつれて，付随的項目の占める比率が大きくなる。ただ
し，成熟している，あるいは未成熟であることの原因が，供給側にあるの
か，需要側あるいは消費者側にあるのか，それとも供給側と需要側の双方に
あるのかを見極めるには，慎重かつ具体的な分析が要求される。

　また，きわめて希少性が高い観光財や，特定の消費者グループにおける特

12　この 2 分類は，河村（2008）によるものである。

殊な好みの対象となる観光財が，一般の観光財とは異なる個別具体的な選好パターンによって，非常に低い消費の弾力性や需要構造を有することもある。たとえば，鉄道に関心を持たない人々の興味は全く引かないけれども，いわゆる「鉄道ファン」にとってはきわめて貴重な体験や情報を得られる観光イベントには，その開催地まで赴くための交通費がかなり高額であっても，多くの鉄道ファンが集結したり，そのイベントに関連した高価な鉄道グッズがよく売れたりするという状況が，これに該当する。

　一方，生産との関係からも，**観光消費の特殊性**を捉えることができる。まず，**「観光消費における生産との同時性」**が挙げられる。飛行機による旅客への移動サービスなどが，これに該当する。航空会社は，航空機を運航することで輸送サービスを生産するが，顧客は運航されている航空機に乗ってサービスを消費する。したがって，サービスの消費と生産は同時に行われる。次に，**「観光消費における組み合わせ消費」**が挙げられる。たとえば，パッケージ・ツアーでは，航空機や電車，バス，タクシーによる輸送サービス，ホテルによる宿泊サービス，レストランによる飲食サービス，レジャー施設によるサービスなどが，全体として有機的に組み合わされて供給され，そして消費される。

　観光消費の対象となる財に，実際にはさまざまなタイプが存在することも，考慮する必要がある。また，観光消費の対象となる財，あるいは観光サービスは，消費行動の中で，決して必須項目ではなく，一般には，可処分所得に比較的余裕のあるときに消費の対象となる財である。さらに，このタイプの財は，通常，可処分所得が上昇した際に消費量も増加する「上級財」であり，多くの場合，**消費の所得弾力性**も比較的大きい。それに加え，価格弾力性も比較的大きい値をとると考えられる[13]。弾力性についての詳細な解説は第6章と第7章に譲るが，ここでは，次のような例を考えよう。旅行代理店で販売されている**パッケージ・ツアー**を思い出していただきたい。通

13　単純に考えれば，需要と供給の法則から，需要の多い時期には価格が上昇し，少ない時期には価格が下落するという説明も可能であるが，弾力性が段階的に存在することを採り入れることで，より積極的な議論が可能になる。

52 第1部 マクロ経済学と観光

常，消費者は，所得が高い水準にあるとき，旅行の需要を増加させる。パッケージ・ツアーのパンフレットで，提供されるサービス内容は同じであるにもかかわらず，出発日によって価格が異なることがある。価格表に，A，B，C，Dなどのアルファベットが並んでおり，A日程が最も設定された価格が低く，次がB，さらにC，Dという順に設定された価格が高くなるというような事例は多く見受けられる。また，それらの価格差が，出発日と関係があることは，価格表をよく見れば容易に理解できる。マリン・リゾートへの観光ツアーであれば，価格表で，相対的に価格が低くなっている出発日は，多くの場合，いわゆる「オフ・シーズン」に当たる時期である。これは，次のように捉えることができる。人々がマリン・リゾートへ積極的に行きたがらないのは，現地の気温がそこでのレジャーを楽しむのに適したレベルの時期を過ぎた後か，あるいは，気温が高くなる前で，マリン・リゾートでの観光を満喫するのには必ずしも適していない時期である。そのような時期には需要が相対的に少ないが，それでも，通常よりツアーの価格を低く設定すれば，「最適な時期からは外れているが，少しでも安くリゾートを楽しむことができるのであれば，ツアーに参加しよう」という顧客を獲得できる可能性がある。つまり，オフ・シーズンには，顧客からの需要が価格の動向に対して弾力的になる可能性がある。したがって，旅行会社は，オフ・シーズンに**消費の価格弾力性**が相対的に高いことを理解した上で，需要が相対的に少ない時期であっても，少しでも多くの顧客を獲得できるよう，低い価格を設定することになる。「オン・シーズン」には，その逆の価格設定を行う。それは，オン・シーズンにはもともと需要が多く，価格弾力性も低い時期であるので，価格を高く設定しても，そのことによって，ツアー参加者が減る可能性が低いからである。さらに，ここでは紙幅の関係で詳述を避けるが，この問題には弾力性だけでなく，**観光需要の季節性**も大きく関わる。

3.6 おわりに

本章では，3.1から3.4まで，経済学における消費の基礎的理論を学んだが，それは，消費の対象となる財のタイプを必ずしも特定せず，広く適用可

能なものである。したがって，本章で学んだ理論は，単なる一般論に留まらず，さまざまなタイプの観光消費の分析にも大いに貢献する。たとえば，短期消費関数と長期消費関数の理論は，観光に関する財の消費が，消費者，あるいは需要サイドにおける所得の短期と長期の時系列的変化といかなる関係にあるのか，また，所得階層別に見た所得の変動とどのような関係にあるのか，などの問題について，思考の有用な土台となる。さらに，3.5で示されたとおり，観光消費の構造，観光消費の対象となる財の性質などを考えることによって，観光消費の成熟度，供給と需要の相互関係を始めとする，さまざまなトピックの考察が可能になる。

　次のステップとして，本章で学んだ内容と，他の章で解説される理論や観光行動を相互に関連付けた，発展的な学習が行われることを期待したい。

[参考文献]

浅田統一郎（2016）『マクロ経済学基礎講義（第3版）』中央経済社
大住圭介（2005）『エッセンシャル　マクロ経済学』中央経済社
小川一夫・玉岡雅之・得津一郎（1991）『マクロ経済学』有斐閣
河村誠治（2008）『新版 観光経済学の原理と応用』九州大学出版会
幸村千佳良（1992）『マクロ経済学事始』多賀出版
中谷巌（2011）『入門マクロ経済学（第5版）』日本評論社
三野和雄（2013）『マクロ経済学』培風館
林直嗣（2013）『経済学入門』新世社
福岡正夫（2008）『ゼミナール経済学入門（第4版）』日本経済新聞出版社
福地崇生（1980）『マクロ経済学』東洋経済新報社
蓑谷千凰彦（1997）『計量経済学（第3版）』東洋経済新報社
二神孝一・堀敬一（2017）『マクロ経済学（第2版）』有斐閣
Dwyer, Larry, Forsyth, Peter and Wayne Dwyer（2010）, *Tourism Economics and Policy*, Channel View Publications
Stabler, Mike J., Papatheodorou, Andreas and M. Thea Sinclair（2009）, *The Economics of Tourism*, 2nd. ed., Routledge

（中平千彦）

第**4**章 投資理論と観光

●キーワード
　資本ストック，投資関数，投資の限界効率，利子率，割引現在価値
●ポイント
　マクロ経済学における投資について学び，投資の決定過程と観光投資の性質を考えます。

4.1 はじめに―投資と投資の決定要因―

　投資は，実物投資（工場，機械設備，住宅などに対する投資），公共投資，研究開発投資，そして金融投資など，**企業部門**，**家計部門**，**政府部門**のそれぞれにより，さまざまな形態で行われる。厳密には，その他にも多様な有形・無形の投資が存在し，たとえば，新たな市場に参入するための投資，組織改革のための投資などが，それらに該当する。本章では，紙幅の制約より，民間部門の実物投資に関する伝統的基礎理論に絞った解説を行い，他の投資は明示的に扱わない。

　国民経済計算体系（SNA）の枠組みでは，投資は，GDP の構成要素の1つであり，総需要の要素としては消費に次ぐ大きな項目となっている。また，**設備投資**や**住宅投資**は，景気動向に左右されて大きな変動を見せる。さらに，投資は，生産手段としての**資本ストック**の増加を意味し，生産設備に対する投資を例にとれば，生産物の需要予測とリスク，投資に付随するコスト，生産要素の相対価格など，周辺の多様な要因や条件に影響を受ける。これらは需要面から見た投資の姿であるが，供給面で捉えれば，たとえば，投資の減少は，有効需要の縮小や新技術の導入可能性の低下を招き，経済成長に負の要因となる。

マクロ経済学的な投資とは，将来の欲望を充足する財やサービスの生産に用いる，生産手段の購入のことである。また，投資は一般に，**純投資**（net investment）と**更新投資**（replacement investment）から成り，それら2つの合計を**粗投資**（gross investment）と呼ぶ。企業における純投資は，たとえば，生産設備の新規購入や増強など，資本ストックの新たな増加を指し，資本設備の価値増加をもたらす。一方，更新投資は，資本設備の稼動（使用）による磨耗分を補塡（または交換）するものである。企業が投資を行うか否かの判断は，それらの概念に基づき，資本の収益（投資の結果として増加した資本が生み出す収益）と資本財の更新費用[1]（あるいは資本財の購入価格）を勘案して行われる。

投資家の将来に対する**期待（予想）**は，投資に大きな影響を与え，重要な要因である。つまり，投資家の将来に対する期待がポジティブな場合，投資の実行は，負担したコストを回収した上で積極的な利益を導くと判断され，投資量は増加する。しかし，投資についての期待（予想）形成は，各種の経済指標などを参照しながら客観的に行われる部分と，希望，意気込み，直観などの主観的要素[2]による部分の，両方を含むことに注意が必要である。さらに，投資に影響を与える他の要因の例として，**技術革新**（technical innovation）が挙げられる。技術革新によって，同じ品質の製品が，前より低いコストで製造できるようになったり，今までのモデルと比べて高性能な製品の供給が可能になったりすることで，投資が触発される。一般に，期待や技術革新などは，経済学では外的に与えられる要因と見なされ，**外生的要因**（exogenous factor）とされる。

4.2 | 限界効率と投資判断

本節では，投資における理論的側面の基礎を学ぶため，短期で外生的要因が一定である場合を想定し，投資の決定過程を，ケインズ流の「投資の限界

---

1 これは，供給側から表現すれば，資本財の供給価格である。
2 ケインズは，この主観的な要素を「アニマル・スピリッツ」（animal spirits）と表現した。

56 第1部 マクロ経済学と観光

効率」の観点から学ぶ。

まず，**資本ストック**（あるいは**資本財**），たとえば生産設備を購入する投資を想定し，その将来における**期待（予想）収益の割引現在価値**（discounted present value）[3] を考える。割引現在価値は，ある将来の価値を，もし現在の時点で受け取れることができるならば，どれだけの価値になるかを評価するものである[4]。

投資額，あるいは生産設備としての資本ストックの実質購入（調達）費用を C とし，その設備を生産手段として n 期間（たとえば n 年間）稼動させることによって得られると期待（予想）される実質収益，すなわち期待（予想）実質収益[5] の流列 $\{R\}$ を R_1，R_2，……，R_n とし，実質市場利子率を i とする。この i は，仮に C の額を他の投資によって市場運用したならば得られるであろう収益についての収益率と考えれば，**資本の機会費用**（opportunity cost of capital）と解釈できるため，将来に期待される収益の割引現在価値を求める際に，**割引率**（discount rate）として，しばしば用いられる。また，割引現在価値を求める式の中で，割引率を含む $\dfrac{1}{(1+i)^t}$ の部分を**割引因子**（discount factor）という。ここで，t 期先の期待収益 R_t の割引現在価値が $\dfrac{R_t}{(1+i)^t}$ となることを応用し，i が将来に亘って一定で，かつ，設備が稼働の最終年（すなわち n 年目）の終了時点で価値がゼロとなって廃棄されると仮定すると，資本ストックの稼働によって生み出される期待収益の流列 R_1，R_2，……，R_n の割引現在価値 V は，

---

3 割引現在価値についての詳細は，基礎数学または経済数学のテキストを参照していただきたい。

4 詳細については，マクロ経済学，ファイナンス論，経済数学などのテキストを参照していただきたい。

5 これは，期待（予想）粗収益から賃金や原材料費などの期待（予想）可変費用を差し引いたものを意味している。

6 ここでは R が各期で異なることを前提としているが，各期の R がすべて同値の場合でも，式が簡略化されるだけで，割引現在価値を求めることは，もちろん可能である。

$$(4.1) \qquad V = \frac{R_1}{(1+i)^1} + \frac{R_2}{(1+i)^2} + \frac{R_3}{(1+i)^3} + \cdots\cdots + \frac{R_n}{(1+i)^n}$$

となる[6]。この V を実質購入（調達）費用 C と等しくする割引率のことを，「**資本の限界効率**」（marginal efficiency of capital）という。換言すると，(4.1) 式の割引率を ρ と入れ替え[7]，$C=V$ を表現すれば，

$$(4.2) \qquad C = \frac{R_1}{(1+\rho)^1} + \frac{R_2}{(1+\rho)^2} + \frac{R_3}{(1+\rho)^3} + \cdots\cdots + \frac{R_n}{(1+\rho)^n}$$

となり[8]，この式の ρ が，資本の限界効率となる。あるいは，割引現在価値 C の資本ストックから n 期間で $R_1, R_2, \cdots\cdots, R_n$ という実質収益の流れを発生させる複利の収益率（ないしは利子率）が，資本の限界効率である。また，これを複数期間における資本収益率と捉えれば，ρ は**内部収益率**（internal rate of return）と捉えることもできる。なお，多くのテキストでは，ρ を「**投資の限界効率**」（marginal efficiency of investment）と表現していることに注意が必要である。厳密には，ケインズ（J. M. Keynes）の「資本の限界効率」は，ラーナー（A. P. Lerner）などによる，ケインズ理論を応用した「投資の限界効率」とは異なる[9]。しかし，多くの初級テキストでは，解説を単純化する目的で ρ を「投資の限界効率」と表記しているため，本節でも冒頭ではケインズ流の「投資の限界効率」と表現した。以下では，その慣例に従い，便宜上，「投資の限界効率」という表現を用いる。

---

7 この背景には，もし，完全な市場が成立し，かつ，不確実性がないのであれば，企業が投資の資金調達で被る資本コストは利子率に等しいという考え方がある。

8 ちなみに，(4.1) 式と (4.2) 式で $R_1, R_2, \cdots\cdots, R_n$ がすべて同一の R であり，かつ，n が十分に大である場合は，(4.1) 式では V が $\frac{1}{1+i}$ を公比とする等比級数となって $V=\frac{R}{i}$ が成立し，(4.2) 式では C が $\frac{1}{1+\rho}$ を公比とする等比級数となって $C=\frac{R}{\rho}$ が成立する。また，基礎数学または経済数学のテキストなどで無限等比級数の和についても学んでいただきたい。

9 この問題について，館・浜田（1972）の第4章第2節では，ケインズによる「資本の限界効率」は所望の資本ストックの判断基準を与えるものであって，いかなる速度で投資を行うかというフローの投資量はラーナーによる「投資の限界効率」を用いて判断すべきことが，簡潔に解説されている。

ここで，(4.1) 式と (4.2) 式，あるいは実質市場利子率 i と投資の限界効率 ρ との比較による，投資の判断を考える。まず，(i) $\rho>i$ の状況で，企業が投資に必要な資金を金融機関から実質利子率 i で借り入れて投資を実行すれば，その投資における収益率（$\rho-i$）は正（プラス）となり，利益を得る。次に，(ii) $\rho<i$ の状況では，投資における収益率が負（マイナス）となり，投資の実行が損失をもたらす。なお，投資による資本ストックの追加は ρ の値を低下させてゆく。たとえば，投資の対象となる生産設備（資本ストック）の市場（逆）供給曲線が右上がりで，市場（逆）需要曲線が右下がりならば，投資の増大による生産設備の需要量増加が市場（逆）需要曲線を右シフトさせ，それにより生産設備の市場価格が上昇すれば，仮に将来収益が同じであっても，その割引現在価値は上昇し，したがって ρ は低下する。以上の要素を勘案すると，投資は，$\rho>i$ の状態で行われる，あるいは，$\rho>i$ である限り投資は拡大され，それに伴って ρ の値が低下してゆく中で $\rho=i$ になるまで投資を行うことが，企業にとって利潤の最大化を導くことになる。この結論は，投資が利子率の減少関数であり，期待収益の増加関数であることを暗示しているが，これについては次節で具体的に解説する。

4.3 投資の限界効率表と投資量の決定

企業は，さまざまな投資対象について，多様な**投資計画（投資プロジェクト）**を持っている。一般に，企業が複数の投資計画を検討する場面では，そ

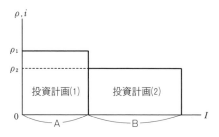

図4.1 単一企業の投資の限界効率表

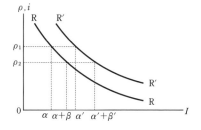

図4.2 経済全体の投資の限界効率表

れぞれの「投資の限界効率」が異なる。

ここで，ある企業が2つのプロジェクト，投資計画(1)と投資計画(2)を持っていたとしよう。図4.1は，横軸にI：投資量，縦軸にρ：投資の限界効率，i：実質市場利子率を割り振り，投資計画(1)と投資計画(2)の態様を表している。2つの投資計画は，それぞれに四角形で表現され，横の長さが投資計画額，縦の長さが投資計画の限界効率を示している。投資計画(1)では，投資計画額がAで限界効率がρ_1，投資計画(2)では，投資計画額がBで限界効率がρ_2としよう。ただし，この例では$\rho_1 > \rho_2$，$A < B$を仮定している。投資の有効性がρとiの関係で判断されるなら，投資の限界効率が，投資の資金調達コストとしての実質市場利子率を上回るか，あるいは同レベル，すなわち，$\rho \geq i$（あるいは$\rho \geqq i$）の条件を満たす投資計画が採択される。たとえば，iがρ_1を上回っている場合，$\rho_1 > \rho_2$も考慮すると，結果として$i > \rho_1 > \rho_2$となるため，計画(1)と計画(2)は両方とも実行されない。次に，iがρ_1と同水準，つまり$\rho_1 = i$であれば，$\rho_1 > \rho_2$より$\rho_1 = i > \rho_2$となり，計画(1)のみが実行されて投資額はAとなる。また，iがρ_1より低くρ_2より高ければ，あるいは$\rho_1 > i > \rho_2$であれば，計画(1)のみが実行されて投資額はAとなる。一方，iがρ_2と同水準，すなわち$\rho_2 = i$であるならば，$\rho_1 > \rho_2$より$\rho_1 > \rho_2 = i$となり，計画(1)と計画(2)の双方が実行され，投資額は両者の合計額$A + B$となる。さらに，iがρ_2を下回る場合，結果として$\rho_1 > \rho_2 > i$となるため，計画(1)と計画(2)がともに実行され，投資額は$A + B$となる。

このように，図4.1は，ある企業の投資計画に関する，利子率，投資の限界効率，および投資量の関係を表しており，単一企業における**「投資の限界効率表」**（schedule of marginal efficiency of investment）と呼ばれる。さらに，あらゆる企業の投資計画の水平和として得られるものが，図4.2で示される，経済全体における「投資の限界効率表」である。図4.1は，単一企業における少数の投資計画を示しているため，角のある階段状のグラフとなっているが，経済全体では個別の限界効率を有する投資計画が膨大な数で存在するため，それらを水平方向に集積すれば，図4.2のRRのような，おおむね滑らかな右下がりのグラフが得られる。これは，Iとρの関係で捉える

と，次のような関数で表現される。

(4.3)　　　$I=I(\rho)$.

　ところで，前節で見たように，投資は，$\rho > i$である限り拡大され，それに伴ってρの値が低下してゆく中で$\rho = i$になるまで実行される。結果として，

(4.4)　　　$I=I(i)$.

と考えることができ，この（4.4）式が，ケインズ理論における**「投資関数」**（investment function）となる。これまでの考察から分かるように，利子率が上昇すれば投資は減少する（$\dfrac{dI}{di} < 0$）ことから，投資は利子率の減少関数である。一方，同じ利子率水準でも，企業における将来の期待（予想）がポジティブなものとなって期待（予想）収益（R）が上昇すれば，投資は増大し，図4.2で，投資の限界効率表のグラフはRRから$R'R'$に右シフトする。つまり，投資は期待収益の増加関数である。これらの考察を統合し，投資が利子率と期待収益の関数であるとすれば，投資関数は，

(4.5)　　　$I=I(i, R)$

と表され，$\dfrac{\partial I}{\partial i} < 0$，$\dfrac{\partial I}{\partial R} > 0$である。

4.4 | 加速度原理

　これまでの議論で，利子率，期待（予想）収益，および限界効率が，投資の決定過程において主要な要素であることを見たが，他方で，資本ストック，すなわち生産設備，工作機械，工場などの総体と，生産量の関係に基づいて投資を捉えることも可能である。**「加速度原理」**（acceleration principle）は，この部類に属するアプローチである。

　t期における，望ましい資本ストック水準をK_t^*，また，生産量をY_tとする。両者に比例的な関係が成立しているとすれば，

(4.6)　　　$K_t^* = vY_t$

となる。$v = \dfrac{K}{Y}$ は，**資本係数**（capital coefficient）または**資本産出比率**

（capital output ratio）と呼ばれ，資本ストックと生産量の技術的関係を示す。加速度原理では，資本係数一定の仮定[10] が置かれる。もし，各期において生産技術上の変化が発生せず，この技術的関係がつねに成立しているとすれば，$t-1$ 期では，

(4.7)　　　$K_{t-1}^* = vY_{t-1}$

となる。ここで，（4.6）式の両辺と（4.7）式の両辺の差をとれば，

(4.8)　　　$K_t^* - K_{t-1}^* = vY_t - vY_{t-1} = v(Y_t - Y_{t-1}) = v\Delta Y_t$

となる。ただし，$\Delta Y_t = Y_t - Y_{t-1}$ である。（4.8）式で，$K_t^* - K_{t-1}^*$ は $t-1$ 期から t 期にかけての望ましい資本ストックの変化分であるが，これは**純投資**（$I_t = K_t - K_{t-1}$）であるので，

(4.9)　　　$I_t = v\Delta Y_t$

が成立する。（4.9）式は，投資 I_t と生産量の変化分 ΔY_t が，一定と仮定された資本係数 v によって結ばれた比例関係にあることを表している。また，加速度原理では，v を**加速度係数**（acceleration coefficient）または**加速度因子**（accelerator）と呼ぶことがあり，これが加速度原理という呼び名の由来である。（4.9）式の右辺で，t 期におけるフローの生産量 Y_t をあえて速度と考えれば，その変化分である ΔY_t は加速度と見ることができ，それによって左辺の投資 I_t は加速度 ΔY_t に比例する。この視点が，加速度因子，そして加速度原理という名称の源泉となっている。

　ところで，加速度原理には，現実妥当性において，いくつかの問題点が指摘されている。まず，固定資本係数の仮定に問題がある。企業は生産のため

10　これは，固定係数型の生産関数を仮定することを意味し，この点において，後述するジョルゲンソン型投資関数とは性質が異なる。

62　第1部　マクロ経済学と観光

の資金調達に関わる市場利子率（金利）や，賃金の相対関係を考慮して，投
資の判断を行う。たとえば，相対的に市場利子率が高い水準で賃金が低い水
準の状況下で増産を試みるならば，企業は，投資の元手となる資金の借り入
れが行いやすい水準に市場利子率が低下するまで投資は実行せず，当面は，
既存設備と労働投入量の増加で対応するであろう。この場合，資本係数は小
さくなり，また，逆の状況下では大きくなる。つまり，資本係数は一定にな
らない。さらに，所望の資本ストック水準が各期で実現するという仮定にも
問題がある。この仮定は，計画された投資は必ず瞬時に実現されることを意
味するが，たとえば大規模な生産設備の拡充計画を遂行すると，その設備を
発注してから納品に至るまでに，通常は，供給能力の制約ゆえに一定の納期
が発生する。また，設備の設置に時間を要する場合，納品が完結するまでに
数日や数週間，あるいは数か月や数年を要することもある。ビルや大規模商
業施設などでは，建設の開始から終了まで，かなりの期間を要する。このよ
うに，投資の計画と実現の間には，多くの場合において時間のラグが生じ
る。つまり，生産量の変化に即応して資本ストック水準が完全に調整される
ことは困難であり，しばしば計画投資水準と実際の投資水準には差異が生じ
ることから，望ましい資本ストック水準が各期で実現するという仮定は現実
的でないと考えられる。

4.5 ｜ ストック調整原理

　前節で加速度原理を扱った際，計画された投資量と実現する投資量の差異
に関わる問題が指摘されたが，この差異をモデルに明示的に取り込んだもの
が「**ストック調整原理**」（stock adjustment principle）[11] であり，これはグッド
ウィン（R. M. Goodwin），コイック（L. M. Koyck），チェネリー（H. B. Chen-
ery）[12] らによって導かれた。

　まず，望ましい資本ストック水準を K_t^*，現実の資本ストック水準を K_t

11　他に，資本ストック調整原理（capital stock adjustment principle），伸縮的加速
　度原理（flexible acceleration principle）などと表現されることもある。

として，

(4.10)　　　$I_t = \gamma (K_t^* - K_{t-1}) + \delta K_{t-1}$

を想定しよう。I_t は t 期の粗投資，K_t^* は t 期における望ましい資本ストック水準，K_{t-1} は $t-1$ 期の資本ストック水準，γ は $0 < \gamma < 1$ の値をとる係数，δ は償却率である。(4.10) 式は，粗投資が，純投資部分 $\gamma (K_t^* - K_{t-1})$ と前期末の資本ストックについての更新投資部分 δK_{t-1} から成るとする，現実的でシンプルな投資関数である。しかし，以下では，議論を単純化するため，δK_{t-1} の部分を省略し，

(4.11)　　　$I_t = \gamma (K_t^* - K_{t-1})$

として話を進める。

　ストック調整原理では，K_t^* と K_{t-1} の乖離 $(K_t^* - K_{t-1})$ が，必ずしも各期で完全には解消されない状況が想定され，係数 γ によって表される割合の部分，すなわち，$\gamma (K_t^* - K_{t-1})$ の部分のみが各期で調整されると考える。このため，γ は「調整係数」（adjustment coefficient）または「調整速度」（speed of adjustment）と解釈される。ところで，$K_t^* - K_{t-1}$ を計画投資量と捉えれば，ある期において調整されるのが $\gamma (K_t^* - K_{t-1})$ の部分，次期に持ち越されるのが $(1-\gamma)(K_t^* - K_{t-1})$ の部分となる。次期になると，また γ の割合部分が調整されて，$1-\gamma$ の割合部分は持ち越される。このプロセスが継続されるのなら，t 期の投資量は，t 期の計画投資量のうち，t 期で実現される部分と，過去のあらゆる期の投資計画から t 期まで持ち越された部分との和になる。(4.11) 式を用いてこれを表現すれば，

(4.12)　　　$I_t = \gamma (K_t^* - K_{t-1}) + (1-\gamma)(K_{t-1}^* - K_{t-2})$
　　　　　　　　$+ (1-\gamma)^2 (K_{t-2}^* - K_{t-3}) + (1-\gamma)^3 (K_{t-3}^* - K_{t-4}) + \cdots\cdots$

12　ただし，チェネリーによる理論は「能力原理」（capacity principle）と表現されることがある。それは，チェネリーが，グッドウィン，コイックなどと原理的に同じ内容を，資本ストックではなく生産能力の視点から定式化したからである。

となる。同様に，$t-1$ 期では，

$$(4.13) \qquad I_{t-1}=\gamma\,(K^*_{t-1}-K_{t-2})+(1-\gamma)\,(K^*_{t-2}-K_{t-3})$$
$$+(1-\gamma)^2(K^*_{t-3}-K_{t-4})+(1-\gamma)^3(K^*_{t-4}-K_{t-5})+\cdots\cdots$$

となる。(4.12) 式と (4.13) 式が，基本的には同じ形になっていることを考慮して，(4.12) 式から (4.13) 式に $1-\gamma$ を掛けたものを差し引けば，重複する項が消去され，

$$(4.14) \qquad I_t=\gamma\,(K^*_t-K_{t-1})+(1-\gamma)I_{t-1}$$

が得られるが，これは「**ストック調整型投資関数**」（stock adjustment investment function）の一種である。さらに，t 期の望ましい資本ストック水準 K^*_t が，生産量 Y_t と一定の仮定を置かれた資本係数 v の積である vY_t との比例関係にあるのなら，

$$(4.15) \qquad K^*_t=vY_t$$

となり，これを (4.14) 式に代入すれば，

$$(4.16) \qquad I_t=\gamma\,(vY_t-K_{t-1})+(1-\gamma)I_{t-1}=\gamma vY_t-\gamma K_{t-1}+(1-\gamma)I_{t-1}$$

となる。この式では，t 期の投資が，t 期の生産量，$t-1$ 期の資本ストック，および $t-1$ 期の投資の関数として表現されている。v は，前節で学んだ加速度原理の考え方を適用すれば加速度係数となるが，これと調整係数 γ との積である γv は，「**伸縮的加速度係数**」（flexible acceleration coefficient）または**伸縮的加速度因子**（flexible accelerator）と呼ばれる。

　前述のように，一般には $0<\gamma<1$ であるが，あえて $\gamma=1$ となる場合を考え，$\gamma=1$ を (4.16) 式に代入し，再び (4.15) 式に注意して整理すると，

$$(4.17) \qquad I_t=vY_t-K_{t-1}=K^*_t-K_{t-1}$$

を得る[13]。これは，投資によって，望ましい資本ストック水準（K^*_t）と前期の資本ストック水準（K_{t-1}）の差が各期で完全に調整されるという，加速度原理と同様のケースを表す。しかし，前節でも見たように，このケースの

現実妥当性は高くないことから，やはり一般的には $0<\gamma<1$ を想定すべきであろう。

4.6 | ジョルゲンソン型投資関数

ジョルゲンソン（D. W. Jorgenson）による「ジョルゲンソン型投資関数」は，**新古典派投資関数**の一種であり，実証研究においては現実の説明力が高いとされている。この投資関数は，生産要素としての**資本と労働の代替可能性を容認した**（固定係数型でない）生産関数を内包し，企業の利潤最大化行動に基づき，資本価格と利子率の関係から最適資本ストック水準を決定する。また，加速度原理やストック調整原理と違い，一定でない資本係数を想定する。

ジョルゲンソン型投資関数の理論構造は複雑であり，その理解には上級の知識が要求される[14]。そこで本節では，太田（1979），小川・玉岡・得津（1991）などの基本書における解説を再構成し，その概略を紹介する。

まず，生産要素が，K：資本，L：労働の2つであり，Q：産出量，A：技術水準を表す係数，α：生産の資本弾力性，β：生産の労働弾力性として，次の**コブ=ダグラス型生産関数**を想定する。（ただし，A，α，β は定数とする）

(4.18)　　　$Q=AK^{\alpha}L^{\beta}$, $\alpha+\beta<1$.

ここで，$\alpha+\beta<1$ の条件は，「**規模に関する収穫逓減**」（diminishing returns to scale）[15] の仮定を示す。利潤最大化の1階の条件（ないしは必要条件）は，それぞれの生産要素について，限界生産物（力）価値（value of marginal product）と要素価格（factor price）が等しくなることで表される。K（資本）

13　ここでも，議論を単純化するため，更新投資の部分（δK_{t-1}）を省略している。しかし，更新投資を考慮しても，議論の基本的な結論は変わらない。

14　中・上級レベルの要点解説としては，太田（1979）が有益である。

15　すべての生産要素の投入量を λ 倍したときに，生産物の生産量が λ 倍未満になること。

66 第1部 マクロ経済学と観光

について，p：生産物価格，p_k：資本のレンタル価格（rental price of capital）あるいは資本の要素価格（factor price of capital）とすれば，資本の限界生産物（力）（marginal product of capital）は，

$$(4.19) \qquad \frac{\partial Q}{\partial K} = \alpha Q K^{-1}$$

であるから，資本の限界生産物（力）価値は，

$$(4.20) \qquad p\frac{\partial Q}{\partial K} = p\alpha Q K^{-1}$$

であり，利潤最大化の1階の条件（ないしは必要条件）[16] は，

$$(4.21) \qquad p\alpha Q K^{-1} = p_k$$

となる。最適な資本ストック水準 K^* は，（4.21）式を K について解き，

$$(4.22) \qquad K^* = p\alpha Q p_k^{-1}$$

となる。q：投資財価格，$\dot{q}$：投資財価格の増分，r：市場利子率または資本コスト，δ：置換投資の比例定数または資本ストック減耗率とすれば，p_k は，

$$(4.23) \qquad p_k = qr + q\delta - \dot{q} = q(r+\delta) - \dot{q}$$

と表される。この中で，qr は，もし資本1単位の購入に当てられる q の額を市場利子率 r で運用したとするならば得られる利息分である。$q\delta$ は，q を金融資産で保有するのならば被ることのない資本減耗分，また，投資財価格の増分 $\dot{q}$ は，ここでは資本ストック保有によるキャピタル・ゲインと解釈できる。全体として，（4.23）式における p_k（資本のレンタル価格）は，1単位の資本ストックが創出する資本サービスの帰属価格（imputed price, shadow price）を表すことになるが，ジョルゲンソンは，これを**「資本の使用者費用」**（user cost of capital）と呼ぶ。

---

16 利潤最大化の2階の条件（あるいは十分条件）については，経済学における最適化について解説したテキストを参照していただきたい。

（4.22）式と（4.23）式より，rの上昇はp_kを上昇させてK^*の下落を導くことが分かる。議論の詳細を省略し，単純化して表現すると，各期で決定されるK^*によって，t期における投資I_tは，

$$(4.24) \qquad I_t = K_t^* - K_{t-1}^* = \left[\alpha \frac{p_t Q_t}{p_{k_t}} - \alpha \frac{p_{t-1} Q_{t-1}}{p_{k_{t-1}}}\right]$$

となる。また，（4.22）式を変形すると，最適資本係数は$\left(\dfrac{K^*}{Q}\right)$は，

$$(4.25) \qquad \frac{K^*}{Q} = \alpha p p_k^{-1}$$

となる。したがって，ジョルゲンソン型投資関数では，最適資本係数は，pあるいはp_kの動きによって変動するものであり，この点で，加速度原理やストック調整原理などの資本係数一定のモデルとは異なる。一方，K^*が各期で決定されるという意味で，**資本ストックの瞬時調整**が仮定されている。しかし，ジョルゲンソンは，実証分析においては瞬時調整の仮定を置かず，（4.24）式で示される投資計画の実現にはタイムラグを伴い，t期の投資は**過去からの投資計画の加重平均**として成立するとしている。

ジョルゲンソン型投資関数は，最適資本ストック（および最適資本係数）を利潤最大化原理によって導出する点でミクロ経済学的基礎に立脚し，そのことから新古典派の流れに属するとされている。一方，この投資関数には批判もある。その一つは，上記のように，理論的には資本ストックの瞬時調整を仮定し，実証的計測においてはタイムラグを導入する点で，理論面と実証面に非整合があると唱えるものである。また，ジョルゲンソン理論における**ラグ構造**についての問題を指摘するものもある。投資のラグ構造や調整プロセスの理論的解明を試みたものとして，たとえば，「投資の調整費用モデル」が挙げられる。

4.7 投資の調整費用モデル

本節で学ぶ「投資の調整費用モデル」（adjustment-cost model of investment）と次節で学ぶ「トービンのq理論」には，現在の設備投資を，将来

68 第1部 マクロ経済学と観光

における資本の限界生産力や使用者費用との関係に基づいて説明する点で，類似した面が見られる。これには，いわゆる投資の「**調整費用**」（adjustment cost）が関わっている[17]。

投資の調整費用とは，投資によって生産能力の拡大を試みる際に，投資の増額に伴って比例的に増加する費用部分を上回って逓増してゆく追加的費用を指す。したがって，調整費用が存在すると，投資を増大させるにつれて，投資額全体の中で実質的に設備投資として機能する部分の割合が逓減的になる。このような効果は，「**ペンローズ効果**」（Penrose effect）[18] と呼ばれる。たとえば，生産設備を従来のものから新しいタイプのものに更新する設備投資を行うときに，複数の採用候補から最適なものを選択するには，さまざまな性能テストや試作品の作成などを行う必要がある。多くの場合，それらに掛かる費用は投資規模を拡大するにつれて逓増（つまり，比例分以上に増大）するため，投資額全体の中で実質的な設備投資と見なされる部分の比率は逓減する。

ここで，議論を単純化するため，費用の比例的増加部分が資本財の調達費用のみであり，それに逓増する調整費用を加えたものが，投資の総費用 φ を形成し，総費用が投資 I の関数であるとする。この想定では，総費用関数は，

$$(4.26) \qquad \varphi = \varphi\,(I)$$

と表され，$\dfrac{d\varphi}{dI}>0$, $\dfrac{d^2\varphi}{dI^2}>0$ となる。また，$\varphi\,(0)$ に対応する傾き（slope）は 1 である。

図 4.3 はこの関数のグラフを表しており，反り返った曲線の形状が逓増する調整費用を反映しているが，この総費用曲線を「**ペンローズ曲線**」（Penrose curve）という。その下にある直線は，1 単位の投資に 1 単位の資

---

17 トービンの q 理論と調整費用モデルとの関係については，Hayashi（1982），Yoshikawa（1980）などを参照していただきたい。

18 ペンローズ効果を理論経済学的に定式化したのは，Uzawa（1969）である。また，ペンローズとは，Uzawa（1969）より前に，ペンローズ効果の概念を示した学者の名前である。

図 4.3 ペンローズ曲線

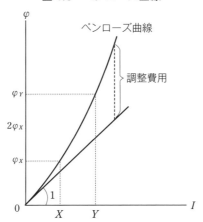

本財が対応するケースを表し,傾きは 1(度数法では 45 度)である。つまり,この直線は資本財の調達費用のみ,あるいは調整費用が存在しない場合の総費用を示す。従って,ペンローズ曲線と傾き 1 の直線の垂直距離は,逓増する調整費用を表している。

ここで,逓増する調整費用が存在する投資について,(1)第 1 期と第 2 期において同額を 2 期に分割[19]して投資するケース,(2)(第 1 期は投資せず)第 2 期において一括して投資するケース,という 2 通りが可能である場合を想定して,横軸に I:投資量,縦軸に φ:総費用を割り振った図 4.3 を用いて考えよう。ただし,(1)と(2)の両ケースで,最終的な投資総額は同額とする。図中で,2 期分割投資ケースにおける 1 回分の投資量は,横軸の $0X$ の長さ,一括投資ケースの投資量は,$0X$ の 2 倍である $0Y$ の長さで示されている。まず,第 1 期と第 2 期に分割するケース(1)では,第 1 期で $0X$ の長さに対応する投資を行うと,これによる総費用 φ は,ペンローズ曲線より $\varphi = \varphi_X$ となる。第 2 期で同じ量の投資を行うと,再び φ_X の総費用が発生す

---

[19] ここでは議論を単純化するために分割期数を 2 期としたが,2 期でなくとも期数が複数であれば,以下の考察で基本的に同じ結論を得ることができる。また,最終的な投資総額がケース(2)と同額であれば,各回での投資額を均等にする必然性はない。

る。従って，第1期と第2期で合計した総費用は，縦軸に示された
$\varphi = 2\varphi_X (= \varphi_X + \varphi_X)$ となる。次に，第2期に一括して投資するケース (2) で
は，第2期に $0Y$ の長さに対応する投資を行うため，総費用はペンローズ曲
線より $\varphi = \varphi_Y$ となる。両ケースの総費用を比較すれば，図4.3から明らか
なように，$\varphi_Y > 2\varphi_X$ となっている。

　ペンローズ曲線による以上の考察より，投資が逓増する調整費用を伴う場
合は，投資総量は同一であっても，数期に分割して投資する方が，一括して
投資するよりも，総費用が低くなり得ることが分かる。すなわち，各期で，
あるいは一度に資本ストックを最適水準に調整することは，必ずしも合理的
な行動ではないことになる。この観点からは，新古典派投資理論における資
本ストック瞬時調整の仮定に疑問が生じ，一方，ストック調整原理のような
部分調整型モデルに，一定の妥当性を見いだすことができる。

4.8 | トービンの q 理論

　近年の投資理論の中で，株式市場における企業価値評価の視点を導入し，
理論と実証の両面で注目されたものの一つとして，トービン（J. Tobin）の
発想に基づく「**トービンの q 理論**」（Tobin's q theory）が挙げられる。q 理論
に関する議論の発展的部分は前節で見た調整費用モデルと深い関係にある
が[20]，その解説は紙幅の制約から割愛せざるを得ず，本節では q 理論の基礎
的部分を説明する。

　本章の4.2と4.3で見た「投資の限界効率」の観点では，投資は，期待
（予想）される将来収益の現在価値と投資費用とのバランスによって決定さ
れるが，現在価値は投資を計画する主体が自ら見積るものとされていた。一
方，トービンの q 理論では，**将来収益の現在価値**は，**株式市場**によって評価

20　調整費用が存在する場合における投資関数の導出と，その q 理論との関係について
の簡潔な解説は，宮尾（2005）に見ることができる。また，q 理論の簡潔な解説と
して，藪下（2009），中・上級の解説として，浅田（2005），浅田（2016），吉川
（1984），Romer（2011）（旧版の訳本は，ローマー，デビッド（著），堀・岩成・南
城（訳）（2010））が有益である。

されると考える。その背景には，株価は，株主が当該企業における既存の資本ストックや経営動向などの要素を総合的に考慮することによって，将来収益の推移をどのように期待（予想）しているかを反映したもの，あるいは，株式市場が望ましい機能を果たしている限り，ある企業の株価の総額は，株式市場における企業の将来性評価が適切に反映されたものという認識がある。このような発想に基づき，トービンの q は，

$$(4.27) \qquad q = \frac{\text{株式市場で評価された企業の市場価値}}{\text{資本財の更新費用（再取得費用）}}$$

と定義される。この分子は，株式市場が評価した当該企業における将来収益の現在価値と解釈され，具体的には，株価と発行株式数の積という尺度による株式市場での企業の評価額と，その企業における債務の市場評価額の和であり，全体として，企業価値を表している。他方，分母は，当該企業が所有する資本財（資本ストック）を現在の価格で評価した価値，あるいは，資本財の生産者（供給者）が，その資本財 1 単位を新規に生産する際の限界費用（または供給価格）である。別の観点からは，この分母は，当該企業が保有している実物資産の，評価時点における評価額，ないしは更新費用，または再取得費用と解釈できる。すなわち，分母は資本ストックの市場価値を表している。このように，企業価値を株式市場が示した評価額によって表すことは，しばしば「マーケット・アプローチ」に基づく試みと見なされる。

　$q>1$ であること，すなわち，株式市場が評価した将来収益の現在価値が当該企業の資本ストックの市場価値を上回ることは，企業が新たな投資（あるいは純投資）を行い，資本財を追加して資本ストックを拡充すべきことを示す。換言すれば，$q>1$ であることは，既存の資本ストック水準が相対的に過小であることを示唆する。したがって，企業にとって，純投資により $q=1$ になるところまで資本ストックを拡大することが，利潤最大化行動となる。一方，$q<1$ であることは，株式市場に評価された将来収益の現在価値が，企業における資本ストックの市場価値を下回ることを示し，それは企業が既存の資本ストックを削減すべきこと，あるいは，負の純投資を行って限界的な損失を解消すべきことを示唆する。言い換えれば，$q<1$ であることは，既存の資本ストック水準が相対的に過大であることを示している。ゆ

えに、企業にとって、$q=1$ になるところまで資本ストックを削減すること
が、利潤最大化行動となる。また、$q=1$ は、純投資をゼロにする、つまり、
今までの投資水準を維持すればよいことを示す。以上の考察より、純投資
(I) は、q の増加関数となることが分かる。

これまで見てきた q は、当該企業が所有する資本財（資本ストック）の全
体に対する株式市場の評価に基づいた指標であるが、厳密には「平均 q」
(average q) と表現される。それは、次に述べる「限界 q」(marginal q)[21] と
区別するための表現である。そもそも、現実的な視点で企業投資を捉えれ
ば、投資によって資本ストックが追加される際の「限界的」な効果が重要な
ものとなる。あるいは、投資決定の現実的な判断基準を理論的に表現すれ
ば、「新たな投資によって追加される資本財がもたらすであろうと期待（予
想）される限界利潤の流列」となる。すなわち、資本ストックが限界的に 1
単位追加された際の、企業価値の増加分と資本ストック更新費用とのバラン
スによって、投資を評価することができる。この考え方に基づく q は、「限
界 q」と呼ばれるが、具体的には、

$$(4.28) \quad 限界 \ q = \frac{資本財を限界的に1単位増加させたときの企業価値の増加分}{資本財を限界的に1単位増加させたときの資本財の更新費用（再取得費用）}$$

と定義される。平均 q と同様に、限界 $q>1$ であれば新たな投資を実行し、
限界 $q<1$ であれば資本ストックを削減し、限界 $q=1$ であれば純投資をゼロ
にすればよい。また、限界 q は投資の限界収益として解釈可能であるから、
最適投資の条件（投資の限界収益 = 投資の限界費用）は、

$$(4.29) \qquad 限界 \ q = 限界費用$$

と表現できる。また、投資の増加とともに資本が追加的に増加されれば、限
界 q は低下する。他方で、投資の調整費用が存在するのであれば、投資の限
界費用は逓増する。この 2 つの関係を表したものが図 4.4 であり、この図

---

21 「限界 q」の有益な概説として、三野 (2013)、宮尾 (2005)、吉川 (1984)、藪下
(2009) が挙げられる。また、「限界 q」導出の簡略化された解説として、二神・堀
(2017) が挙げられる。

図 4.4 限界 q と最適投資水準

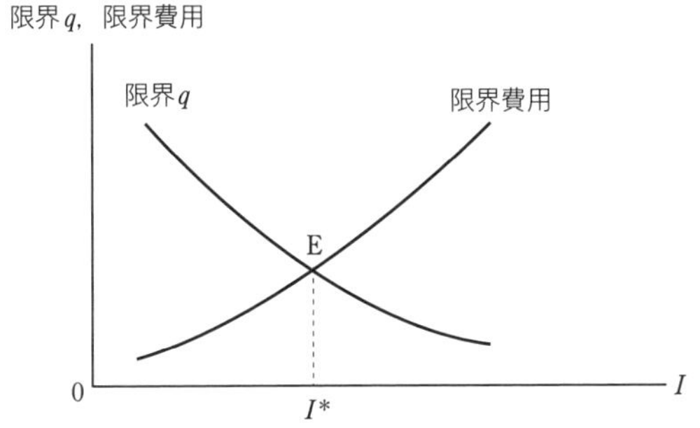

限界 q, 限界費用

限界 q 限界費用

E

0　　　　I^*　　　　I

は，最適投資の条件を満たす均衡点 E，すなわち，限界費用曲線と限界 q 曲線との交点で，最適投資水準（I^*）が決定されることを表している[22]。

　実証研究を行うにはデータの入手が不可欠であるが，限界 q の計測に要するデータの入手が困難である一方，平均 q の計測に必要なデータの獲得は相対的に容易である。また，特定の条件が満たされれば，平均 q と限界 q が等しくなることが Hayashi（1982）によって示され[23]，それが実証分析における一つの突破口となった。実際のところ，トービンの q に関する実証研究は，多種多様である。

4.9 ｜ おわりに—観光投資の性質—

　4.1 で述べたように，投資には，実物投資，公共投資，研究開発投資，金融投資などのさまざまな形態があり，その他にも多様な有形・無形の投資が存在し得る。**観光部門**については，実物投資に該当する例として，ホテルやレストランの建設，また，観光案内所，展望台，テーマパーク，観光物産店，スキー場の整備，さらには，電車・バス路線，ロープウェイの開設や整備などが挙げられる。それらは，投資によって**観光の資本ストック**が蓄積さ

---

[22]　この部分の説明は，三野（2013）の第 3 章（3.4.3）に基づいている。

[23]　詳細については Hayashi（1982）を，簡略化された解説としては，幸村（1992），中谷（2007），宮尾（2005）の該当箇所を参照していただきたい。

74 第1部 マクロ経済学と観光

れることを示唆する。公共投資としては，観光地，およびその周辺におけ
る，道路や空港などのインフラ整備，公衆衛生，治安維持，観光産業の人材
育成支援に関する投資，国立・公立公園の開発や整備，公共部門による観光
の広報などが挙げられるが，それらは，**公的資本ストック**を形成する要素
や，環境整備，地域の将来を直接・間接に改善する要素などから構成され，
多様な側面を持つ。

その他の有形・無形の投資について，観光部門では，その特殊性に対する
個別の対処や適応が必要になることがある。たとえば，今まで観光対象とし
て未開拓だった地域を観光地として開発するプロジェクトを実行する，ある
いは，それを実行するか否かの判断を行うには，個別・具体的な事前のマー
ケティング調査や事業収益予測などに関わる投資が必要になる。また，観光
開発プロジェクトを運営する企業や組織の立ち上げ，スタッフの教育・研
修，運営上の組織改革などを行う場合にも，それらに特有な性質に応じた投
資が必要であるが，それは無形の投資の例である。

このように，観光部門における投資には，場合によっては分野特有の性質
や特徴による考慮や調整が要求される。しかし，投資の経済学的構造や基本
的プロセスは，他の投資対象部門と同様に，一般的な投資理論が適用可能で
ある。この意味において，本章で学んだ投資理論は，観光部門における投資
の分析や考察に寄与する。また，本章で扱った項目は，きわめて基本的かつ
伝統的なものであるが，紙幅の制約から民間部門の投資に絞って解説し，政
府部門による投資については具体的な解説を行っていない。この分野につい
ては，他の適切な解説書を参照していただきたい。さらに，機会があれば，
本章で獲得した知識を土台として，観光投資に関する上級レベルの項目，あ
るいは最新の投資理論や実証分析の動向も，学んでいただきたい。

[参考文献]

浅子和美・加納悟・倉澤資成（2009）『マクロ経済学（第2版）』新世社
浅田統一郎（1997）『成長と循環のマクロ動学』日本経済評論社
浅田統一郎（2016）『マクロ経済学基礎講義（第3版）』中央経済社
今井賢一・宇沢弘文・小宮隆太郎・根岸隆・村上泰亮（1972）『価格理論Ⅲ』岩波書店

太田誠（1979）「（第3章）投資関数」，足立英之・太田誠・小野旭・黒田昌裕・高木新
　　太郎・鴇田忠彦・林敏彦・森本好則『近代経済学2―マクロ経済の理論』所収，有
　　斐閣，pp. 109-149
小川一夫・玉岡雅之・得津一郎（1991）『マクロ経済学』有斐閣
幸村千佳良（1992）『マクロ経済学事始』多賀出版
館龍一郎・浜田宏一（1972）『金融』東京大学出版会
三野和雄（2013）『マクロ経済学』培風館
中谷巌（2007）『入門マクロ経済学（第5版）』日本評論社
二神孝一・堀敬一（2017）『マクロ経済学（第2版）』有斐閣
宮尾龍蔵（2005）『マクロ経済学』新世社
藪下史郎（2009）『金融論』ミネルヴァ書房
吉川洋（1984）『マクロ経済学研究』東京大学出版会
ローマー，デビッド（著），堀雅博・岩成博夫・南城隆（訳）（2010）『上級マクロ経済
　　学（原著第3版）』日本評論社
Bull, Adrian（1995），*The Economics of Travel and Tourism*, 2nd revised ed., Longman.
Dwyer, Larry, Forsyth, Peter, and Wayne Dwyer（2010），*Tourism Economics and Policy*, Channel View Publications.
Hayashi, Fumio（1982），"Tobin's Marginal q and Average q: A Neoclassical Interpretation," *Econometrica*, vol. 50, pp. 213-224.
Romer, David（2011），*Advanced Macroeconomics*, 4th ed., Mcgraw-Hill.
Uzawa, Hirofumi（1969），"Time Preference and the Penrose Effect in a Two-class Model of Economic Growth," *Journal of Political Economy*, vol. 77, pp. 628-652.
Yoshikawa, Hiroshi（1980），"On the 'q' Theory of Investment," *American Economic Review*, vol. 70, pp. 739-743.

（中平千彦）

第5章 産業連関表と観光

●キーワード
　産業連関表，レオンティエフ行列，観光需要の影響，影響力係数，感応度係数
●ポイント
　第3章，第4章のマクロ経済分析との関連でさらに理解を深めましょう。

5.1 はじめに

　観光は楽しい。観光サービスを需要する観光客も供給する事業者も，一つの観光地で出会い，まちの人々が出迎える。他方で，観光が持つ経済開発や経済効果は，政府や自治体にとっていつでも魅力的である。国連の機関として国連世界観光機関（UNWTO ; United Nations World Tourism Orgnization）は，「責任ある持続可能な誰でもがアクセスできる観光の推進」を目的とし，「経済成長，包括的発展および環境的持続可能性を推進し，知識や観光政策の発展を通じて観光部門を先導しサポート」するとしている。国土交通省の観光庁も，地域の消費，雇用などの経済効果に着目し，わが国経済社会の発展のために「観光立国の実現」を図ることを目的にしている。

　これまで経済を牽引してきたさまざまな産業に加えて，観光の果たす役割が期待されている。アジア太平洋地域の新興経済諸国を先導役に，2011年に国際観光客は到着ベースで10億人を超え，2010-2020年には3.8％の安定した成長が見込まれている。先進工業国や新興成長国では，1人当たりの所得成長が進み，モノからサービスへと需要の構造が変化する中で，人々の観光支出が増加している。他方，開発途上国では，観光サービス部門の発展を通じて，これら地域からの観光需要を呼び込み，所得移転を通じて経済発展を促進する。こうして，観光の発展は，国や地域の経済成長の実現という

役割が期待されている。本章では，観光の持つ経済的な効果について，とくに，産業発展の視点から考える。

5.2 | 世界の観光

　まず，世界の観光の現状をいくつかの点から見ておこう。観光は，人の流れと併せてそれに伴うお金の流れで捉えられる。表5.1 は，国別の海外からの観光客，海外へ出かける観光客，海外からの訪問観光客を示している。UNWTO や OECD（Organization for Economic Co-operation and Development）は，国際観光客について，国境を越えて少なくとも 24 時間以上 1 年未満，居住目的以外で滞在する訪問者（visitors）であると定義している。2011 年には 1 年間に，フランスにはおよそ 8,000 万人，アメリカ，中国にはそれぞれおよそ 6,000 万人が外国から来訪しており，日本には約 600 万人が来日し

表5.1　観光世界トップ 10 の国々（2011 年）

国際観光（到着）（100 万人）		国際観光（受け取り）（10 億ドル）		国際観光（支払い）（10 億ドル）	
1　フランス	79.5	アメリカ	116.3	ドイツ	84.3
2　アメリカ	62.3	スペイン	59.9	アメリカ	79.1
3　中国	57.6	フランス	53.8	中国	72.6
4　スペイン	56.7	中国	48.5	英国	50.6
5　イタリア	46.1	イタリア	43.0	フランス	41.7
6　トルコ	29.3	ドイツ	38.8	カナダ	33.0
7　英国	29.2	英国	35.9	ロシア	32.5
8　ドイツ	28.4	オーストラリア	31.4	イタリア	28.7
9　マレーシア	24.7	マカオ＊（中国）	27.8	日本	27.2
10　メキシコ	23.4	香港（中国）	27.7	オーストラリア	26.9
⋮		⋮		⋮	
日本	6.2	日本	11.0		

出所：UNWTO（2012），*UNWTO Tourism Highlights 2012 Edition.*
　＊は 2010 年の数値

ている。

　観光客の往来によって国際的にお金が動く。これは，対外経済取引の収支である「経常収支」におけるサービス収支の一部をなす。経常収支は，

　　経常収支＝貿易収支＋サービス収支＋第1次所得収支＋第2次所得収支

と定義される（表5.2の上表）。このうち，第1次所得収支は，対外金融債権・債務から生じる利子や配当金などの収支状況を，第2次所得収支は，官民の無償資金協力や寄付などの収支状況を表している。字のごとく，貿易収支は財貨の輸出入の収支を示し，サービス収支は，主に，輸送や旅行の他，特許権の使用料などの受取・支払を示している。

　サービスの国際取引については，世界貿易機関が定めている4つのモードがあり，それぞれ

　　第1モード：越境取引（A国にいる提供者が，B国の消費者にサービスを提供する場合）

　　　　　　例：日本人のTさんがオーストラリアのカンタス航空を利用する。

　　第2モード：国外消費（A国に移動したB国のサービス消費者が，A国でサービス提供を受ける場合）

　　　　　　例：日本人のTさんが，オーストラリアで現地ツアーサービスを楽しむ。

　　第3モード：業務上の現地拠点（A国のサービス提供者による，B国の領域における業務上の拠点を通じたサービス提供をする場合）

　　　　　　例：日本人のTさんが，日本からオーストラリアに出かける前にアメリカ系ファーストフード店で食事をする。

　　第4モード：人が移動（A国のサービス提供者がB国に移動し，移動先のB国でサービスを提供する場合）

　　　　　　例：日本人のTさんが，オーストラリアからの帰国後，オーストラリアの伝説的なグループであるエアーサプライ来日の噂を聞き，東京でのコンサートに行く。

である。

表 5.2　わが国の経常収支，サービス収支　　　　　　　　　　　　　　　　　（億円）

	経常収支	貿易・サービス収支	貿易収支	輸出	輸入	サービス収支	第1次所得収支	第2次所得収支
2000	140,616	74,298	126,983	489,635	362,652	-52,685	76,914	-10,596
2005	187,277	76,930	117,712	630,094	512,382	-40,782	118,503	-8,157
2010	193,828	68,571	95,160	643,914	548,754	-26,588	136,173	-10,917
2011	104,013	-31,101	-3,302	629,653	632,955	-27,799	146,210	-11,096
2012	47,640	-80,829	-42,719	619,568	662,287	-38,110	139,914	-11,445
2013	39,317	-122,521	-87,734	678,290	766,024	-34,786	171,729	-9,892
2014	26,458	-134,817	-104,016	741,016	845,032	-30,801	181,203	-19,929

	サービス収支	運輸収支	旅行収支	その他のサービス収支
2000	-52,685	-8,324	-30,730	-13,630
2005	-40,782	-5,021	-27,659	-8,102
2010	-26,588	-3,698	-12,875	-10,015
2011	-27,799	-6,202	-12,963	-8,634
2012	-38,110	-9,907	-10,617	-17,586
2013	-34,786	-7,183	-6,545	-21,058
2014	-30,801	-6,677	-441	-23,683

出所：財務省国際収支表（http://www.mof.go.jp/international_policy/reference/balance_of_payments/bpnet.htm, 2015/7/27）による。

　わが国の場合，サービス収支は一貫してマイナスである（表5.2の下表）。サービス収支は，「**運輸収支**」「**旅行収支**」ならびに「**その他のサービス収支（通信，建設，保険，金融，情報，特許等使用料など）**」からなっている。旅行に関しては，航空運賃などは，運輸サービスの支払・受取として計上されるが，そのほかの旅行サービス（宿泊費や食事代，現地交通費，土産品代，出張費など）は，旅行収支に含まれ，2014年には，それぞれ約6,677億円，441億円のマイナスとなっている。とくに旅行収支がマイナスになっている

のは，日本人旅行者が海外で支払った額（「赤字」）が訪日外国人による日本での支出（「黒字」）よりも大きいからである。表5.2の下表が示すように，基本的には，日本人海外旅行者数（アウトバウンド：outbound）が訪日外国人旅行客数（インバウンド：inbound）を上回っているため赤字が続いているが，近年赤字幅は急速に小さくなっており収支の改善傾向が見受けられる。

5.3 | 観光のマクロ経済効果と産業連関分析

5.3.1 観光の乗数効果

ところで，観光を通じたヒトやカネの動きが生じることで，マクロ経済にどのような効果が出るであろうか。マクロで利用される概念に，財の輸出によって国内での生産や雇用が増える関係は「**輸出乗数（export multiplier）**」と呼ばれている（乗数については第3章参照）。国内総生産GDP（Y）は，

(5.1)　　　$Y=$ 消費 $C+$ 投資 $I+$ 政府支出 $G+$ 輸出 $EX-$ 輸入 IM

である。ちなみに，2014年度のわが国のGDP（国内総生産（名目値））は約490.6兆円であり，内訳は，C＝293.4兆円，I＝82.4兆円，G＝126.2兆円，EX＝88.4兆円，IM＝99.8兆円である。ここで，$C=cY$，$IM=mY$（c，mはそれぞれ**限界消費性向**，**限界輸入性向**）とすれば，輸出乗数は，

(5.2)　　　$\dfrac{dY}{dEX}=\dfrac{1}{1-c+m}$

となる。たとえば，c を0.6，m を0.2と仮定すれば，乗数は約1.67となる。つまり，輸出 EX の1億円の増加は，GDPを1.67億円増大させる効果を持っていると考えられる。観光についても，訪日外国人の支出は，輸出と同様，海外からの所得流入を意味するのでGDPの乗数倍の増大をもたらす。乗数効果は，投資や輸出などの支出増加が所得増をもたらし，さらに消費や輸入の変化を通じて所得の増加をもたらす一連の過程である。

ところで，GDPの定義（5.1）に基づく乗数の考え方は，さらに産業分野別に考えることができる。たとえば，ある訪日外国人 A さんの日本での支

出の影響を考えよう。ホテルへの支出は，ホテルの所得を増やすが，ホテルはリネンやボイラー施設の部門へ支払いや，そこでの所得や雇用を増やす。さらに，リネン業者は，洗剤やリネンの製造業者へ発注しそれらの部門の所得になる。こうした一連の所得の流れが生じて，直接，間接の効果が発生する。(5.1) においては全体を一部門とみなして所得の流れを単純化して考えているのに対して，現実には，ホテルなどある産業部門への支出は，さまざまな他の部門に複雑に影響を与えている。このような部門間の投入—支出の関係を表したものが**産業連関表**（inter-industry table あるいは I/O table）であり，産業連関表を利用した分析の総称を**産業連関分析**（inter-industry analysis）という。産業間の投入や生産に着目した産業連関表は，W. レオンティエフ（1936, 1941）によって発展し，政府の公共投資をはじめとする将来の需要変化がどのように各産業の生産や雇用に影響するか，など，経済予測や計画の評価に利用されている。わが国の場合，全国表については，1951（昭和 26）年を端緒とし，1955（昭和 30）年以降 5 年ごとに作成されており，その他，地域産業連関表，各都道府県や市の連関表，国際産業連関表なども作成されている。

　観光について言えば，利用目的に則した産業連関表をもとに，最終需要としての観光需要（消費）の各産業部門への産出，雇用の効果，総じて所得に及ぼす効果など経済波及効果が計算されており，国ベースでは，観光庁が『旅行・観光産業の経済効果に関する調査研究』が 2003 年版以降，毎年報告されている[1]。次節で産業連関表の構造を理解したうえで，いくつかの具体例について解説する（本書の 5.4 を参照）。

5.3.2　産業連関分析の基礎

　まず産業連関分析の構造を概観しよう。産業連関分析を行うためには，産業連関表が必要である。産業分類については，平成 23（2011）年表の場合，

1　「旅行・観光消費動向調査」，「旅行・観光サテライト勘定」ならびに「旅行・観光産業の経済波及効果」がまとめて報告されている（2013 年については，http://www.mlit.go.jp/common/001091028.pdf　2015/08/11 アクセス）。

82　**第 1 部**　マクロ経済学と観光

表5.3　産業連関表（I/O 表）

| | | 中間需要 | | | | 最終需要 | 輸入（控除） | 国内生産額 |
		第1部門	第2部門		第 n 部門	消費・投資, 輸出(E) など		
中間投入	第 1 部門	x_{11}	x_{12}		x_{1n}	f_1+E_1	M_1	x_1
	第 2 部門	x_{21}	x_{22}		x_{2n}	f_2+E_2	M_2	x_2
	生産された財・サービスの販売→							
	第 n 部門	x_{n1}	x_{n2}		x_{nn}	f_n+E_n	M_n	x_n
粗付加価値	雇用者所得・営業余剰など	V_1	V_2		V_n			
	国内生産額	x_1	x_2		x_n			

（生産された財・サービスの投入↓）

出所：総務省による「産業連関表の構造と見方」を参考に筆者作成。(http://www.soumu.go.jp/toukei_toukatsu/data/io/t_gaiyou.htm2015/08/03 アクセス)

　小分類 190 部門，中分類 108 部門，大分類 37 部門までが作成されている[2]。産業部門が n 部門ある場合，産業間の連関を示す産業連関表は，表5.3 のように構成されている。表5.3 において，各行，各列については，次のような関係が成り立っている。まず，行に着目すると，国内生産額＝（各部門の需要額（中間需要）の合計）＋（消費や投資（最終需要）の合計）－（輸入額）が成り立つ。

　たとえば，第 1 部門については，$x_{11}+x_{12}+\cdots\cdots+x_{1n}+f_1+E_1-M_1=x_1$ が成り立つが，この式は，第 1 部門の生産物の総供給（国内で生産される x_1 と海外からの輸入 M_1 の合計）が，第 1 部門の生産物に対する総需要（自己の部門を含めて各産業部門に販売（**中間需要**）される額と，家計や投

2　総務省が産業連関表の概要，歴史，仕組みなど詳細に解説している（http://www.soumu.go.jp/toukei_toukatsu/data/io/　2016/1/27 アクセス）。

資など（**最終需要**の合計）に等しいことを意味している。次に，列に着目すると，国内生産額＝（中間投入額の合計）＋（粗付加価値額の合計），が成り立つことが分かる。たとえば，第 1 部門の第 1 列に着目すると，$x_{11}+x_{21}+\cdots\cdots+x_{n1}+V_1=x_1$ が成り立っている。産業連関表をもとに産業部門間の関係を分析する場合は，とくに行の関係に着目する。

第 i 部門の生産額 x_i については，1 から n の生産部門へ販売されるか（中間需要 x_{ij}），生産部門以外の購入部門へ販売されるか（最終需要（f_i や輸出 E_i））のいずれかである点に注意すれば，

(5.3)
$$x_{11}+x_{12}+\cdots\cdots x_{1n}+f_1+E_1-M_1=x_1$$
$$x_{21}+x_{22}+\cdots\cdots x_{2n}+f_2+E_2-M_2=x_2$$
$$\cdots\cdots$$
$$x_{n1}+x_{n2}+\cdots\cdots x_{nn}+f_n+E_n-M_n=x_n$$

が成り立つことが分かる。

ここで，（5.3）について，以下の 2 つの係数を考える。一つは，**投入係数**であり，もう一つは，**輸入係数**である。

● **投入係数**：これは，$a_{ij}=x_{ij}\ /\ x_j$ と定義され，第 j 財を 1 単位生産する場合に必要な第 i 財の投入量を意味する。これを用いれば，たとえば，（5.3）の第 1 行の x_{12} は $a_{12}\times x_2$，第 n 行の x_{n1} は $a_{n1}\times x_1$，などと書き換えられる。

● **輸入係数**：国内で第 i 財を生産したり消費したりするために海外から輸入 M_i を行うと考えて，輸入係数を $m_i=M_i\ /\ (x_{i1}+x_{i2}+\cdots+x_{in}+f_i)$ と定義する。分母は，第 i 財についての国内総需要計を意味し，それに対して輸入がどのくらいの割合であるかを示している。

平成 23（2011）年の 37 部門表では，農林水産業部門のおよそ 12 兆円の国内生産額に対して，国内総需要計は約 14 兆 5,500 億円，輸入額は約 2 兆 5,600 億円となっており，輸入係数は 0.176 と計算できる。他方，農林水産部門の生産物が飲食料品生産部門に需要される額（i が農林水産部門で j が飲食料生産部門とする）は 7 兆 640 億円であるのに対して，飲食料生産部門の生産額は約 35 兆 5,400 億円である。したがって，投入係数 a_{ij} は 7 兆 640

億円 ÷ 35 兆 5,400 億円 = 0.199 と計算される。

　投入係数と輸入係数の定義式を，(5.3) の x_{ij}, M_i に代入すれば，

$$(5.4) \quad \begin{array}{l} a_{11}x_1 + a_{12}x_2 + \cdots + a_{1n}x_n + f_1 + E_1 - (a_{11}x_1 + a_{12}x_2 + \cdots \\ \quad + a_{1n}x_n + f_1)m_1 = x_1 \\ a_{21}x_1 + a_{22}x_2 + \cdots + a_{2n}x_n + f_2 + E_2 - (a_{21}x_1 + a_{22}x_2 + \cdots \\ \quad + a_{2n}x_n + f_2)m_2 = x_2 \\ \qquad \cdots\cdots \\ a_{n1}x_1 + a_{n2}x_2 + \cdots + a_{nn}x_n + f_n + E_n - (a_{n1}x_1 + a_{n2}x_2 + \cdots \\ \quad + a_{nn}x_n + f_n)m_n = x_n \end{array}$$

となる。これは，次のように変形できる。

$$(5.5) \quad \begin{array}{l} (1-m_1)(a_{11}x_1 + a_{12}x_2 + \cdots + a_{1n}x_n) + (1-m_1)f_1 + E_1 = x_1 \\ (1-m_2)(a_{21}x_1 + a_{22}x_2 + \cdots + a_{2n}x_n) + (1-m_2)f_2 + E_2 = x_2 \\ \qquad \cdots\cdots \\ (1-m_n)(a_{n1}x_1 + a_{n2}x_2 + \cdots + a_{nn}x_n) + (1-m_n)f_n + E_n = x_n \end{array}$$

ここで，積の行列計算の方法（計算注①を参照）を利用する。たとえば，2部門の場合，(5.5) は

$$\begin{array}{l} (1-(1-m_1)a_{11})x_1 - (1-m_1)a_{12}x_2 = (1-m_1)f_1 + E_1 \\ -(1-m_2)a_{21}x_1 - (1-(1-m_2)a_{22})x_2 = (1-m_2)f_2 + E_2 \end{array}$$

となるが，ここで，下記のように，行列やベクトルを定義し，

$$(*) \quad \begin{bmatrix} 1 & 0 \\ 0 & 1 \end{bmatrix} = I, \begin{bmatrix} m_1 & 0 \\ 0 & m_2 \end{bmatrix} = \widehat{M}, \begin{bmatrix} a_{11} & a_{12} \\ a_{21} & a_{22} \end{bmatrix} = A, \begin{bmatrix} x_1 \\ x_2 \end{bmatrix} = X, \begin{bmatrix} f_1 \\ f_2 \end{bmatrix} = F, \begin{bmatrix} E_1 \\ E_2 \end{bmatrix} = E,$$

とすると，上式は

$$(5.6) \quad [I - (I - (\widehat{M}))A]X = (I - \widehat{M})F + E$$

となる（(5.6) になることを確かめてみよう。(5.5) については，(*) の行列やベクトルを n 行 n 列，あるいは，n 行 1 列に拡張することによって，

同じように（5.6）の形を得ることができる。）

次に，逆行列の考え方（計算注②を参照）を利用すれば，最終的に

$$(5.7) \qquad X=[I-(I-(\widehat{M}))A]^{-1}[(I-\widehat{M})F+E]$$

を得る。

（5.7）は，国内総需要の一定割合が輸入されると仮定した場合に，最終需要や輸出が増加すれば $[I-(I-(\widehat{M}))A]^{-1}$ を乗じた分だけ生産（X）が増加することを示している。$[I-(I-(\widehat{M}))A]^{-1}$ はレオンティエフ逆行列または**多部門乗数**と呼ばれ，最終需要と生産を結び付ける重要な概念である。レオンティエフ逆行列の意味を考えるために，

$$(5.8) \qquad X=\begin{bmatrix} b_{11} & b_{12}\cdots & b_{1n} \\ b_{21} & b_{22}\cdots & b_{2n} \\ & & \\ b_{n1} & b_{n2}\cdots & b_{1n} \end{bmatrix}[(I-\widehat{M})F+E]$$

と置く。（5.8）の第2項（最終需要や輸出）について，たとえば，第1部門の最終需要のみが1単位変化した場合，第1部門の生産は b_{11} 変化し，第2部門は b_{21}，さらに第 n 部門の生産は b_{n1} 変化することがわかる。つまり，

$$(5.9) \qquad X=\begin{bmatrix} b_{11} & b_{12} & \cdots & b_{1n} \\ b_{21} & b_{22} & \cdots & b_{2n} \\ \cdots & \cdots & \cdots & \cdots \\ b_{n1} & b_{n2} & \cdots & b_{nn} \end{bmatrix}\begin{bmatrix} 1 \\ 0 \\ \vdots \\ 0 \end{bmatrix}=\begin{bmatrix} b_{11} \\ b_{21} \\ \vdots \\ b_{n1} \end{bmatrix}$$

が成り立つ。同じように考えれば，

$$(5.10) \qquad \begin{bmatrix} b_{11} & b_{12} & \cdots & b_{1n} \\ b_{21} & b_{22} & \cdots & b_{2n} \\ \cdots & \cdots & \cdots & \cdots \\ b_{n1} & b_{n2} & \cdots & b_{nn} \end{bmatrix}\begin{bmatrix} 0 \\ 1 \\ \vdots \\ 0 \end{bmatrix}=\begin{bmatrix} b_{12} \\ b_{22} \\ \vdots \\ b_{n2} \end{bmatrix},\cdots\begin{bmatrix} b_{11} & b_{12} & \cdots & b_{1n} \\ b_{21} & b_{22} & \cdots & b_{2n} \\ \cdots & \cdots & \cdots & \cdots \\ b_{n1} & b_{n2} & \cdots & b_{nn} \end{bmatrix}\begin{bmatrix} 0 \\ 0 \\ \vdots \\ 1 \end{bmatrix}=\begin{bmatrix} b_{1n} \\ b_{2n} \\ \vdots \\ b_{nn} \end{bmatrix}$$

となる。つまり，レオンティエフ逆行列の第 i 列は，第 i 部門の最終需要1単位の変化がもたらす各部門の生産の変化を表している。より具体的に言え

ば，第 1 部門の最終需要が 1 単位増大するとまず第 1 部門の生産が 1 単位増えなければならない（**直接効果**）。この第 1 部門の生産増のために他の部門の生産も増加せねばならず，この影響で第 1 部門の生産はさらに追加的に増加しなければならない（**間接効果**）。このため，通常は，b_{11}（より一般的には逆行列の対角要素 b_{11}）は 1 よりも大きな値となる。このとき，レオンティエフ逆行列の第 i 列の合計（列和）は，第 i 部門の最終需要の**生産誘発係数**と呼ばれている。

これに関連して，最終需要の変化がもたらす各部門間の影響のされやすさを示す次の 2 つの指標について説明しておく。

●**影響力係数**：第 j 部門の影響力係数は，レオンティエフ逆行列表の各列和（すなわち，$\sum_{i=1}^{n} b_{ij} = b_{1j} + b_{2j} + \cdots + b_{nj}$，であり，$j=1$ の場合は (5.9) の右辺の列和である）を列和全体の平均値（すなわち，$\frac{1}{n} \sum_{j=1}^{n} \left(\sum_{i=1}^{n} b_{ij} \right)$）で除したものである。したがって影響力係数は，産業全体に及ぼす生産波及の相対的な影響の強さを示す指標である。

●**感応度係数**：第 i 部門の感応度係数は，レオンティエフ逆行列表の各行和（すなわち，$\sum_{j=1}^{n} b_{ij} = b_{i1} + b_{i2} + \cdots b_{in}$）を行和全体の平均値（すなわち，$\frac{1}{n} \sum_{i=1}^{n} \left(\sum_{j=1}^{n} b_{ij} \right)$）で除したものであって，これは，各部門に 1 単位の最終需要の増加があった場合，どの部門が相対的に大きな影響を受けるかを示す指標である。

最終需要の生産へ及ぼす効果に加えて，観光の経済効果にとって——とりわけ地域経済にとって——重要なものは雇用創出効果である。各部門の労働投入量 L_i を生産額 x_i で割った値（$l_i = L_i / x_i$）を用いて，

$$(5.11) \quad L = \begin{bmatrix} L_1 \\ L_2 \\ \vdots \\ L_n \end{bmatrix} = \begin{bmatrix} l_1 & 0 & \cdots & 0 \\ 0 & l_2 & \cdots & 0 \\ \cdots & \cdots & \cdots & \cdots \\ 0 & 0 & \cdots & l_n \end{bmatrix} \begin{bmatrix} x_1 \\ x_2 \\ \vdots \\ x_n \end{bmatrix} = L_i X$$

$$= L_i [I - (I - \hat{M})A]^{-1}[(I - \hat{M})F + E]$$

と書くことができる。(5.7) と同じように，(5.11) の右辺 $L_i[I-(I-\hat{M})A]^{-1}$ の各列は，各部門に対する最終需要が変化した場合に，各部門の雇用に直接，間接に影響する労働投入の変化（これは**労働誘発係数**と呼ぶ）を表している。

最終需要の変化に対して生産に及ぼす影響は，産業の国内生産額（売上高）の増加である。一方，「GDP（国内の粗付加価値額）＝生産高－中間投入」であるから，(5.9) と同様の考え方で，最終需要の付加価値額への影響を考えることができる。つまり，V_i を第 i 部門の付加価値とし，$v_i=V_i/x_i$（付加価値率）とすれば，

$$(5.12) \quad V=\begin{bmatrix} V_1 \\ V_2 \\ \vdots \\ V_n \end{bmatrix}=\begin{bmatrix} v_1 & 0 & \cdots & 0 \\ 0 & v_2 & \cdots & 0 \\ \cdots & \cdots & \cdots & \cdots \\ 0 & 0 & \cdots & v_n \end{bmatrix}\begin{bmatrix} x_1 \\ x_2 \\ \vdots \\ x_n \end{bmatrix}=\overline{V}X$$

となる。これによって，最終需要の変化が生産の変化を通して付加価値におよぼす影響を計算することができる。

人々の観光サービスの需要が経済全体に及ぼす影響は，基本的にこのような産業連関表を用いて分析されている。

5.4 観光の経済効果分析の事例

観光サービス需要の変化がどのような影響を及ぼすかについては，マクロ経済，都道府県あるいは市町村のレベルで，産業連関表をベースに分析が行われている。ここでは，いくつかの分析事例を紹介する。

5.4.1 国全体の経済効果

観光の経済効果は「観光消費」を最終需要として，それがすべての産業部門に対して直接，間接に及ぼす効果を集計して産出される。たとえば観光庁の「観光消費がわが国にもたらす経済波及効果（2013 年）」（2015 年 3 月）は，観光消費額の 23.6 兆円に対して生産波及効果は 48.8 兆円，付加価値効

果は 24.9 兆円，雇用効果は 419 万人と推計している。観光の経済全体に占
める割合については，生産については国の産出額の 5.3 %，付加価値につい
ては GDP の 5.2 %，雇用については就業者総数の 6.6 %を占めている。昨
今，アベノミクスのもとでの円安傾向などの要因で観光は一層重要性を増し
ており，観光の経済効果の増大が期待されている。

5.4.2 地域の分析事例

観光のもたらす経済効果については，国のみならず都道府県や市町村など
の地域ベースでの分析や，地域と地域をむすぶ関係を明示した地域産業連関
表，イベントの開催がもたらす効果をはじめとする各種分析用の産業連関表
による分析が行われている[3]。

たとえば，東京都について，東京都の「観光の経済効果」（2015 年）によ
れば，2014 年では，都の観光入込客数は 5 億 1,512 万人（実数ベース）で
あり，観光消費額は 5 兆 5,508 億円，生産波及効果は 12 兆 127 億円，雇用
効果は 56.3 万人と推計されている。このうち，海外からの訪都観光入込客
数は 887.4 万人，観光消費額が 7,854 億円を占めている[4]。東京では，2020
年に開催される東京オリンピック・パラリンピックについては，施設整備や
宿泊施設の建設・拡充，開催期間前後の国内外からの観光客来訪が見込まれ
ている。その経済効果については，みずほ総合研究所など様々に試算されて
いるが，ここでは，東京 2020 オリンピック・パラリンピック招致委員会の
推計を紹介する。2012 年の同委員会による推計では，2015 年の東京都産業
連関表が利用されており，まず，需要増は，表 5.4 にあるように，東京都で
9,669 億円，その他地域で 2,570 億円が見込まれており，この結果，生産誘
発額は東京都分で 1.7 兆円，その他地域で 1.3 兆円であり，GDP ベースで
は，それぞれ 8.6 千億円，5.6 千億円，雇用については，それぞれ 8.4 万
人，6.8 万人の増加をもたらすと推計されている。

3　国や地域表にもとづく産業連関分析の事例が，総務省 HP（http://www.soumu.go.
jp/main_content/000290894.pdf　2016/02/22 アクセス）で紹介されている。

4　トラベルボイス 2015 年 9 月 9 日の記事による（http://www.travelvoice.jp/201509
09-50339　2016/2/22）。

第 5 章　産業連関表と観光　　*89*

表5.4　東京オリンピック・パラリンピックの経済効果

項　　　目		東京都	その他の地域	全　国
	施設整備費	3,557	0	3,557
	大会運営費	2,951	153	3,104
	消費支出など	3,161	2,417	5,578
総　　　計（億円）		9,669	2,570	12,239
生産誘発額（億円）		16,753	12,856	29,609
付加価値誘発額（億円）		8,586	5,624	14,210
雇用誘発数（人）		83,706	68,496	152,202

出所：平成24年6月　東京2020オリンピック・パラリンピック招致委員会スポーツ振興局による（http://www.metro.tokyo.jp/INET/OSHIRASE/2012/06/20m67800.htm　2016/02/22）

5.5 ｜ 旅行・観光サテライト勘定（TSA）

　産業連関分析を観光分野に適用する場合，とくに，最終需要である観光消費をできるだけ正確に把握する必要がある。これらについて国際的に基準化を図ろうとするものが，旅行・観光サテライト勘定（TSA；tourism satellite accounts）である。わが国でも作成が進んでいるが，ここでは簡単にその趣旨を説明する（第2章参照）。

5.5.1　旅行・観光サテライト勘定

　すでに言及したように，さまざまな観光サービスに関わる経済効果を測定する問題は，それが単一の産業部門として存在しないために，有効にそれらを把握する経済統計がないことである。観光サービスに関連する分野は，既存の産業分野のほとんどを占めているか一部に隠れているかのいずれかである。そのことが，観光を把握することを困難にしている。そこで登場するのが旅行・観光サテライト勘定である。国民の経済活動を統計的に記述する体系としては，国連によって提唱された国民経済計算（1993 SNA；the System of National Accounts, 1993）があり，この基準にしたがって，国内総生産（支出），国民所得，国民可処分所得，貯蓄投資，資本蓄積などの統計的把握が行われている。これに関連して，環境保護，NPO や介護・保育といったある特定の経済活動の勘定を体系的，整合的にとらえようとする統計がサテライト勘定と呼ばれるものであり，国際連合がその方法と国別実施状況について公表している。この中で，旅行・観光サテライト勘定（TSA）は，

① 旅行客の行動に関連する財・サービスの需要の詳細を分析すること，

② 経済活動内で財・サービスの供給面を観察すること，

③ これらの供給活動が他の経済活動とどのように関連しているかを記述すること，

を目的に作成されている。TSA は，推奨される方法的枠組み（recommended methodological framework；TSA-RMF）と整合的であって，この枠組みは EC 委員会，OECD，UNWTO ならびに WTTC（世界旅行ツーリズム協議会）によって発展され国際連合統計局により認められた統計体系である。結果として，観光統計は，それぞれの国内部の統計体系と，より整合的なものになり，国家間での比較可能性を保証する体系になりつつある。2013 年にはオーストラリア，フランス，ドイツ，スペイン，アメリカや韓国，インド，インドネシア，マレーシアなど 70ヵ国以上がすでに TSA の整備・利用を進めており，わが国でも 2009 年から SNA を用いた TSA の作成・公表が行われている。

5.5.2　観光の経済効果に関する推計

　ここでは，以上の議論を踏まえて，観光の経済効果の具体的な推計方法を簡単な雛形を用いて例示しよう。まず，観光を行う観光客がどこでどのくらいお金を使ったかを知る必要がある。そのために，

① 日本国民による国内旅行消費額と海外旅行消費額（国内での消費額と海外での消費額）の推計；四半期ごと調査，25,000 人を対象

② 外国人による訪日旅行消費額の推計；1 年以上の滞在者などを除く日本を出国する訪日外国人客，四半期ごと 6,500 人を対象，成田空港，博多港など 11 空海港，国際収支統計を基準に商品別内訳作成

表5.5 TSAの観光特有商品と観光特有活動（観光産業）のカテゴリーリスト

商　　　品	活　　　動
1　旅行者の宿泊サービス	1　旅行客への宿泊提供
2　飲食料の提供サービス	2　飲食料の提供活動
3　鉄道旅客輸送サービス	3　鉄道旅客輸送
4　道路旅客輸送サービス	4　道路旅客輸送
5　水路旅客輸送サービス	5　水路旅客輸送
6　航空旅客輸送サービス	6　航空旅客輸送
7　輸送機器レンタルサービス	7　輸送機器レンタル
8　旅行会社および他の予約サービス	8　旅行会社および他の予約サービス活動
9　文化サービス	9　文化活動
10　スポーツおよびレクリエーションサービス	10　スポーツおよびレクリエーション活動
11　国特有の観光特有財	11　国特有の観光特有財の販売
12　国特有の観光特有サービス	12　その他の国特有の観光特有活動

出所：IRTS（2008），para 5.18 Figure 5.1による。

　③観光消費額の推計：①や②にさらに別荘や観光専用目的耐久財などの消
　　費を考慮して調整
が必要である。

　次に，これらのお金がどのように（つまり産業部門ごとにどういった割合
で）使われたかを知る必要がある。最終需要としての観光消費は，実際には
様々な形で行われる。これらは，旅行前後や旅行中の事前準備や交通，宿
泊，飲食などであるが，この最終需要を商品分類で構成し，同時に産業連関
表の産業部門を構成しなおす必要がある。まず，SNAの産業連関体系にお
ける産業別商品産出表と産業別商品投入表（それぞれU表，V表と呼ばれ
る）をベースに商品分類と産業分類を組み替え，国内総供給の推計表が作成
される。TSAは観光商品について，観光特有商品（tourism characteristic
products），観光関連商品（tourism connected products）ならびにその他商品
（非観光商品）と分類しており，産業についても同様の分類を行っている
（表5.5参照）。

92　第 1 部　マクロ経済学と観光

　最後に，商品別に，総供給に占める内部観光消費の比率を推計し，この表の総供給に占める内部観光消費の比率（商品観光比率）を商品別に推計して各部門の最終需要が推計される。

5.6 │ おわりに

　これまでの議論を受けて都道府県レベルで観光が経済にどのような影響を及ぼしてきたかを考える。都道府県では，基本的には国の TSA をベースに推計が行われており，所得や雇用への効果が推計されている。通常，地域によって観光の経済効果は異なっている。北海道や沖縄など，それぞれ冬と夏といった季節を代表する観光地があるところでは，その経済雇用の効果は大きい。国全体について観光の占める雇用の割合が 5〜6 ％であるのに対して，それぞれ 15 ％程度と高い。観光地に向かい，滞在するという観光サービスの特性から，観光の経済効果は，とりわけ観光地をめぐって生じる。そのため，都道府県ベースのみならず市町村ベースの比較的狭い領域での観光の経済効果が推計される必要がある。たとえば，著名な北海道の観光地であるニセコ・羊蹄地域（倶知安町，ニセコ町など 7 町村）を対象にした調査では，観光消費額は 206 億円，地域への波及効果は 290 億円（人口 1 人当たりでは 82 万円）と大きな効果を持つこと[5]が指摘されている。

　こうして，産業連関分析を活用して，観光のもたらす国全体や地域への影響を分析することが可能となる。

[参考文献]

●この章で学修した内容に関する基本文献，基本 URL は次のものがある。
宮沢健一（1995）『産業連関分析入門』経済学入門シリーズ，日経文庫
入谷貴夫（2012）『地域と雇用をつくる産業連関分析入門』自治体研究社
小長谷一之・前川知史（2014）『経済効果入門 地域活性化・企画立案・政策評価のツール』日本評論社

5　北海道経済産業局（2006）「観光産業の経済効果に関する調査報告書」（http://www.hkd.meti.go.jp/hokiq/keizaikouka/report.pdf　2016/2/10 アクセス）による。

●ソフトウエアを利用して産業連関分析の理解を進めることができる入門書としては，
石村貞夫・玉村千治・劉晨（2009）『Excel でやさしく学ぶ産業連関分析』日本評論社
藤川清史（2005）『産業連関分析入門—Excel と VBA でらくらく IO 分析』日本評論社
がある。
● Web 上には産業連関を学ぶ上でとくに有益なものがある。
総務省（http://www.soumu.go.jp/toukei_toukatsu/data/io/）
宮崎県「あたなにもできる産業連関分析」（http://www.pref.miyazaki.lg.jp/tokeichosa
　　/kense/toke/tebikisyo.html）

数学注① 行列の積

　たとえば，2つの行列を $A=\begin{bmatrix} a_{11} & a_{12} \\ a_{21} & a_{22} \end{bmatrix}$，$B=\begin{bmatrix} b_{11} & b_{12} \\ b_{21} & b_{22} \end{bmatrix}$ としよう。行列の成分 a_{ij} の添え

字 ij について，i 行，j 列の成分であることを示している点に注意する。ここで，行列

の積を，$C=A\times B=\begin{bmatrix} a_{11}\times b_{11}+a_{12}\times b_{21} & a_{11}\times b_{12}+a_{12}\times b_{22} \\ a_{21}\times b_{11}+a_{22}\times b_{21} & a_{21}\times b_{12}+a_{22}\times b_{22} \end{bmatrix}$ と考える。ここで，行列 A

の第1行と行列 B の第1列の成分を順にかけて足し，それを積の1行1列の成分と定

義している。同様に，行列 A の第 i 行と行列 B の第 j 列の成分を順にかけて足せば，行

列 C の i 行 j 列成分となる。ここから，A の行の大きさ（この場合は 2）と B の列の大

きさ（この場合は 2）が等しいときに積が定義される。このことから，$A=\begin{bmatrix} a_{11} & a_{12} \\ a_{21} & a_{22} \end{bmatrix}$，

$X=\begin{bmatrix} x_1 \\ x_2 \end{bmatrix}$ の積は，$D=A\times X=\begin{bmatrix} a_{11}\times x_1+a_{12}\times x_2 \\ a_{21}\times x_1+a_{22}\times x_2 \end{bmatrix}$ となることが分かる。

数学注② 逆行列

　5 に 5^{-1}（$=1/5$）をかければ 1 となる。行列 A についても，A に何かをかけて 1（行

列の場合は，単位行列 I（対角要素が 1 でその他の要素はゼロからなる行列，2 行 2 列

の場合は $I=\begin{bmatrix} 1 & 0 \\ 0 & 1 \end{bmatrix}$））となるものを A の逆行列と呼ぶ。このとき，逆行列は一般に行

の大きさと列の大きさが同じでなければならない（これを正方行列と呼ぶ）。つまり，

$A\times A^{-1}=I$ と書くことができる A^{-1} が A の逆行列である。$A\times B=C$ とし，A の逆行列

を A^{-1} とすれば，$A^{-1}\times A\times B=A^{-1}\times C$ となるので，$B=A^{-1}\times C$ となることが分かる。

トピックス：観光の効果を実際に計算する

　産業連関表を用いた観光の興味ある分析事例は Web 上で多くある。とくにエクササイズとしてエクセルファイル上で産業連関分析を可能にしたものが提供されている。たとえば，山口県の場合，県の観光客動態調査を用いて観光消費額（3,942 億円）を推計し，産業連関表の部門に対応させ（34 部門，表参照）たうえで，平成 20（2008）年における経済効果（生産誘発額 4,059 億円，租付価値誘発額 2,260 億円）を算出している。(http://www.pref.yamaguchi.lg.jp/cms/a12500/sangyorenkan/2016 年 5 月 30 日最終アクセス）他方，企業立地（具体的には電子部品部門で工場建設 10 億円，設備投資 20 億円，操業生産額 30 億円と仮定）の経済効果については生産誘発額を 71 億円と算出している（これらは，上記の HP から算出することができる）。最終需要に対する生産誘発額の大きさ（誘発効果の倍率）は，この場合，企業立地の 1.2 倍に対して，観光の場合は 1.6 倍となり，観光のもたらす効果の大きさがわかる。

表　山口県の観光消費額（2008 年）

観光消費の支出項目		金額（百万円）		産業関連表の部門
交通費		196,258	25	運輸
宿泊費		26,474	32	対個人サービス
飲食費		55,221	32	対個人サービス
土産代・買い物代	果物・魚介類等	11,785	01	農林水産業
	農・水産加工品，飲料等	52,040	03	飲食料品
	衣料品等	11,272	04	繊維製品
	木製小物等	654	05	パルプ・紙・木製品
	医薬品・化粧品等	783	06	化学製品
	陶磁器等	1,854	08	窯業・土石製品
	電池等	300	13	電気製品
	カメラ等	1,004	17	精密機械
	雑誌・玩具・カバン等	8,254	18	その他の製造工業製品
入場料・施設利用等		28,309	32	対個人サービス
合　　計		394,208		

（薮田雅弘）

第2部

ミクロ経済学と観光

第6章 消費者行動と観光

●キーワード
　消費均衡，価格消費曲線，弾力性，観光地の選択，選択モデル
●ポイント
　ミクロの消費者行動の基礎を学び，観光サービス消費への応用を考えます。

6.1 はじめに

　いまやホテルや観光アトラクションなど観光関連の産業は，世界全体で高い成長が見込まれている。それだけに観光への期待は高まるばかりである。わが国の観光についても，その潜在的な成長性は認められるものの，①日本人の国内観光については，余暇時間の制約や，1987年から1991年にかけてのバブル経済後の経済成長の停滞によって伸び悩んでいること，②外国人の日本への観光（インバウンド）については，為替水準やさまざまな自然的人的なリスク要因による不安定要素を抱えていること，などの問題点が指摘されている反面，③アベノミクスのもとでの円安傾向，さらに東京オリンピックの開催決定を受けての観光インフラの整備などを通じて，インバウンド観光客の傾向的増大が見込まれている。2012年の国内宿泊旅行者数は4億人泊を突破し，インバウンド観光客数は1,000万人を超え，2015年には1,974万人と大幅増となった（平成28年版『観光白書』）。

　本章では，観光需要，すなわち，さまざまな観光サービスを需要する観光客の行動を考える。通常，ミクロ経済学では，消費者は，財やサービスの消費によって効用を得るが，それらの価格と自己の所得制約のもとで，効用の最大化を図る主体であることが仮定されている。また，与件として与えられていた価格や所得が変化した場合，消費行動にどのような影響を及ぼすのか

98 第2部 ミクロ経済学と観光

といった分析から，とくに価格と需要量の間の関係に着目して消費関数を導
出する。ここでは，まず，このような消費者行動とその帰結である需要関数
を解説し，その上で，観光サービスの特性や需要について検討する。

6.2 | 消費者行動の把握—需要曲線の導出—

　ある財やサービスに対する需要曲線は，通常，価格と消費量の関係として
右下がりの曲線で表され，これは，低い価格のとき需要量が大きく，高い価
格の時には需要量が小さいという関係を表している。ここでは，需要曲線の
性質を見るために，その導出過程を説明する。一般的に，需要曲線は次のよ
うな考え方に沿って導出される。

6.2.1　消費者の嗜好を反映した無差別曲線の形状と限界代替率

　ある2つの財（あるいはサービス）について考え，それぞれの量をx，y
と記そう。消費者がこれらを選択し消費する理由は，その消費から一定の満
足（効用と呼ぶ）が得られるからである。嗜好が異なっているために，その
消費量は消費者ごとに異なっていると考えられる。**無差別曲線**は，このよう
な消費者の嗜好（選好）を理解する上で重要な概念である。

　図6.1は，ある個人（Aさんとしよう）の無差別曲線を表している。無
差別曲線上では多くのxとyの組み合わせがあるが，一つの無差別曲線上
l_0のどの点も，Aさんにとっては，同じ満足（効用）を与えている。たと
えば，点a（x_a, y_a）と点b（x_b, y_b）は，ともに同じ無差別曲線l_0上の点
である。その理由は，まずxの消費量についてはx_a-x_b分だけ減少してお
り，効用を減少させるが，その分，yの消費量が代替的にy_b-y_aだけ増加
することによって効用は増加し，効用は元の水準に維持されていると考えら
れる。他方，点aに比べて右上方にある点c（x_c, y_c）については，点aより
もx，yともに大きくなっており，点cでは点aに比べてより大きな効用が
得られる（つまり，右上方にある無差別曲線ほど効用の水準はより大きい）。
また，点cを含む無差別曲線l_1は，l_0など他の無差別曲線と交わることは
ない（その理由はどのように考えられるだろうか）。さらに，x-y平面上の

図 6.1 無差別曲線の性質

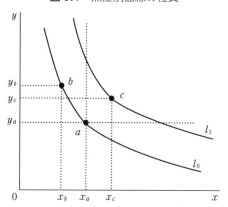

どの点でも，それを通る無差別曲線があり，その意味で，x-y 平面は無差別曲線で埋め尽くされる。効用 U の水準は，x と y の水準に依存するので，この関係を，効用関数 $U=U(x, y)$ として表すことができる。

無差別曲線の形状が消費者の選好を表していることを示そう。例として，A さんと B さんの無差別曲線（それぞれ l_A，l_B）が図 6.2 のように表されているとする。この場合，A さんは，B さんに比べて，x が y よりもより重要であると考えていると言える。その理由は，x を Δx だけ減少させたとき，A さんも B さんも効用は減少するが，同じ効用を得るのには（つまり，同じ無差別曲線上の点となるのには），減少した Δx の代わりに y を増やす必要があり，B さんが Δy_B だけ増やせばいいと考えているのに対して，A さんは Δy_A だけより多く増やす必要があると考えているからである。この x の減少分に対する（同じ効用を保証する）y の増加分の比率，つまり，比率 $\Delta y \div \Delta x$ を，**限界代替率**（marginal rate of substitution（MRS と略））と呼ぶが，図 6.2 のように，各消費者の MRS はそれぞれの選好を示しており，MRS が大きな A さんは，x の方をより好むと考えられる。

6.2.2 所得制約のもとでの効用最大化行動

さて，x や y などの財・サービスの選好のうち，実際に消費者が選択できる（つまり購入可能な）量はどのようなものであろうか。x や y の価格を

図 6.2　消費者の嗜好と限界代替率

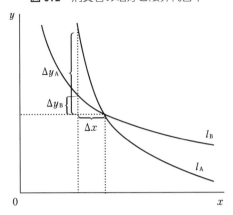

p_x, p_y とし，消費者にとって支出可能な金額（所得）を M として考えよう。このとき，

(6.1) 　　　　$M \geq p_x x + p_y y$

となっている。(6.1) は，財・サービスへの支出金額（右辺）は所得（左辺）の範囲内にあることを意味している。(6.1) を $M/p_y - (p_x/p_y) x \geq y$ と変形すれば，切片が M/p_y，傾きが (p_x/p_y) の直線（図 6.3 の点 a, e, b を通る直線）の下側の領域は，**予算制約**と呼ばれ，消費者が消費可能な最大の財・サービスの組み合わせを表している。このとき，消費者の行動は，「予算制約 (6.1) のもとで，効用 $U(x, y)$ を最大化するような消費の組み合わせを求めること」であり，図 6.3 の点 e で示された消費量 (x^*, y^*) を消費均衡点と呼ぶ。点 e 以外の点（たとえば，点 a）では，実現される効用は最大になっていない。実際，点 a の場合，この消費者は，点 a から点 e の方向に沿って y の消費を減らし，代わりに x の消費量を拡大させることで，より大きな効用を実現できる（逆に点 b ではどのような調整が生じるだろうか）。

　点 e では，どのような条件が成り立っているであろうか。すぐに分かることは，点 e での MRS の大きさ（つまり，曲線 l^* の接線の傾き）が，ちょうど，予算制約式の傾き $(-p_x/p_y)$ に等しいことを示している。ちなみに，

図6.3 消費者の予算制約と均衡消費量

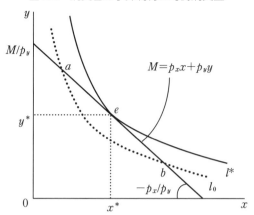

点 a での MRS は，明らかに予算制約式の傾きよりも大きくなっており，両者は一致していない。この点 e で成り立つ条件（すなわち，$MRS=p_x/p_y$）の意味を考えよう。このとき，効用を一定に保つという条件のもとで，MRS は x の変化分に対する y の変化分の比率を表していること，x や y の変化がもたらす効用の変化（$\Delta U/\Delta x$, $\Delta U/\Delta y$ など）はそれぞれ限界効用と呼ばれること，を考えれば，この条件は

$$(6.2) \quad MRS = -\frac{\Delta y}{\Delta x} = \frac{\frac{\Delta U}{\Delta x}}{\frac{\Delta U}{\Delta y}} = \frac{p_x}{p_y} \Leftrightarrow \frac{\frac{\Delta U}{\Delta x}}{p_x} = \frac{\frac{\Delta U}{\Delta y}}{p_y} \Leftrightarrow \frac{1}{x \text{の価格}} \times x \text{の限界効用}$$

$$= \frac{1}{y \text{の価格}} \times y \text{の限界効用}$$

と表すことができる。(6.2) の一番右の式に着目しよう。価格の逆数（$1 \div x$ の価格，あるいは $1 \div y$ の価格）は，1円の支出で購入可能な財・サービスの量を表している。各財の限界効用は，1単位の財・サービスの消費増がもたらす効用の増加分を意味するので，結局，これらの式は，1円の支出によって購入できる x や y の消費によってもたらされる効用の増加分に等しい，つまり，1円を x に支出しても，y に支出しても同じ満足が帰結される状態が，点 e で表される消費均衡点の意味である（この条件を，**加重**

図 6.4 代替効果と所得効果

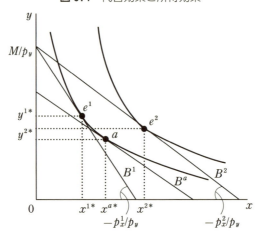

限界効用均等の法則と呼ぶ)。

6.2.3 価格の変化と所得効果と代替効果

消費者が消費しようとする場合，図 6.3 が示すように，価格（相対価格 p_x/p_y）や所得（M）などの予算制約条件が重要である。消費者は，予算制約のもとで効用を最大にするように行動し，結果として点 e のような消費均衡点が求められる。ここでは，p_x のみが変化する場合，消費均衡点がどのように変化するかを考えよう。

図 6.4 のように，x の価格が p^1_x から p^2_x へと変化（低下）したとしよう。p^1_x のときの予算制約（B^1）のもとでは，消費均衡点は点 e^1（x^{1*}, y^{1*}）となる。価格が p^2_x へと変化すれば，切片（M/p_y）は変化しないので，予算制約は B^2 となり，この下での消費者均衡は点 e^2（x^{2*}, y^{2*}）へと変化する。この場合，x の消費量は，価格 p_x の低下につれて増大する。点 e^1 から e^2 への変化は，点 e^1 から a への変化と点 a から e^2 への変化に分解できる。点 a は，変化後の相対価格のもとで（つまり，予算制約 B^2 と同じ傾きを持つ予算制約 B^a のうち），点 e^1 と同じ効用を実現させるような点に他ならない。価格が低下したため，点 e^1 と同じ効用を得る（同じ無差別曲

第6章 消費者行動と観光 **103**

線上の点 a を実現する）とすれば，より少ない支出額で済む。この場合，x の点 e^1 から a への変化（x^{1*} から x^{a*}）を**代替効果**と呼ぶ。代替効果は，相対価格（p_x/p_y）の変化が，効用水準を変えない形で，y 財の代わりに相対的に安価になった x 財に支出を代替させる効果を示している。他方，点 a から点 e^2 への変化は，低下した相対価格（p_x^2/p_y）のもとで，より少ない支出によって変化前と同じ効用水準を実現できるが，所得 M を支出する結果，実質所得が増大し，より大きな効用を実現できるように変化すると考えられる。このことから，x の点 a から e^2 への変化（つまり，x^{a*} から x^{2*}）を**所得効果**と呼ぶ。

　上の事例で見たように，p_x の変化は，代替効果と所得効果とに分解される全体の効果として，x 自身の消費量の変化が求められる。つまり，x の様々な価格 $p^1{}_x$ や $p^2{}_x$ の水準に対応して決まる x_1^* や x_2^* の関係＝**価格消費曲線**が（マーシャルの）**需要曲線**に他ならない。

6.2.4　所得や他財の価格変化の影響

　所得 M や価格 p_y の変化がもたらす，x の消費量への変化の効果を考えてみよう。

　たとえば所得の増大は予算制約を弱め，図6.3で言えば，価格の変化がない場合は，$M=p_x x+p_y y$ の直線を右上方に平行にシフトさせ，シフトした予算制約式のもとで，均衡消費量が決定される。他方，x 以外の財の価格（この場合 y の価格 p_y）の変化が x にどのような変化をもたらすかについて考えるためには，次の重要な財・サービスの性質を考える必要がある。財・サービスには，コーヒーや紅茶，あるいはホテルや旅館のように，互いに消費を代替できる性質のものと，コーヒーとクリープ，あるいは，ホテルとレストランのように，互いに補完しあう関係を持つものがある。この時，前者であれば，コーヒー（あるいはホテル）の価格が上昇すれば，代替的に選べる紅茶（あるいは旅館）の需要が増大すると考えられるものがある。つまり，y の価格 p_y の上昇が x の消費量を増大させる場合は**代替財**と呼ばれ，逆に，y の価格 p_y の上昇が x の消費量を減少させる場合は**補完財**と呼ばれる（6.4.2の交差需要弾力性を参照）。

6.3 観光サービスの対象と観光サービスの選択

　観光客は，観光地へ赴くことでめざす観光サービスを享受できるが，その時間の経過の中で，さまざまな種類の観光サービスを消費する。つまり，観光サービスを提供する観光産業と言っても，それらは，観光アトラクション，休憩・宿泊施設，運輸サービスのほかに，旅行代理や観光案内のサービスなどさまざまな部門がある[1]。それらのサービスはおおむね補完的であり，観光客は一連のサービスを享受することになる。実際の観光サービスに関する消費動向を把握するデータとして，観光庁の旅行・観光消費動向調査がある。平成 22（2010）年度には，国民の国内の旅行消費額はおよそ 21 兆 1,147 億円であり，海外の旅行消費額のうち国内分は 1 兆 2,960 億円，海外分は 3 兆 4,450 億円である。したがって，国民の旅行消費額は約 25.9 兆円で，他方，国内での旅行消費額は，海外からの観光客の旅行支出を含めて総額約 23.8 兆円になる。ちなみに訪日外国人の旅行消費額は 1 兆 3,460 億円であるので，円ベースで約 2 兆円の出超であることがわかる（表 6.1）[2]。また，同年の国勢調査による総世帯数は約 5,195 万世帯なので，1 世帯当たりの平均的な旅行消費額は，およそ年間 50 万円ということになる。

　いずれにしても，消費者は所得の中から一定額を観光サービスに支出している。このような個々の消費者の観光消費行動は，どのように説明されるのであろうか。前節で述べたものと同様の手順で観光サービスの消費行動を考えることができる。

1　UNWTO（国連世界観光機関）の Compendium of Tourism Statistics dataset（2012）では，事業所ベースでの観光産業として，宿泊施設（Accommodation for visitors），飲食サービス（Food and beverage serving activities），旅客輸送（Passengers transportation），旅行代理店他（Travel agencies and other reservation services activities）ならびに他の観光産業（Other tourism industries）が挙げられている（各項目についての詳細は，WTO（2012），Methodological Notes to the Tourism Statistics Database の ISIC Rev. 4 にもとづく Annex 4 のリスト（pp. 20-27）を参照）。

2　旅行消費額は，全国 1 万 5 千人を対象とする「旅行・観光消費動向調査」をもとに推計されたものである。

第6章 消費者行動と観光　*105*

表6.1　我が国の旅行消費額（平成22（2010）年，単位10億円）

費　目		宿泊旅行 A	日帰り旅行 B	海外旅行 C（国内分）	国民の国内分 D＝A＋B＋C
旅行消費額		16,059	5,078	1,296	22,433
旅行前後		2,682	971	409	4,062
旅行中		13,378	4,107	887	18,372
	旅行会社	265	40	162	467
	宿泊費	3,747	0	10	3,757
	飲食費	1,663	569	18	2,249
	交通費	4,911	2,089	614	7,614
	入場料・施設利用料	549	414	0	963
	土産代・買物代	2,024	926	75	3,025
	その他	218	70	8	296

費　目	訪日外国人 E	国内旅行消費額 F＝D＋E	海外旅行 C′（海外分） G	国民の旅行 H＝D＋G
旅行消費額	1,346	23,779	3,445	25,878

出所：観光庁『平成22年の旅行消費額』による。

　すなわち，観光客の行動も，消費者の予算制約のもとでの効用最大化行動として把握できる。その行動は，観光サービスの需要 x とその他の財・サービスの需要 x_-，それぞれの価格を p_x，p_{x_-} として，効用水準を U，所得を m とした場合，

(6.3)　　　Max　$U＝U(x,\ x_-)$　subject to　$m＝p_x x＋p_{x_-} x_-$

と書くことができる。また，観光サービスとその他の財・サービスの間の代替関係は，両者の限界代替率 *MRS*（marginal rate of substitution）として，

$$（6.4） \quad MRS=-\frac{dx_-}{dx}=\frac{\partial U/\partial x}{\partial U/\partial x_-}$$

と表すことができる。言うまでもなく，観光サービスへの需要を決める重要
な要因は，価格（p_x や p_{x-}），所得（m），ならびに効用関数の形状（MRS），
などである。たとえば，観光サービスの価格 p_x が上昇したり，観光サービ
スがより魅力的になり MRS がより大きくなったりすれば，観光消費への消
費割合（$C_T=p_x x/m$）は高まる。この場合，問題は観光サービスの相対的
な魅力をどう表すかである。（6.3）の効用関数が，コブ・ダグラスの形で表
され

$$（6.5） \quad U=x^{\alpha}(x_-)^{\beta}, \quad \alpha+\beta=1$$

であるとしよう。この場合，最適な観光サービス需要は，

$$（6.6） \quad x=\frac{\alpha}{p_x}m$$

となる（(6.2)が成り立つことに注意すれば導出できる）。（6.6）は，観光
サービス需要が，価格や所得の他に，係数 α によって決まることを示して
おり，これは「**観光サービスの魅力**」と考えることができる。観光サービス
としては，交通サービス，観光地のアトラクション，ホテルや旅館，レスト
ランなどが具体的に考えられるが，それぞれに固有の魅力があり，それら
が，観光サービスの需要量に影響を及ぼすと考えられる。他方，個々の消費
者の観光サービスに対する需要を社会全体（n 人）で集計すれば，

$$（6.7） \quad X=\sum_n x=\frac{\alpha}{p_x}\sum_n m=\frac{\alpha}{p_x}M$$

となる。（ここで M は社会全体の所得の集計量である。）こうして観光サー
ビス需要は，α や M とは正の相関が，p_x とは負の相関があることが分か
る。たとえば，Salvatore（1989）は，ある 2 地点間の航空サービスについ
て，

$$（6.8） \quad \log X=2.737-1.247\log p_x+1.905\log M, \quad r^2=0.97$$
$$\qquad\qquad (-5.071) \qquad\ (7.286)$$

という推計例を示している（（ ）内はt値）。この場合，Xは乗客数（千人），p_xは平均的な航空運賃，Mは出発地の実質GNPである。

より一般的な観光サービスの需要Dは，観光サービス以外の財・サービスの需要を決める要因やその他のさまざまな要因によっても影響を受けるであろうから，

(6.9)　　$X = D(p_x; p_{x-}, M, \alpha, \beta, z, E, R)$

と書くことができる。(6.9)は，たとえば，観光サービスの価格p_xの上昇や所得Mの低下が，観光サービス需要を減じるといった関係を表している。ここで，zは観光サービス需要に影響するその他の恒常的な要因，Eは外生的要因，Rは地域観光資源を表している。zについては，たとえば，情報・マーケティング要素がある。消費者の意思決定に影響を及ぼす情報・マーケティングの役割は，観光分野でも重要である。電通の『日本の広告費(2011)』によれば，新聞・雑誌・ラジオ・テレビのいわゆるマスコミ四媒体の広告費は，交通・レジャー分野で1,953億円（2011年）となっており，構成比（2011年で7.2％）では，化粧品・トイレタリー，食品，情報・通信，飲料・嗜好品分野についで大きい[3]。また，国際観光の場合には，特に為替レートや輸送コストの要因も大きな要因である。実際，円高だから，あるいは航空運賃が安いから海外旅行を楽しもうと考えた人も多いであろう。さらに，犯罪や事故など日常的な要因も含まれる。他方，Eには，紛争やテロなどの人的要因，地震や台風などの自然的要因といった外生的要因が含まれる[4]。平成24（2012）年の観光白書は，2011年の東日本大震災の影響と回復過程について分析し，震災直後にインバウンド観光客は半減したのち一定の回復基調にあること，宿泊を伴う日本人観光客数は震災直後の3月には前年

3　『日本の広告費』の分類では，レジャーにパチンコやコンサートなどが含まれたり，他の業種分野に観光関連の広告も含まれており，カテゴリーが必ずしも一致していない点に留意する必要がある。

4　世界的には，2001年のアメリカ同時多発テロ事件，2015年のパリ同時多発テロ事件のほか，2002年のSARSの流行，2004年のスマトラ島沖地震による津波など，多数の事例がある。

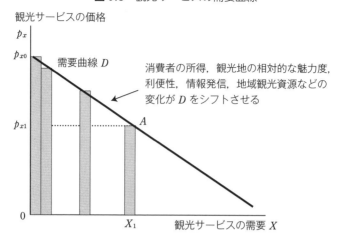

図6.5 観光サービスの需要曲線

同月比で2/3までに落ち込んだ後やはり回復傾向を示しているものの，東北3県の回復は進んでおらず依然マイナス基調にあることが指摘されている。また，Rは，観光サービスが所在する観光地の地域観光資源を意味し，観光地の自然環境や文化的景観などを指す。これは，観光地のブランドなどを形成し，評判を通じて観光サービス需要を左右する重要な要因である[5]。

ここで，(6.9)のXとp_xに着目しよう。より高いp_xは需要Xを減少させるので図6.5のように右下がりの需要曲線Dを描くことができる[6]。

より具体的にホテルの宿泊サービス需要を考えよう。すでに説明したように，需要曲線Dは，さまざまな価格水準に対してどれだけのサービス需要があるかを示したものである。図6.5の場合，最も高い価格p_{x0}でも宿泊してもよいと考える消費者をはじめとして，これより少し低い価格であればよ

---

[5] 観光需要の最大の特徴は，その地域の固有性，つまり，地域観光資源である自然環境や文化的景観を求めて，さまざまな観光サービスを需要する非日常的経験にある。大分の湯布院や熊本の黒川温泉などのように，温泉を軸に展開されるまちづくりが，地域のブランド力を蓄積させ観光サービス需要を増大させる例は少なくない。

[6] (6.9)右辺内の，p_x以外のさまざまな要因の変化は，図6.5で描かれている需要曲線Dをシフトさせる。たとえば，所得の増加は，同一価格のもとで需要を増やすであろうからDを右方シフトさせる。

り多くの宿泊サービスが需要される。価格がp_{x1}のときには，X_1だけの消費者が宿泊しようとする。このように需要を行う消費者が，宿泊に支払ってもよいと考える限界的な評価を，**限界支払意思額**（MWTP：marginal willingness to pay）という。これは，図6.5の各需要水準に対応する棒グラフの高さで示される。近似的に，これらの棒グラフ全部の面積を合計していけば，$0-X_1$のサービス需要に対する総支払意思額は，その間の需要曲線の下側の面積$\square 0p_{x0}AX_1$で表されていることが分かる。市場価格がp_{x1}であれば，これに対応する実際の消費者の支払い額は$p_{x1} \times X_1$（$\square 0p_{x1}AX_1$）となるので，消費者の総支払意思額と実際の支払い額の差（つまり，$\triangle p_{x0}Ap_{x1}$）が生じる。これは，市場価格がありそれに基づいて需要が決まるために発生する消費者のメリットと考えられ，**消費者余剰**（consumer surplus）と呼ばれている。

6.4 観光需要と弾力性

ところで，（6.9）で表わされる観光サービス需要Xとそれに影響する変数について，以下のいくつかの弾力性の概念は重要である。

6.4.1 需要の価格弾力性

価格p_xと需要量は，通常負の相関を持つ。価格変化がもたらすXへの影響は，

$$(6.10) \qquad \varepsilon_{px} \equiv \frac{X \text{の変化率（\%）}}{P_x \text{の変化率（\%）}} = -\frac{dX/X}{dp_x/p_x} = -\frac{dX}{dp_x}\frac{p_x}{X}$$

で示され，**需要の価格弾力性**という。ε_{px}は，観光サービスの価格が1％上昇した場合に，需要量がε_{px}％減少することを意味する。需要の価格弾力性は，一般的に地域によって異なり，ユニークな観光地であるほど小さい値を示す。Vanhove（2005, Table1.3）の例では，インバウンド観光客数の場合は，スウェーデン（1.76），日本（1.69）で高く，ドイツ（0.43），アメリカ（0.43）では低くなっている。Dwyer & Forsyth（2006）は，X（被説明変数）の内容によって価格の弾力性は異なるとし，0.44（交通）から0.91

（飲食）と推計している。定義から，$\varepsilon_{px}>1$ のときには，需要額（総収入（TR : total revenue））が $p_x \times X$ であることを考慮すれば，価格上昇は需要額を減少させ，$\varepsilon_{px}<1$ のときには増大させることが分かる。図6.5で言えば，この p_x の変化と需要 X の関係（需要の価格弾力性）は，需要曲線 D の形状（傾き）を反映している[7]。

6.4.2 需要の交差弾力性

価格 p_{x-} の変化がもたらす X への影響は，

(6.11) $$\varepsilon_{px_-} \equiv \frac{X \text{の変化率（\%）}}{P_{x_-} \text{の変化率（\%）}} = \frac{dX/X}{dp_{x-}/p_{x-}} = \frac{dX}{dp_{x-}} \frac{p_{x-}}{X}$$

で示され，**需要の交差弾力性**と言う。ε_{px_-} は，その他財・サービスの価格が1％上昇した場合に，観光サービスの需要量が ε_{px_-} ％変化することを意味する。X と Y が代替的な財である場合，価格 p_{x-} が上昇したときには X も増大すると考えられ，このとき，需要の交差弾力性は正となる。需要の交差弾力性が負の場合には，X と Y は補完的であるとみなされ，需要の交差弾力性がゼロであれば互いに独立財と呼ばれる。

6.4.3 需要の所得弾力性

（6.9）において，観光サービス需要 X に影響する所得 M に着目しよう。価格弾力性と同じように，所得 M の変化がもたらす X への影響は，

(6.12) $$\varepsilon_M \equiv \frac{X \text{の変化率（\%）}}{M \text{の変化率（\%）}} = \frac{dX/X}{dM/M} = \frac{dX}{dM} \frac{M}{X}$$

で示され，**需要の所得弾力性**という。ε_M は，所得が1％上昇したとき，観光サービスの需要量が ε_M ％変化することを意味する。所得が増大するとき，需要量が増大するケース（$\varepsilon_M>0$）は**正常財**，逆に，需要量が減少する場合（$\varepsilon_M<0$）は，**下級財**あるいは**劣等財**と呼ばれる。また，所得の変化にかかわらず需要量の変化が少ない（$1>\varepsilon_M>0$）場合 X は必需度が高い財で

7　たとえば（6.5）の場合，$\varepsilon_{px}=1$ となる。需要曲線が，図6.1のように直線で表される（$p_x=a-bX$，（a, bは定数））場合には，$\varepsilon_{px}=(a-bX)/bX$ となる。

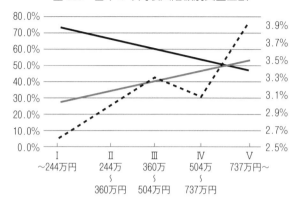

図 6.6　日本の年間収入階級別支出金額

出所：総務省統計局家計調査（2014 年）(http://www.e-stat.go.jp/SG1/estat/OtherList.do?bid=000000330012&cycode=7　2016/1/6 アクセス）

あり，**必需財**と呼ぶ。所得の変化につれて需要量が大きく変動する（$\varepsilon_M > 1$）の場合は**ぜいたく品**あるいは**奢侈品**と呼ばれている。わが国の総務省の家計調査において家計費目を区分する場合，所得弾力性が 1 より小さい費目は**基礎的支出**，1 以上の費目は**選択的支出**と呼ばれている。家計調査（2014 年）における総世帯の年間収入五分位階級別の支出金額を見た場合，図 6.6 のようになる。所得階層の上昇につれて選択的支出の割合が増えていることが分かる。

6.4.4　需要のマーケティング弾力性

(6.9) において，z が情報・マーケティングとすれば，

$$(6.13) \quad \varepsilon_z \equiv \frac{X の変化率（\%）}{z の変化率（\%）} = \frac{dX/X}{dz/z} = \frac{dX}{dz}\frac{z}{X}$$

を**需要のマーケティング弾力性**と言い，マーケティング変数 z の効果を示している。たとえば日本，英国，アメリカおよびニュージーランドからオーストラリアへの観光について，ε_z は正ではあるがその値は小さく 0.05−0.37 と推計されている。

112 第2部 ミクロ経済学と観光

　すでに説明したように，観光サービスの需要水準は，個々の消費者の最適行動とその集計の結果として定まるが，多くの実証研究が示すように，それを左右する要因とその影響の大きさは，国や地域，観光サービスの種類によって異なっている。

6.5 おわりに

　経済のグローバル化に対応して，国内，海外を問わず観光は活発化している。ここでは，財やサービスの需要決定について，ミクロ経済学で展開される消費者行動の基礎的な考え方を説明した。消費者が財やサービスの消費量を決定する場合，各消費者の嗜好（選好）の状況を表す無差別曲線を背景に，予算制約のもとで，効用を最大化するように消費量を決定する。消費者にとって与件としての価格や所得の変化が消費量に及ぼす影響は，代替効果と所得効果に分けて考えられることを示し，価格や所得変化の消費量に及ぼす影響を価格弾力性や所得弾力性という概念で説明した。観光サービスの需要についても，同じように考えることができて，さまざまな弾力性の意味，実際の適用事例を示した。財やサービスの需要を行う主体は，観光客（旅行者）と称されるが，財やサービスの市場では，この需要に対する供給が相対することによって，価格変化が生じ，結果的に消費者の行動は変化する。

[参考文献]

この章の内容に関する基本文献は次のものがある。
奥野正寛（2008）『ミクロ経済学』東京大学出版会
神取道宏（2014）『ミクロ経済学の力』日本評論社
武隈慎一（1999）『ミクロ経済学』新星社
ブル゠アドリアン（1998）『旅行・観光の経済学』（諸江哲男・菊地均・吉岡秀輝他（翻訳））文化書房博文社
マック゠ジェームズ（2005）『観光経済学入門』（瀧口治（翻訳））日本評論社
他方英文であるが，多岐にわたった記述として，
Dwyyer, L., Forsyth, P. and Dwyer W.（2010），*Tourism Economics and Policy*, Channel View Publications.
Salvatore, D,（1989），*Managerial Economics*, New York, Mc Graw-Hill

第6章　消費者行動と観光　　*113*

Vanhove（2005），*The Economics of Tourism Destinations*, Butterworth-Heinemann
が挙げられる。

トピックス：わが国におけるインバウンドの急増

　わが国の観光旅行については，長年，日本人の出国旅行者数（アウトバウンド）と訪日
外国人旅行者数（インバウンド）のインバランスが問題とされた。2000 年以降アウトバ
ウンドはおおむね 1,600〜1,700 万人の水準にあり，他方，インバウンドは漸増傾向には
あったが，ビジットキャンペーンが始まった 2003 年には 521 万人に過ぎなかった。とこ
ろが，東日本大震災のあった平成 23（2011）年の 620 万人以降，急激に増加し，2014 年
には 1,341 万人へと伸長した。平成 27 年度観光白書によると，その原因としては，イン
バウンドの約 8 割を占めるアジア諸国の経済成長が相対的に高いこと，円安が進行したこ
と[8]，オリンピックやパラリンピックなど国際的な催事開催決定や富士山をはじめとする
世界遺産登録により知名度が向上したこと，などがあげられる。入国に関わるビザ要件の
緩和も，観光客の増加に一役買っており，2013 年のタイやマレーシアに対するビザ免除
は，前年比で 60-70 ％の訪日旅行者の増加をもたらしたとされる。もちろん，わが国を訪
れた旅行者は旅行中多額の消費を行う。平成 26（2014）年には全体で 2 兆 278 億円が使
われたが，費目別では，買物代 35.2 ％，宿泊費 30.1 ％，飲食費 21.3 ％，交通費 10.7 ％
の順になっている。

（薮田雅弘）

8　平成 23（2011）年以降をみると，US ドルをはじめ，アジアの中国元，韓国ウォ
　ン，台湾ドル，タイバーツなどの通貨に対して 30 ％程度の円安傾向が続いている。
　訪日外国人旅行者のうち，台湾 21.1 ％，韓国 20 ％，中国 18 ％，香港 7 ％となっ
　ており，欧米（米国 6.6 ％，欧州 3 か国（英国，フランス，ドイツ）4 ％など）に
　比べてアジア諸国からの来訪者は約 8 割と多い（2014 年）。

第7章 観光需要

●キーワード
　観光需要の実際，観光需要の弾力性，日本の観光動向，世界の観光動向
●ポイント
　日本や海外の観光需要の動向について学び，今後の展開を考えます。

7.1 はじめに

　2007 年 1 月 1 日から施行された**観光立国推進基本法**は，それまでの観光基本法を全面的に改正して制定されたものであり，前文において，「少子高齢社会の到来や本格的な国際交流の進展を視野に，観光立国の実現を 21 世紀の我が国経済社会の発展のために不可欠な重要課題である」と観光を位置づけ，観光政策の総合的かつ計画的な推進を図るため，観光立国推進基本計画を閣議決定により作成することを新たに規定している。

　2012 年 3 月 30 日に閣議決定された現行の**観光立国推進基本計画**では，①国内における旅行消費額，②訪日外国人旅行者数，③訪日外国人旅行者の満足度，④国際会議の開催件数，⑤日本人の海外旅行者数，⑥日本人の国内観光旅行による 1 人当たりの宿泊数，⑦観光地域の旅行者満足度，という 7 項目について数値目標を設定して効果的な観光政策の実施を目指している。

　本章では，第 6 章の議論をベースに，これらの計画目標に関連する事項の 1 つである観光需要に関して，その特性や今後の動向などについて詳しく考察する。

7.2 観光需要の実際

2013 年における日本人の商品別の観光消費額は，表 7.1 のようになっている。この表から明らかなように，観光に関する消費は多岐にわたり，対象となる財・サービスの関係も代替的なものもあれば，補完的なものもあると考えられる。また，観光に関する消費は，日常的な消費行動とは異なり観光地または観光施設へ行くことによって初めて実行されるものであり，観光需要が成立するための前提条件として，観光地までの移動時間や移動費用，宿泊費用などを支払うことができる予算制約条件を満たさなくてはならない。

観光が成立する要素は多種多様であるが，その中でも非日常性が重要な要素であることは否定できない[1]。したがって，ここでの予算制約は日常の消費行動における予算制約とは同一のものではなく，非日常性を求めた効用最大化を目指すためのものと考えられる。さらに，観光に対する需要は，単に個々の財に対するものとは異なり，目的地の属性，宿泊施設，観光商品など多くの財とサービスが複合的に組み合わさった合成財的な観光財サービスに対するものと位置づけられ，観光を構成するさまざまな要素が観光需要に影響を与えていることがうかがえる。

消費額を構成別に見ると，宿泊旅行に最も多く支出しており，宿泊を伴うことから交通費も比例して高い値を示している。日帰り旅行については，入場料などへの支出が他の支出項目に対して相対的に高い値を示しており，居住地域から比較的近隣に位置する観光施設への旅行支出ではないかと思われる。

ところで，既述の観光立国推進基本法に基づいて作成された観光立国推進基本計画に関して，2012 年度から 2016 年度までの現計画における目標設定

---

1 2000 年 12 月の観光政策審議会の答申「21 世紀初頭における観光振興方策について」では，観光の定義について，「単なる余暇活動の一環としてのみ捉えられるものではなく，より広く捉えるべきである」として，①誰もが「気軽」に楽しめる観光の振興，②住民と旅人とが互いに交流しあう観光の振興，③自然・社会環境と共生する観光の振興が必要であると定めている。

116　第2部　ミクロ経済学と観光

表7.1　日本人の商品別観光消費額　　　　　　　　　　　　　（単位：10億円）

商　品	訪日観光消費	国内観光消費	宿泊旅行	日帰り旅行	海外旅行（国内分）	海外観光消費	内部観光消費（訪日＋国内）	国民観光消費（国内＋海外）
旅行前後支出	0	3,493	2,347	797	349	8	3,493	3,501
旅行中支出	1,650	18,012	12,999	3,973	1,039	3,145	19,662	21,157
旅行会社収入	8	451	246	34	170	22	458	473
交通費	328	7,838	5,065	2,024	749	1,512	8,166	9,351
宿泊費	496	3,348	3,328	0	20	795	3,844	4,143
飲食費	303	2,309	1,748	540	21	329	2,611	2,638
土産代・買物代	483	2,882	1,890	921	70	390	3,364	3,272
入場料・娯楽費・その他	33	1,184	723	453	8	97	1,217	1,281
別荘家賃帰属	0	404	404	0	0	0	404	404
合　　　計	1,650	21,909	15,751	4,771	1,388	3,153	23,559	25,062

出所：『余暇・レジャー＆観光総合統計 2016-2017』p. 209 図表 5-4-1 より一部抜粋

は，表7.2のようになっている。国土交通省が策定したグローバル観光戦略の一環として，政府によるビジット・ジャパン・キャンペーン事業が開始された 2003 年度以来，海外への日本人旅行者数に対して，かなり少なかった訪日外国人旅行者を増加させようとする事業が各国で展開された。海外旅行という相対的に特殊な消費財のため単に旅行価格だけではなく，相手国通貨と円との為替レートや世界経済の状況などにも大きな影響を受け，2008 年のリーマン・ショックによる世界的な不況により，2009 年は 679 万人と大きく減少した。さらに，2011 年の東日本大震災と福島第一原子力発電所事故によっても大きな減少を記録した。しかし，2012 年末国内で実施された財政金融政策により円安が進むと訪日外国人観光客数は増加に転じ，2013 年に年間 1,036 万人を記録し始めて 1,000 万人の大台を超えた。

　2015 年の訪日外国人旅行者数は，推定値で前年比 47.1 ％も増加して 1,973 万 7,000 人を記録した。この値は，日本政府観光局が統計を取り始め

表7.2 観光立国推進基本計画の目標値

①国内における旅行消費額	2009年実績の25.5兆円を2016年までに30兆円にする。
②訪日外国人旅行者数	2010年実績の861万人を2020年初めまでに2,500万人とすることを念頭に，2016年までに1,800万人にする。
③訪日外国人旅行者の満足度	2011年実績の「大変満足」の回答割合43.6％，「必ず再訪したい」の回答割合：58.4％を2016年までに，訪日外国人消費動向調査で，「大変満足」と回答する割合を45％，「必ず再訪したい」と回答する割合を60％とすることを目指す。
④国際会議の開催件数	2010年実績の開催件数741件を2016年までに5割以上増やすことを目標とし，アジアにおける最大の開催国を目指す。
⑤日本人の海外旅行者数	2010年実績の1,664万人を2016年までに2,000万人にする。
⑥日本人の国内観光旅行による1人当たりの宿泊数	2010年実績の2.12泊を2016年までに年間2.5泊とする。
⑦観光地域の旅行者の満足度	「大変満足」と回答する割合及び再来訪意向について「大変そう思う」と回答する割合を2016年までにいずれも25％程度にする。

出所：『観光立国推進基本計画』(2012年3月31日閣議決定)

た1964年以降，最大の伸び率であるとともに，過去最高であった2014年の1,341万3,000人を600万人余り上回り，大阪万国博覧会が開催された1970年以来45年ぶりに，訪日外国人旅行者数が出国日本人数を上回る結果となった。

　特に，中国，韓国，台湾，香港の東アジアの国々からは，全体の72％にあたる1,419万人の旅行者が訪日し，アメリカからの訪日者数も初めて100万人を超えた。これは，アジア地域の経済発展による所得の増加や円安などの影響が大きく反映されたものであろう。しかし，ヨーロッパからの訪日者数は国ごとには過去最高の訪日観光客数を記録したが，相対的にみると依然として低い水準にあり，この地域からの観光需要を増加させるための余地が残されていると思われる[2]。

　2　2008年10月1日に国土交通省の外局として設置された観光庁のホームページでは，「旅行・観光消費動向調査」など観光に関連するデータが公表されている。

118　第2部　ミクロ経済学と観光

図7.1　今後の生活の力点の推移

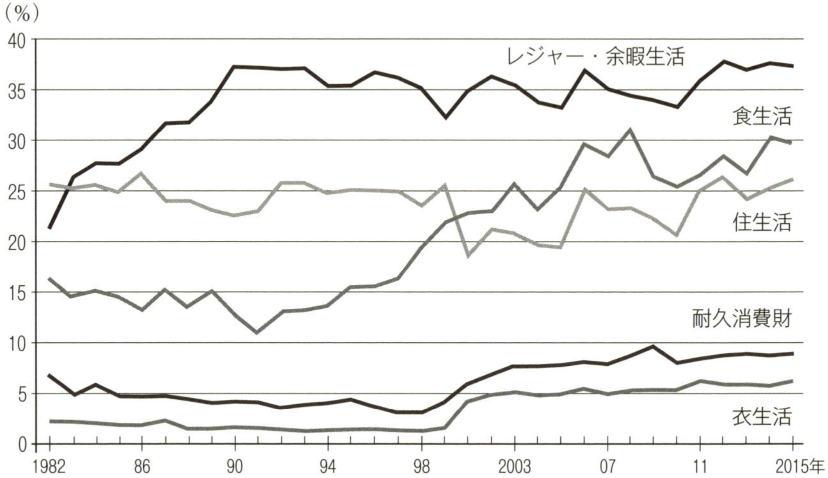

（%）

レジャー・余暇生活

食生活

住生活

耐久消費財

衣生活

1982　86　90　94　98　2003　07　11　2015年

出所：『観光白書（平成27年版）』p. 204 資料51

　日本人の観光について見てみると，内閣府の「国民生活に関する世論調査」での「今後，生活のどのような面に力を入れたいか」との問いに対して，1983年以来連続して「レジャー・余暇生活」という回答が最も多くなっている。このことは，国民の中で消費対象として観光の選好順序が一番高くなっていることを意味しており，諸条件さえ整うならば，観光に対する需要はさらに大きく伸びる可能性が考えられ，消費者の嗜好に合った観光商品開発が望まれる（図7.1参照）。

　高度経済成長期から安定成長期にかけては，日常生活の質的向上に多くの関心が置かれていたが，所得水準の上昇や住環境の整備など日常生活がある程度満たされてくるにつれて，ゆとりある日常生活を求める傾向が高まり始めこのような推移を示していると考えられる。

　近年，以前のような団体周遊旅行ではなく，個人または小グループによる効率的なスロー観光旅行を好む旅行者も多くなってきている。ここで，簡単なモデルを用いて，各駅停車のローカル線の旅と高速道路を利用した自動車による移動の組み合わせについて，旅行者の最適消費問題を考える。A地

域から B 地域までの約 300 km を自動車と電車を乗り継いで，予算 4 万円以内でできるだけ早く移動したい。自動車は，時速 100 km で x km 走行し 1 km 当たりの費用を 200 円とする。各駅停車の電車は，時速 50 km で y km 走行し 1 km 当たりの費用を 100 円とする。所要時間を T とおけば，この旅行者の最適化問題は次のようになる[3]。

$$\begin{cases} \text{Min. } T = \dfrac{x}{100} + \dfrac{y}{50} \\ \text{st. } 40{,}000 \geq 200x + 100y, \quad 300 \leq x + y \end{cases}$$

この最適化問題は，所要時間 T の最小化問題であり，2 つの制約条件式は 4 万円以内という予算制約条件と 300 km 以上という移動距離制約条件である。これより，最適消費点は点 E (100, 200) となる。つまり，自動車で 100 km 移動し電車で 200 km 移動する組み合わせが，この消費者にとって移動手段の最適選択となる。ここで，電車の運賃が 110 円に上昇すると最適消費点は点 $E'\left[\dfrac{700}{9}, \dfrac{2000}{9}\right]$ となる。このことから，運賃が上昇したにもかかわらず電車での移動距離は増加しているので，電車はギッフェン財となっている[4]。この状況を示したものが，図 7.2 である。

この例でも見られるように，観光商品の特性の 1 つとして，複数の財サービスが別々にではなく一緒に需要される場合がある。例えば，南の離島観光地でのホテル滞在を想定すると，フェリーで移動しなければホテルに行くことができないならば，フェリーに対する需要とホテルに対する需要は互いに独立ではなく，一緒に需要されなければならない。つまり，フェリーとホテルに対する需要量は一緒に増加または減少することが考えられ，いわゆる補完関係として捉えることができる。

---

3 章末の賀川昭夫（1990）の p. 99 の問題 4-5 のパラメータに，具体的な数値を当てはめて作成。

4 ギッフェン財は，価格が上昇（低下）した場合に，その財の需要が増加（減少）する財のことを意味する。例えば，週 5 日 500 円のランチメニューを食べている人が，ランチフェアで 400 円に価格が低下したとき，ランチメニューを 4 日食べて，1 日は 900 円の定食を食べたとすれば，この人にとってランチメニューはギッフェン財と言える。

図7.2 移動手段の最適選択

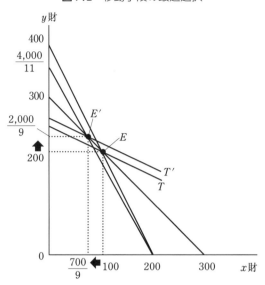

　一方，航空機など移動の代替手段が利用可能であれば，航空機運賃が安くなればフェリーの利用者は減少するためフェリー運賃は代替関係にある航空機運賃と価格競争に直面しながら決定されるだろう。しかし，移動手段が増えるならば宿泊客は複数のルートでホテルへ来るため，ホテル宿泊料金はフェリー運賃とは異なる状況にあると言え，その料金決定のメカニズムも異なってくると思われる。

7.3 観光需要の弾力性

7.3.1 観光需要の外部性

　観光商品は，多くの人にとって上級財であるから個別需要曲線は右下がりの曲線で描くことができ，いわゆる需要法則が成立することがわかる。また，観光商品は私的財であるから，観光市場における市場需要曲線は，個別需要曲線を水平方向に足し合わせることによって得ることができる。つまり，完全競争市場が効率的であるための条件の1つとして，各消費者の効用

関数は当該消費者が消費する財の需要量だけの関数であることが求められる。換言すれば，消費者間の効用関数は互いに独立であることが想定されている。しかし，特に観光消費に関しては，消費者間に消費の外部性が存在する事例が多く見られる[5]。

例えば，ある特定の観光地を訪れることがブームとなり，ブームだから興味を持って訪問しようと思う観光客もいるだろう。逆に，秘湯を選好する観光客にとって，秘湯が有名になり多くの観光客が訪問するようになると魅力を感じなくなり，訪問地の選択肢から排除してしまう場合も考えられる。このような消費者間の外部性の存在に関しては，以前からいくつかの考えが提示されている。**ライベンシュタイン**（H. Leibenstein）は，次のような2つの考えを示している。1つは，例示した前者の場合のように，多くの人が消費している観光財を自分も消費しようと行動する場合であり，これは流行している観光財を需要する様子を表している。これは，**バンドワゴン効果**（bandwagon effect）と呼ばれるものであり，観光財の価格変化に対して敏感に反応しなくなることを意味しており，観光財のライフサイクルにおける成長期によく見られる現象と言える。

あと1つは，その逆の行動をとる場合に当てはまり，例示した後者の場合で**スノッブ効果**（snob effect）と呼ばれる。近年，格安航空機の運航が日本においても始まっているが，この格安航空機への需要が高まってくると一定数の旅行者は，機内サービスなどが充実している大手航空会社の航空機を選好するようになるかもしれない。また，**ヴェブレン**（T. B. Veblen）は，消費者が財を消費する目的に他の消費者への見せびらかしもあり，そのためにより高価な財を嗜好する場合には価格の上昇につれて需要も増加することを指摘し，これを**ヴェブレン効果**という。高価格であるにもかかわらず，切符の購入が困難な JR 九州のクルーズトレイン「ななつ星 in 九州」に対する需要

---

5 外部性とは，ある経済主体（家計や企業）の経済活動（消費や生産など）が，他の経済主体の効用関数や利潤関数に影響を与える効果のことである。良い影響を与えるなら外部経済（正の外部性），悪い影響を与えるなら外部不経済（負の外部性）と言う。また，市場を経由した外部性を金銭的外部性と言い，市場を経由しない外部性を技術的外部性と言う。環境経済学では，おもに後者の技術的外部性を分析対象とする。

には、この効果で説明できる部分があると考えられる。

そもそも観光需要に影響を与えるものとして、どのようなものが考えられるであろうか。一般的に、財の需要に影響を与えるものとしては、第6章の (6.8) 式で示したように、その財の価格、それ以外の財の価格、消費者の所得などが考えられる。これらの変化に対する消費者の観光需要の変化への影響については、6.4 の弾力性に関するところで検討した。以下では、弾力性に関する議論について、いくつかの重要な追加的事項を取り上げる。

7.3.2 観光需要の価格弾力性をめぐって

観光需要の価格弾力性（ε_p）は、(6.10) に示したように、旅行者の所得が一定のもとで、観光サービスの価格が1％変化した時に、観光サービス需要が何％変化するのかを表すものである。再掲すれば、

$$(7.1) \qquad 観光需要の価格弾力性（\varepsilon_p）= -\frac{観光需要の変化率}{観光財価格の変化率}$$

である。また、ある需要量における観光需要の価格弾力性については、観光需要関数が $D=D(p)$ で与えられるならば、$\varepsilon_p = \frac{dD(p)}{dp} \cdot \frac{p}{D}$ と表すことができる。

ここで、価格弾力性の大きさについて検討を加えよう。図7.3において、2つの需要曲線 D^H と D^L があり、点 E において価格 p_0 で2つの需要量は一致しているとする。いま、価格が p_0 から p_1 へと上昇すると2つの需要量は D_1^H と D_1^L というように異なる。

この状況について、航空機を例にして簡単な数値例で確認してみると、当初の運賃が $p_0 = 1$ 万円のとき $D_0 = D_0^H = D_0^L = 1$ 万人で2つの需要曲線の需要量は等しかったとする。ここで、運賃が $p_1 = 1$ 万 1,000 円に上昇したら、$D_1^H = 7,000$ 人、$D_0^L = 9,500$ 人に変化したとする。この状況は、運賃が10％上昇したとき需要曲線 D^H の需要量は30％減少し、需要曲線 D^L の需要量は5％減少したことを意味している。つまり、点 E において、需要曲線 D^H の価格弾力性は3であり、需要曲線 D^L の価格弾力性は0.5であることが分かる。需要曲線 D^H の方が需要曲線 D^L より大きな値となっており、価格の

図7.3 需要曲線と弾力性

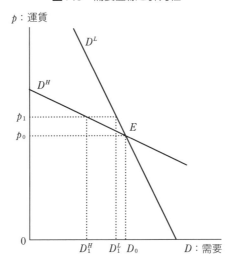

変化に対してより大きな反応を示していることが分かる。

具体的には，需要曲線 D^L で示される航空機利用者は，急な出張などで高い運賃であるにもかかわらず利用するしかないビジネスマンなどの需要を表しており，他方，需要曲線 D^H で示される航空機利用者は，運賃が高くなると利用者が急激に減少することから時間的余裕はあるが価格に敏感な旅行者などの需要を表していると言えよう。

観光需要の価格弾力性の値に影響を与えるものとして，次のような事項が考えられる。第1に，例えば温泉観光地には数多くの旅館やホテルが存在しているが，サービスなどが同質であるとすれば代替関係にある施設が多数存在することになる。この場合，他の施設よりも高い価格設定をすれば，宿泊客数の減少につながるので，多くの施設は低価格を維持せざるを得ないかもしれない。このように，代替関係にある観光施設や観光商品が数多く存在していると，価格弾力性が大きくなる可能性がある。

第2に，国内旅行に比べて海外旅行は一般的に高額な観光商品である。また，九州地域から北海道地域への旅行は，関西地域への旅行に比べて高額な観光商品である。このように，高額な観光商品あるいは奢侈財的な観光商品

は旅行者の予算制約条件が大きく影響するため，旅行者にとって当該観光商品の重要性が大きく影響を与えることとなり，価格弾力的になる傾向が見られる。

第3に，観光商品を購入するまでの意思決定に要する時間である。半年前から旅行計画を立てて，移動手段や宿泊施設の価格などの情報を検索し比較検討した後で手配する場合と，1週間前に急遽休暇が取れることになり，大急ぎで移動手段や宿泊施設の手配をする場合を考えてみる。この場合，観光商品の価格変化への調整に十分な時間があったり，観光商品の代替財に関する情報を入手するのに十分な時間があったりすれば，価格弾力性の値は大きくなるだろう。

7.3.3 観光需要の所得弾力性をめぐって

第6章の（6.12）で見たように，**観光需要の所得弾力性**（ε_M）は，観光財価格が一定のもとで旅行者の所得が1％変化した時に，観光需要が何％変化するのかを表すものである。再掲すれば，

$$(7.2) \qquad 観光需要の所得弾力性（\varepsilon_M）= \frac{観光需要の変化率}{所得の変化率}$$

である。

ここでは，外国人旅行者との関係で，所得弾力性がどう関わっているかについて検討しよう。図7.4は，2010年（基準年）と2014年（比較年）の各国のGDP変化率と訪日外国人旅行者数の変化率の関係を示したものである。すべての国に関して，GDP変化率を訪日外国人旅行者変化率が上回っているので，観光需要の所得弾力性の値は正となり，観光財は上級財であると考えられる。とりわけ，多くの国においてその値は1を超えているので，上級財のうち奢侈財と捉えることができる。このように，観光財のうち海外旅行は一般的に奢侈財と位置付けられるので，観光需要は所得変化の影響をより強く受けるものであると考えられる（必需財や奢侈財（品）の説明については，6.4.3参照）。

観光財のうち，航空機のファーストクラスやビジネスクラス，あるいは高級ホテルの宿泊などは奢侈財と言えよう。上級財ではあるが，所得弾力性の

第 7 章 観光需要 *125*

図7.4 GDP と訪日外国人旅行者数の変化率の関係

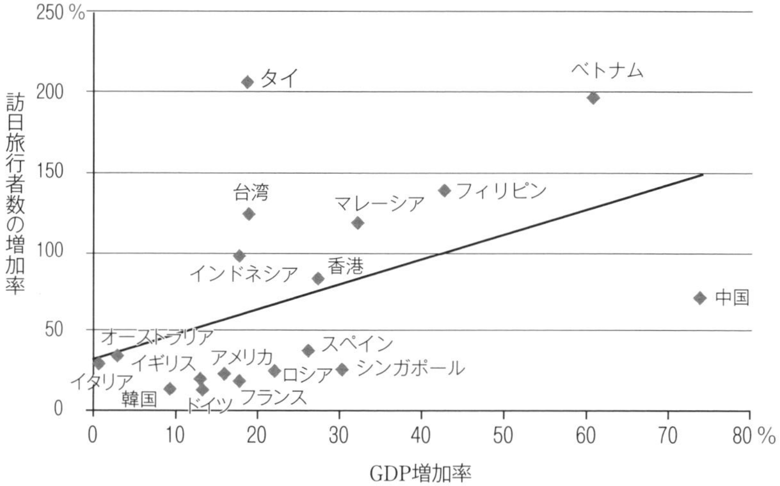

出所：訪日外客数（日本政府観光局）と各国の名目 GDP（国連統計）より作成

値が 0 から 1 の間であれば必需品と位置付けられ，通勤や通学で利用する路線バスや電車への需要などが当てはまる。また，弾力性の値が負の場合，その財は下級財と位置付けられ，老舗旅館や有名ホテルへの宿泊に対する通常の旅館への宿泊などが当てはまる。さらに，所得が変化しても財への需要量が変化しない場合，その財は中立財と位置付けられ所得弾力性の値はゼロとなる。

ところで，すべての観光財の価格が一定のもとで，所得の変化に対する特定の観光財の最適需要量の変化を表す曲線を**エンゲル曲線**（所得 − 消費曲線；Engel curve）と呼ぶが，図7.5 は所得弾力性の値に応じた状況を表したものである。所得水準 0 から I_0 までは，エンゲル曲線は原点を通る直線となっているので所得弾力性は 1 である。所得水準 I_0 から I_1 までは，エンゲル曲線上の点 A の接線の傾きが原点を通る直線の傾きより小さいので必需品となっている。所得水準 I_1 から I_2 までは，エンゲル曲線が右下がりとなっているので下級財となっている。所得水準 I_2 を超えると，エンゲル曲線上の点 B の接線の傾きが原点を通る直線の傾きより大きいので奢侈財と

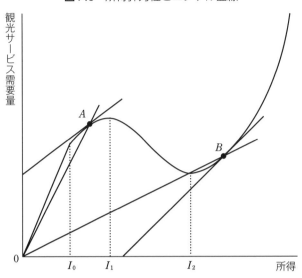

図7.5 所得弾力性とエンゲル曲線

なっている。

観光財に対する支出額は、所得の変化に対してどのような反応をするのかを見てみると、観光財価格をp、所得をI、観光財への需要をDとすれば、観光財に対する支出額の所得に占める割合は$\frac{pD}{I}$となる。ここで、所得の変化に対する反応を見るために、所得で微分すると、

$$
(7.3) \quad \frac{d\left(\frac{pD(I)}{I}\right)}{dI} = \frac{p\left(\frac{dD(I)}{dI}\right) \cdot I - pD}{I^2} = \frac{pD\left(\frac{dD}{dI} \cdot \frac{I}{D} - 1\right)}{I^2}
$$

$$
= \frac{pD(\varepsilon_I - 1)}{I^2}
$$

となる。これより、所得弾力性が1より大きい財(**奢侈財**)に対しては、観光サービス支出額と所得の割合は所得の増加とともに大きくなり、一方、所得弾力性が1より小さい財(**必需品**)に対しては、観光サービス支出額と所得の割合は所得の増加とともに小さくなることが分かる。図7.4で示したよ

第7章 観光需要　　*127*

うに，所得水準の増加が顕著なアジア地域の国々からの訪日旅行客が増加している状況も海外旅行という観光サービスが奢侈財であることを裏付けるものと言える。

7.3.4　弾力性に関する補足

第6章の弾力性に関する議論について，**交差価格弾力性**や**マーケティング弾力性**などを取り上げた。これらをより具体的な例で考察しよう。

まず，交差弾力性について考えよう。たとえば，東京と大阪間の航空機の運賃が上昇すれば，一定数の旅行者は相対的に安価になった新幹線を利用するかもしれないし，シティホテルの宿泊費が上昇すればビジネスホテルの宿泊客が増加するかもしれない。このような場合，ある観光サービスの価格が上昇すると他の観光サービスの需要が増加することになる。すなわち，観光需要の交差価格弾力性は正の値となり，このような関係を持つ2財を**粗代替財**と呼ぶ。一方，Aさんの旅行計画において，移動に要する航空機の運賃が上昇したならば，目的地での滞在日数が減少することによりホテルでの宿泊数が減少するかもしれないし，ホテルでの宿泊費が上昇することによりお土産の購入量が減少するかもしれない。このような場合，ある観光サービスの価格が上昇すると他の観光サービスの需要量は減少することになる。すなわち，観光需要の交差価格弾力性は負の値となり，このような関係を持つ2財を**粗補完財**と呼ぶ。また，東京と大阪間の航空機の運賃が上昇したとしても，北海道観光でのお土産需要量には全く影響を与えないだろう。すなわち，観光需要の交差価格弾力性はゼロとなり，このような関係を持つ2財を独立財と呼ぶ。

次に，観光需要のマーケティング（たとえば広告など）弾力性について考えよう。たとえば，JR九州が2014年10月から2015年3月までタレントの壇蜜さんをキャラクターに起用して実施した「決めなきゃ，ダメ？大分VS鹿児島」キャンペーンの結果，キャンペーン期間中のJR九州の利用実績

6　2014年10月1日から2015年3月31日のキャンペーン期間を対象に，JR九州主催の鉄道利用宿泊商品や団体旅行及び観光を目的とした割引きっぷの利用実績で計測。

128   第 2 部　ミクロ経済学と観光

は，前年比 116 ％の増加を記録した[6]。この事例では，観光需要の広告弾力
性は正の値となっており，宣伝・広告により観光需要の増加に成功している
と言える。しかし，一般的には，宣伝・広告の需要喚起効果については，そ
のデータの把握に困難性があり，観光サービスの需要増加が宣伝・広告によ
るものなのかを決定する基準が定かではない。

7.4 ┃ 日本および世界の観光動向

　1975 年に設立され，2003 年 12 月に国際連合の専門機関となった観光に関
する国際機関である**国連世界観光機関**（UNWTO：United Nations World
Tourism Organization）が，2016 年 1 月に発表した資料によると，2015 年の
国際観光客数は全体で前年比 4.4 ％増の 11 億 8,400 万人であった。地域別
に見てみると，ヨーロッパ（5 ％増）は絶対的，相対的に米ドル及びその他
の主要通貨に対するユーロ安により成長を牽引した。観光客数は，2014 年
より 2,900 万人多い 6 億 900 万人に達した。アジア・太平洋（5 ％増）は，
昨年よりさらに 1,300 万人多い 2 億 7,700 万人を記録した。その内訳は，オ
セアニア（7 ％増）及び東南アジア（5 ％増）は成長を牽引し，一方南アジ
ア及び北東アジアも 4 ％の増加を記録した。米州（5 ％増）の国際観光客到
着数は，2014 年の実績をもとに 900 万人増の 1 億 9,100 万人に達した[7]。

　2007 年から 2009 年にかけて，いわゆる**リーマンショック**の影響により世
界経済は大きく後退し，アメリカを始め多くの国でマイナス成長を記録した
が，中国は例外的に 9 ％台の経済成長であった。このような景気後退期で
あったが，2010 年からは好転したために観光面でもプラスの効果が出てき
た。国際観光の振興は，国内経済へもプラスの効果を発揮するため各国とも
力点を置いている分野と言える。

　日本人の観光を見てみると，2015 年 3 月 14 日に北陸新幹線が金沢まで営
業運転を開始したことや 9 月の大型連休（シルバーウィーク）などの効果も
あり，2015 年の国内旅行者数と国内旅行平均消費額は共に前年より増加し

7　世界観光機関が 2016 年 1 月 18 日に発表した「世界観光指標 2016 年 1 月号」より。

た。また，海外旅行は，航空機の燃油サーチャージの値下げや LCC 路線の増加などのプラス要因が，円安傾向やテロなど国際情勢の負の影響よりも強く作用した結果，海外旅行者数も増加した。

2016 年についても，3 月 26 日に新青森駅から新函館北斗駅間に北海道新幹線が開業したり，4 月 29 日に日本の近代化を牽引してきた鉄道をさまざまな角度から体感できる日本最大級となる京都鉄道博物館がグランドオープンしたりするなど観光を誘引する出来事があった。また，東京ディズニーシーとユニバーサル・スタジオ・ジャパンがともに開園 15 周年を迎えたため，それを記念するイベントも開催された。景気動向に大きな影響を受ける観光ではあるが，2016 年の国内旅行人数と国内旅行平均消費額は引き続き増加するであろうと推計されている[8]。

しかし，2016 年 4 月に発生した「平成 28 年熊本地震」によって観光地である阿蘇や熊本城などが甚大な被害に遭い，JR 豊肥本線や国道 57 号線を含めた地域全体が原状回復するまでにはかなりの時間を要すると考えられている。この地震の影響は，熊本や大分といった直接的な被害が発生した地域だけに留まらず，九州地域に広く及んでいる，実際，九州地域の同年 5 月のホテル客室稼働率は，全体で前年同月比マイナス 5.5 ％の 53.6 ％であった。宿泊タイプ別でみると，リゾートホテルは前年同月比マイナス 21.2 ％の 39.1 ％で，シティホテルは前年同月比マイナス 12.2 ％の 67.5 ％であった。

このような状況ではあるが，日本全体で見れば観光に対する潜在的需要は大きいものがあると思われるので，国の九州観光支援交付金事業である「九州ふっこう割」なども利用しながら，震災からの復興に寄与する経済活動を進めることが期待される。

7.5 | おわりに

2019 年の日本でのラグビーワールドカップ開催や 2020 年の東京オリンピック・パラリンピックの開催に向けて，来訪する多くの外国人観光客の受

8　JTB ニュースリリース 2015 年第 182 号（12 月 16 日）による。

け入れ準備が喫緊の課題となっている現在の日本であるが，宿泊施設不足や外国語による道路・施設表示など対応の遅れが指摘される分野は多々ある。国際観光を含めた観光による地域経済への波及効果を最大限に発揮するために，**日本版 DMO**（Destination Management/Marketing Organization）などのシステムを構築し観光資源を有効に利活用できる観光圏を形成していくことが求められる[9]。

　マスツーリズムに代わる新たなツーリズムの形も数多く出てきているが，各地域が自らの比較優位性を十分に認識した上で観光への取組みが実行されなければ，観光需要の発現も容易なことではないだろう。観光需要曲線をシフトさせる要因の見極めが，肝要と思われる。

[参考文献]

一般社団法人日本旅行業協会（2015）『数字が語る旅行業 2015』PDF ファイル版

岡本信之 編（2001）『観光学入門』有斐閣

賀川昭夫（1990）『演習ミクロ経済学』日本評論社

国土交通省観光庁 編（2015）『観光白書（平成 27 年版)』日経印刷

三冬社編集制作部（2015）『余暇・レジャー＆観光総合統計 2016-2017』三冬社

前田勇 編著（2015）『新現代観光総論』学文社

Dwyer, L., Forsyth, P. and Dwyer, W.(2010), *Tourism Economics and Policy*, Channel View Publications.

Stabler, M. J., Papatheodorou, A. and Sinclair, M.T. (2010), *The Economics of Tourism*, 2nd, Routledge

---

9　日本版 DMO とは，地域の「稼ぐ力」を引き出すとともに，地域への誇りと愛着を醸成する「観光地経営」の視点に立った観光地域づくりの舵取り役として，多様な関係者と協同しながら，明確なコンセプトに基づいた観光地域づくりを実現するための戦略を策定するとともに，戦略を着実に実施するための調整機能を備えた法人のことである（観光庁のホームページより）。

トピックス：九州の観光列車

2015 年に初めて運行された観光列車やイベント列車は，10 以上もある。現在，全国に観光列車ブームが来ているといっても過言ではなく，切符も発売と同時に売り切れたり，入手さえ困難であったりする列車もある。その多くは JR グループのものであるが，私鉄も走らせている。そして，この観光列車ブームの火付け役となったのが，JR 九州であると言われている。

1999 年に「ゆふいんの森」を運行して以来，2015 年 8 月 8 日に営業運転を開始した「JR KYUSHU SWEET TRAIN『或る列車』」まで多くの観光列車を運行しており，乗車率は，いずれも 6 割から 8 割で，特に「ゆふいんの森」は外国人観光客からの需要も高く好調を維持している。また，「或る列車」は 1 人 2 万円からと高価であるにもかかわらず，切符を取ることが難しい状況が続いている。このように，潜在需要が多くあると思われるのが観光分野に他ならない。九州を走っている多くの観光列車が，地域との結びつきを更に強め，地域経済に一層寄与することを期待したい。

（井田貴志）

第**8**章 観光サービスの供給

● キーワード
　企業の生産，供給曲線，観光サービスの特徴，損益分岐点，操業停止点，観光の季節性
● ポイント
　生産者の生産，供給行動の基礎を学び，観光サービスの供給の在り方を考えます

8.1 ┃ はじめに

　経済学のミクロ分析は，各経済主体の行動——つまり，価格や所得，生産技術などの条件が与えられたもとで，効用を最大化する消費者や利潤を最大化する生産者の行動——の結果，財やサービスに対する需要や供給がどのように決められるのか，市場の需給調整機能はどのようなものかを明らかにする。たとえば，需要が供給を上回るとき，価格が上昇すれば，需要の減少，供給の増加がもたらされ需給が均衡するようになることが考えられる（逆に需要が供給を下回れば価格は下落し，需要の増大と供給の減少が生じ，やはり需給均衡が実現されるように調整される）。第6章や第7章では，観光サービスについて，価格や所得などの与件のもとで，自己の効用を最大化する消費者の行動を基礎に，どのように需要量が決定されるかを検討した。本章では，観光サービスの供給側——たとえば，宿泊サービスを供給するホテルやアトラクションサービスを提供する遊園地など——の行動について検討を加える。

　ホテルなどの宿泊サービスを例に考えよう。ホテルは，宿泊サービスを生産（供給）するために，客室数で示される宿泊施設とあわせて，客室サービスや付随するサービスを提供するために従業員を雇用する。これらは，生産（産出；アウトプット）に対して，生産要素の投入（インプット）と呼ばれ

第8章 観光サービスの供給　　*133*

る。ミクロの生産に関する理論では，生産のために必要な生産要素の投入を
考え，どのような種類をどのくらいの投入するかについては，利潤を最大化
する企業行動として理解することができる。こうしたホテルの宿泊サービス
の供給行動は，観光地でのホテルの競争状態に依存する。観光地では，ホテ
ルが林立し競い合っているような状態もあれば，1つのホテルが独占してい
るケースもある。こうした市場構造に規定されながら，各ホテルの供給行動
が決まる。本節では，こうした企業の供給行動について概説する。

8.2 企業の生産行動

　本節では，まず一般的な企業の生産，供給行動を考える。第6章で説明し
た需要曲線に対して，ここでは，供給曲線を導出する。生産者（企業）は，
労働や原料などの生産要素を投入して財やサービスの生産を行うが，このと
き，企業の問題としては，

　　①一定量の生産を行う場合に，投入する生産要素にかかる費用（費用関
　　　数）の合計（総費用）を最小化する問題（**費用最小化問題**），
　　②利潤 ＝ 売上額−全体の費用（総費用），で定義される利潤を最大化させ
　　　る生産量を決定する問題（**利潤最大化問題**），
の2つが考えられる。

　このうち，①の問題は，一定の生産を行う場合に，費用を最小化するため
に，どのように各生産要素の投入量（生産企業にとっては，生産要素の需
要）を決定すればよいか，という問題である。ここで，生産要素を第1財，
第2財の2つと考え，それらを x_1 と x_2 で表そう。また，各投入財の価格を
p_1, p_2 とする。生産要素の投入と生産 y との関係を表す生産関数は，$y=f(x_1, x_2)$，と記すことができる。生産 y が増えるためには，投入量を増やす
必要がある。たとえば，x_1 を1単位増大させれば，生産は $\partial y / \partial x_1 (=\partial f/\partial x_1)$ だけ増加するが，これは（第1財の）**限界生産力**（marginal products）
と呼ばれる。第2財の限界生産力は，$\partial y / \partial x_2 (=\partial f/\partial x_2)$ である。ここで，
$y=$ 一定のもとで，総費用 $Cost=p_1 x_1+p_2 x_2$ を最小化する問題を考える。総
費用を最小化する条件は，各生産要素の限界生産力を各財の価格で割った比

134　**第2部**　ミクロ経済学と観光

が等しいことである。つまり，

$$(8.1) \qquad \frac{\partial f/\partial x_1}{p_1} = \frac{\partial f/\partial x_2}{p_2}, \qquad \text{または} \quad \frac{\partial f/\partial x_2}{\partial f/\partial x_1} = \frac{\Delta x_1}{\Delta x_2} = \frac{p_2}{p_1}$$

が成り立つ。ここで，価格の逆数（$\frac{1}{p_1}$ や $\frac{1}{p_2}$ など）は，1円の支出で購入できる生産要素の量を意味することに注意しよう。たとえば，第1財を労働とし，1時間当たりの賃金を $p_1 = 1{,}000$ 円／時間とすると，p_1 の逆数は，1/$p_1 = 0.001$ 時間／円と計算できる。これは，1円で投入可能な労働が 0.001 時間であることを意味している。一方，各生産要素の限界生産力は，労働投入1単位当たりの生産の増分を意味しているので，(8.1) の右辺は，1円で雇用できる労働が生み出す生産の増加分を意味している。したがって，(8.1) は，1円で購入できる生産要素が生み出す生産の増分が，すべての生産要素にとって互いに等しいことを示している。(8.1) の第2の式は，同内容の別表記であるが，生産一定のもとでの各生産要素の限界生産力の比率（これは，**技術的限界代替率**（$MRTS$: marginal rate of techinical substitution）と呼ばれる）が，各生産要素の価格比に等しいことを示している。(8.1) の条件を満たすように各生産要素の投入量（企業にとっては生産要素の需要量）を決めることで生産費用は最小化する。

　他方，②の企業の利潤最大化行動を考えよう。企業の**総費用**（TC: total cost）は，**固定費用**（FC: fixed cost）と**可変費用**（VC: variable cost）からなる。このうち，固定費用は，工場や建物などのように生産水準に関わりなく必要とされる費用であり，可変費用は，労働や原材料のように生産量が多ければ，それだけより多い投入が必要であるような費用である。総費用は，

$$(8.2) \qquad \begin{aligned} TC\,（総費用） &= FC\,（固定費用） + VC\,（可変費用） \\ &= FC + VC(y) = TC(y), \end{aligned}$$

と定義される。企業の利潤は「収入マイナス総費用」であるから，企業の生産物の生産量を y，価格を p とすれば，**総収入**（TR: total revenue）は $p \times y$，利潤 π は

(8.3) 利潤 π＝ 総収入 － 総費用 ＝$TR-TC(y)=py-(FC+VC(y))$

と書ける。(8.3) は，利潤の大きさが生産量 y に依存して決まることを意味
しているが，問題は，生産量をどのような大きさに決めればよいか，という
点である。(8.3) の問題を考えるときに，もう一つ重要なことは，価格 p が
企業にとってどのようなものであるかという点である。仮に，この生産物が
多くの企業によって生産されている場合，企業間で価格競争が生じる結果，
価格の水準はいわゆる競争価格に落ち着く。仮に１つの企業が競争価格を上
回る価格で販売しようとしても，生産物の質などに差がないとすれば，この
企業の生産物は販売できない。逆に，この企業が競争価格を下回る価格付け
を行った場合，一時的に需要が殺到するであろうが，直ちに他の企業も追随
し，結局のところ，価格は競争価格に落ち着くであろう。こうして，企業に
とっては，価格を自分で設定することはできず，あたかも市場によって与え
られた価格として設定せざるを得ない。この場合の企業をプライステイカー
と呼んでいる。

　しかし，たとえば企業がこの生産物を独占的に生産し供給している状況で
あれば，独占的に価格 p（独占価格という）を決定することができるであろ
う。とはいえ，独占企業はいくらでも高い価格をつければよいというもので
はない。独占企業は，その生産物を独占的に供給しているので，この生産物
に対する市場の需要曲線に直面する。右下がりの需要曲線を想定すれば
(6.2 参照)，より高い価格付けはより需要を減らし，より低い価格付けはよ
り大きな需要をもたらす。つまり，価格付けと市場で販売可能な生産量は，
この生産物に関する需要曲線 $p=p\,(y)$，$p'<0$ で表される関係がある。これ
を（8.4）に代入すれば，

(8.4) $\pi＝TR(y)-TC(y)＝p\,(y)y-TC\,(y)$

と書ける。利潤最大化の１階の条件は $\dfrac{d\pi}{dy}=0$ であるから，（8.4）の最初の
式から $MR\,(y)=\dfrac{dTR\,(y)}{dy}=\dfrac{dTC\,(y)}{dy}=MC\,(y)$，つまり，**限界収入 ＝ 限
界費用**が成り立つことが分かる。限界収入（または限界費用）は，生産が１

単位増加した場合の総収入（総費用）の増分を示している。他方，(8.4) の
2番目の式から

$$(8.5) \qquad p\,(y) \times \left\{ 1 - \frac{1}{\varepsilon} \right\} = \frac{dTC}{dy} = MC(y), \quad \varepsilon = -\frac{dy/y}{dp/p}$$

を得る。ここで，ε は需要の価格弾力性である。独占企業の市場における独
占力の大きさは，**ラーナーの独占度** $\mu \left(= \dfrac{p - MC}{p} \right)$ で定義される。(8.5)
を代入すれば，$\mu = \dfrac{1}{\varepsilon}$ となることから，ラーナーの独占度は需要の価格弾
力性の逆数となることが分かる。

　さきに競争的な市場で企業がプライステイカー）になるケースついて考え
たが，これは，限界収入が価格に等しいこと，つまり，企業から市場を見れ
ば $\varepsilon = +\infty$ を表していると考えられる。この場合，**限界収入＝価格＝限界費
用**が成り立つ。

　以上の企業の生産行動を，図を用いながら説明しよう。生産設備などの固
定費用 F を投じて生産する場合，固定費用の大きさや性質によって生産量
に応じた効率性は変化すると考えられる。仮に，競争市場を考えた場合，
(8.3) において価格 p は一定となるので，$MR = p$ を得る。したがって，生
産の効率性は，もっぱら費用構造によって決まることが分かる。y の変化が
どのような費用の変化をもたらすかは，財やサービスの種類，生産工程，労
働意欲への効果，などさまざまな要因に依存している。たとえば，自動車 1
台当たりの費用は生産増に応じて急激に減少するが，年間 20 万台程度の生
産量になると費用の減少傾向が弱まることを示した「**量産効果曲線（マク
シー・シルバーストーン曲線）**」は有名である。

　ここでは，ある企業の総費用曲線が，図 8.1 によって描かれる場合を考え
よう（図 8.1 を参考に量産効果曲線のケースを描いてみよう）。(8.2) 式におい
て，総費用 TC は FC と VC の和であるから，図 8.1 の上図において，TC
から FC を差し引いたもの（つまり原点を 0 として 0 から描かれる曲線）
が VC 曲線となることが分かる。これに関して，以下の 3 つの費用の定義は
重要である。

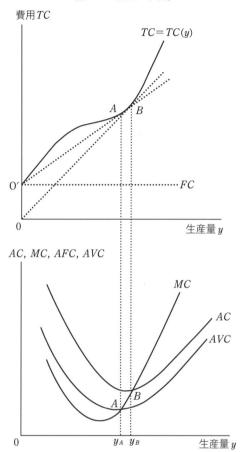

図 8.1 生産と費用

平均費用 $AC = TC(y) \div y$：上図の TC の点と原点 0 を結んだ直線の勾配。この勾配（AC）は，下図のように，点 B で最小になり，その前後ではより大きい。

平均可変費用 $AVC = VC(y) \div y$：上図の TC の点から点 O' を結んだ直線の勾配。この勾配（AVC）は，下図のように，点 A で最小となり，その前後ではより大きくなる。

限界費用 $MC = dTC(y) \div dy$：上図の TC の点の接線の勾配。この勾配（MC）は，点 A では AVC と一致し，点 B で AC と一致する。

138　第2部　ミクロ経済学と観光

　長期的には，設備投資などが行われ固定費用は増加すると考えられるが，ここでは，固定費用は変化しない短期を考え，このもとでの企業の生産決定を考える。**プライステイカー**の場合，**価格＝限界費用**となるので，図8.1の下図で，与えられた価格に限界費用が等しくなるように生産し供給を行うことが，企業にとって最適になる。このことは，MC 曲線自体が供給曲線になることを意味する。しかし，実際に企業にとって意味のある供給の範囲は限られており，供給曲線は MC の一部になる。このことを考える場合に重要となる概念は，まず，損益分岐点 B である。点 B より右上部の MC の点で実現される各生産量では $MC=p>AC$ となり，正の利潤（黒字）がもたらされる。ところが，点 B の左下部の MC の点では，逆に $MC=p<AC$ となり利潤は負（赤字）となる。このように点 B は利潤の正負（赤字や黒字）を分ける分岐点となっており**損益分岐点**（break-even point）と呼ばれる。通常，需要や市場価格の変動に対応して，企業はつねに生産量の調整を余儀なくされ，赤字が生じる場合もありえる。問題は，赤字が発生した場合，企業は直ちに市場から撤退する（生産停止する）か否かという点である。再び図8.1の下図の点 B を考えよう。結論から先に言えば，点 B を下回っても点 A までは生産を続ける方が望ましい。その理由は，MC 曲線上の点 B から点 A の各点では $AVC<MC=p<AC$ が成立し，赤字ではあるものの，生産に必要な可変費用をすべて賄うことができており，固定費の一部も賄えている。ところが，点 A より左下の点では，可変費用がまったく賄えない状態になっており，企業は原料の買い入れや労働者の雇用などもままならない状況に陥る。この意味で，点 A を**操業停止点**（shut-down point）と呼ぶ。

　企業は，最大生産能力を想定し，それに対応する生産設備などの固定費用を投下する。企業は一定の利潤を確保できる生産水準を目指そうとするが，経済の活況に応じて生産量の調整を行う。この結果，設備稼働率（操業度）は変化し，時には損益分岐点を下回る形で，あるいはもっと厳しい状況では操業の停止を迫られるほどに業績が悪化する場合もある。宿泊業（ホテル）の場合は，ホテルという建造物と客室などに関して，**客室稼働率**（全客室のうち顧客に利用されている客室の割合）や**定員稼働率**（宿泊者数を，一定期間内の延宿泊定員合計で割った割合）などが利用される。たとえば北海道の

宿泊事業の実態（平成 20（2008）年）について言えば，旅館・リゾートホテル（対象 48 軒，平均収容人数 381 人，客室数 112 室）の客室稼働率は 52％，半数の 50.6 ％が赤字経営となっている。平均宿泊単価は低下傾向にあり（1 泊 2 食 11,477 円（全国 13,418 円））人件費や商品原価など経費の削減，業務効率化の努力が重ねられている。平成 27（2015）年の観光庁の『宿泊旅行統計調査』によれば，客室稼働率は宿泊施設全体で 60.5 ％であり，内訳は，ビジネスホテル 75.1 ％，リゾートホテル 57.3 ％，旅館 37.8 ％などとなっている。また三大都市圏での稼働率が 70 ％以上と相対的に高くなっている。これに関連して，宿泊業の場合は観光地の季節などの特性に需要が左右されるケースがあり，このため，宿泊業の稼働水準は季節変動に大きく影響を受ける傾向がある（第 17 章参照）。

8.3 | 観光サービスの供給

ミクロ経済学の教科書では，もっぱら財の生産と供給が例示され，それに

表8.1 財とサービスの相違点

性質	財	サービス
形状	有形	無形
生産	物質の加工・組立て	非物質的な行為・演出
供給	時間的経過あり	ほぼ同時的
消費	消費者の在住地	生産者の在住地
消費期間	一般的に長い	一般的に短い
在庫	可能	不可能

出所：筆者作成

---

1 わが国の宿泊施設のある温泉地は全国で 3,185 箇所，宿泊施設は 14,052 箇所であり（2010 年），1ヵ所当たり平均 4.4 施設である。都道府県別では，温泉地の最も多い北海道（263 箇所）では，平均施設数は 2.84 程度であるが，一方で，最も施設数が多い静岡県では，温泉地あたり平均施設数は 16.93 と大きい（環境省 HP「温泉の保護と利用」（http://www.env.go.jp/nature/onsen　参照。2017/2/15 アクセス）。

140 **第2部** ミクロ経済学と観光

表8.2 わが国における宿泊業の推移（施設数）

旅 館 業 (計)	2010年 81,087	2011年 81,404	2012年 80,412	2013年 79,519	2014年 78,898
ホテル営業	9,710	9,863	9,796	9,809	9,879
旅館営業	46,906	46,196	44,744	43,363	41,899
簡易宿所営業	23,719	24,506	25,071	25,560	26,349
下宿営業	752	839	801	787	771

出所：厚生労働省「衛生行政報告例の概要」（2014年）による

関わる生産者の行動が取り扱われている。観光産業に関しては，財を生産し供給販売するといった行動よりは，むしろサービスを供給する側面が強い。サービスと財の生産の相違は，供給者から需要者への移転が有形であるか無形であるか，それに関して所有権の移転が伴うか否かといった点にあるが，より具体的に両者の違いをまとめれば表8.1のようになる。

　このような特徴を踏まえたうえで，ここでは，ある観光地（温泉地など）の宿泊業に焦点を絞って観光サービス生産の構造を明らかにしよう[1]。なお，宿泊業の施設に関する分類は，施設の洋式・和式を基準にホテルと旅館が分類されており，そのほかに簡易宿所や下宿が定義されている（旅館業法第2条）[2]。また，近年では，とくに外国人観光客の増加に伴って特に都市部などで宿泊施設が不足し，民泊と言われる形態での宿泊サービスが提供され始めている。ちなみに，平成26（2014）年には，表8.2にあるように，ホテルの施設数は9,879，旅館は41,899，ならびに簡易宿所数は26,349となっている。ホテルの微増傾向に対して旅館の施設数が減少していることが分かる。

　ホテルを例にとろう。宿泊サービスを提供するためには，(8.2) の式で説

2　ホテルや旅館の詳細な定義は，旅館業法施行令第1条で与えられている。たとえば，ホテルの場合，10部屋以上あり，各9m²以上の洋式客室に洋式浴室やシャワー，水洗トイレの設置が定められており，旅館の場合は，5部屋以上で各7m²以上の和式客室があることなどが細かく定められている。簡易宿所は旅館の基準に達しないもの，下宿は1ヵ月以上の期間を単位として宿泊させる施設をさす。

明したように固定費用と可変費用がかかる。この場合，固定費用は，ホテルの建物や機械設備などに関わる費用であり，可変費用はホテル従業員の人件費や材料費などサービス生産の水準に応じてかかる費用である。宿泊サービスとそれに付随するサービスは，このようなさまざまな生産要素を投下して，はじめて一定のホスピタリティを提供することができる。単純化して，可変費用について $VC(y)=0.5m \times y^2$ という関係があるとしよう[3]。一方，各ホテルがホテル間の競争によってプライステイカーとなっている（つまり市場が競争的な）場合，各ホテルの利潤 π は，

$$(8.6) \qquad \pi = p \times y - TC(y) = p \times y - (FC + 0.5m \times y^2)$$

となる。このとき，利潤最大化の条件（$d\pi/dy=0$）は，**限界収入** $(MR) = \dfrac{d(p \times y)}{dy} = p$ が**限界費用** $(MC) = \dfrac{dTC(y)}{dy} = my$ と等しくなることである。言うまでもなく，利潤が最大化される条件は，

$$(8.7) \qquad p = my \quad \left(\text{あるいは } y = \dfrac{1}{m}p\right)$$

が成り立つことである。この関係は，ホテルの宿泊サービスの価格と供給の関係を表している。このことから，観光地での集計的な供給関数 Y は，価格や可変費用，ホテル数などの関数として表すことができる[4]。この関係を，とくに価格 p と供給量 y との関係に着目して表したものが，図8.2の供給曲線 S である。第6章で示したように，一般に需要曲線が右下がりになるのに対し，供給曲線 S は一般に右上がりとなり，価格が高いほど供給は増大することが分かる。

図8.2に関して，次のように考えることができる。価格が p_{y1} の場合，宿泊サービスは，最も小さな限界費用（my_1）で供給することができるホテルによって y_1 が供給される。限界費用は，供給量の増加に応じて上がり，価

---

3 ここで，$m>0$ は定数。この場合，費用は供給の増加につれて逓増的に増加することが分かる（$dTC/dy = my > 0$, $d^2TC/dy^2 = m > 0$）。

4 仮に，費用や規模が同質的なホテルがこの観光地に n 軒ある場合は，$Y = np/m$ となる。なお，供給に関しても価格弾力性などが計算できる。

142   第2部　ミクロ経済学と観光

図8.2　観光サービスの供給曲線

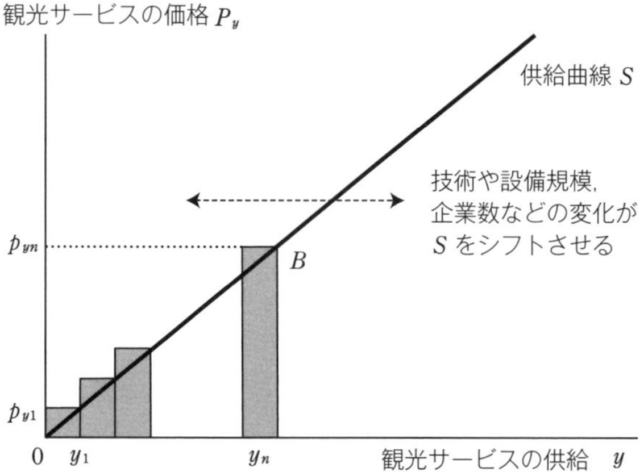

格が p_{yn} で与えられる場合には，価格＝限界費用であるから，y_n の水準で
サービスが供給される。各棒グラフの面積は，限界費用を表し，それらを
$0-y_n$ の間で合計した面積 $\triangle 0By_n$ は可変費用となる。一方，$p_{yn} \times y_n$
（□$0p_{yn}By_n$）は収入を表していることが分かる。他方，（8.3）より利潤＝総
収入−（固定費用＋可変費用）なので，総収入−可変費用 $= \triangle 0p_{yn}B =$ 利潤
＋固定費用となる。この大きさを**生産者余剰**（producer surplus）と呼ぶ。

　ところで，供給面あるいは産業面から観光サービスを考えた場合，自動車
や鉄鋼，金融・保険などのように1つの産業というよりは，観光サービスを
提供する1つの多様な部門あるいは産業グループと考えられる。日本産業分
類（平成26（2014）年）では，大分類20に対して中分類99の分類が行われ
ており，さらに，より細かく分類がなされている[5]。そのうち直接に観光に
関連すると思われる産業は，旅行業（旅行代理店など），宿泊業，飲食業，
運輸業，製造業（名産品，お土産製造など）など極めて多岐にわたってい
る。ある観光地とそこに至る観光サービスの供給は，運輸，宿泊，飲食，ア
トラクションといった個別の部門を繋げる一連のサービス消費の過程であっ

5　日本産業分類と第5章の産業連関表における産業分類は必ずしも同じではないが，
　両者の整合化が図られつつある。これに関しては，総務省のHP（http://www.sou
　mu.go.jp/main_content/000368490.pdf　2016/04/25アクセス）を参照。

第8章 観光サービスの供給 143

て，これら個別部門のサービスの間には一定の補完関係がある。他方で，各観光地の特性に依存して，たとえば温泉であれば，そこに所在する宿泊サービスの生産は，温泉地内のみならず温泉地間の競争にさらされる可能性がある。

8.4 | 観光市場の構造

観光サービスの特徴は，まず観光地という一定地域の中で，地域の観光資源（自然や文化財など）を利用しながら供給される点にある。一般的に，旅行者はどこに行くかの旅程を決め（奈良や京都あるいはケアンズなど），そこでのさまざまな観光サービスの中から選択を行う。観光サービスの供給も，観光資源を有する地域特性に依存して行われる。このため，観光サービスは，観光地域内での競争と併せて地域間競争から逃れることはできない。

ここでは，ある観光地域内で生じる観光サービスの市場構造を考えよう。ここでも観光地のホテルを例に取ろう。ミクロ経済学が示すように，企業間の競争状態は市場構造と呼ばれている。市場が1つのホテルで独占された状態と，多くのホテルが林立している状況とでは異なる結果をもたらすであろう。このような各企業の市場における生産や販売などの程度（**市場集中度**）は，市場の構造を規定する重要な要因である。

8.4.1 完全競争市場と不完全競争市場

通常，完全競争は，

① 多数の生産者，多数の観光客が存在する，

② 品質，価格に関して観光客や生産者が完全な情報を持つ，

③ 各生産者によって同じ種類，同じ品質が生産される，

④ 市場から参入，退出が自由にできる（つまり埋没費用がない[6]），

---

6 埋没費用（サンクコスト）は，たとえばホテルが営業不振などで事業から撤退するまでにかかった費用，つまりすでに使用した費用を意味する。これが小さい時，ホテル事業への参入退出は容易になると考えられる。かつて大分県安心院町（現宇佐市）では，グリーンツーリズムでの体験型農泊を推進するために，農家の改造など初期投資を最小限に抑える手法が使われたが，これはサンクコストを小さくする工夫であったと考えられる。

144　第2部　ミクロ経済学と観光

などの性質を持つ市場構造である。現実の市場が，これらの4条件を満たすことは稀である。実際には，わが国では多くの観光地でホテルなどが競争状態にある一方で，観光客の減少と価格（宿泊単価）の低下が生じ，赤字経営に陥っており[7]，埋没費用の存在が経営を左右している現状がある[8]。こうした中，ホテルは，ホスピタリティやサービスの点で差別化を図っており，その点では，むしろ独占的な市場を形成していると言える。あるホテルが，供給するサービスの差別化に成功すれば，そのサービスについては他の追随を許さず，価格の変化に対する需要の変化は小さいものになると考えられる。この結果，需要の価格弾力性は小さく，ラーナー（A. Lerner）の独占度は大きくなり，より高い価格設定が可能となる。このとき，価格が平均費用を上回る水準に設定されていれば利潤は正となるので，新たなホテルの参入を誘発し，このことが続く間は競争的な状態が保たれる。

　不完全競争としては，上に説明したような差別化による市場の一部を独占することによって生じる**独占的競争**のほかに，少数の供給者が観光地全体を支配している**寡占**，あるいは，1つのホテルが観光地を完全に支配している市場構造である**独占**がある。

8.4.2　寡占市場

　寡占に関して，もう少し問題を具体的に考えよう。ある観光地で2つのホテルA，Bがあり，両者が主に価格（p_A，p_Bとする）の競争を行っているとしよう。また，両者の限界費用MCは同じで，宿泊サービスも等質的であるとしよう。このとき，観光客は，ホテルのサービスに差はないので，価格が低い方を選ぶ。低い価格設定をしたホテルがすべての顧客を獲得し，もう一方のホテルは顧客を失う。互いに価格競争をした結果として利潤をゼロにする価格設定，すなわち$p_A=p_B=MC$の状態に行きつく。

　7　赤字を回避するために，季節などに応じて宿泊客の受け入れを停止にするケースもある。

　8　埋没費用（あるいは，損失を確定することを忌避することでかえって損失が高まる効果（**コンコルド効果**）と呼ばる）がある場合，経営判断を誤らせる危険性がことはしばしば指摘されている（これに関しては，Sutton（1991）参照）。

第8章　観光サービスの供給　　*145*

　次に，両ホテルのサービスが差別化された状態を考えよう。現実には，旅館やホテルなど宿泊サービスについては，施設（部屋，設備アメニティ，風呂）や食事内容ならびにホスピタリティ（顧客サービス）などで差別化が起こっている。実際，Yahoo や楽天，じゃらん，JTB などの旅行サイトでは，顧客による評価情報があり各宿泊施設の違いを知ることができる。ホテルA は，自身の価格 p_A を引き上げると宿泊需要は減少するが，ホテルB が価格 p_B を引き上げた場合には宿泊需要を増やすことができる。こうした状況で，各ホテルにとって差別化が価格と利潤の増大に資する否かを数値例で検討しよう。ホテル A のサービス需要が $D_A = 100 - 2p_A + p_B$，ホテル B のサービス需要が，$D_B = 100 + p_A - 2p_B$，で与えられているとしよう。ここで重要な点は，両者の価格設定が互いの生産や利潤に影響するという点である。各ホテルの利潤を π_A，π_B とすれば，

(8.8)
$$\pi_A = (p_A - MC) D_A = (p_A - MC)(100 - 2p_A + p_B)$$
$$\pi_B = (p_B - MC) D_B = (p_B - MC)(100 + p_A - 2p_B)$$

となる。利潤最大化の条件は，各ホテルにとって限界収入 = 限界費用となる価格を決定することである。ホテル A について見れば，総収入 $TR_A = p_A \times (100 - 2p_A + p_B)$ であるから，自己の価格に関する限界収入は，$\dfrac{\partial TR_A}{\partial p_A} = 100 - 4p_A + p_B$，となり，他方，総費用 $TC = MC \times (100 - 2p_A + p_B)$ については，$\dfrac{\partial TC_A}{\partial p_A} = -2MC$，となる。同様に，ホテル B については，それぞれ $\dfrac{\partial TR_B}{\partial p_B} = 100 + p_A - 4p_B$，$\dfrac{\partial TC_B}{\partial p_B} = -2MC$ を得る。各企業の利潤最大化条件は，限界収入 = 限界費用であるから，

(8.9)
　　　　企業Aについては，$p_A = \dfrac{1}{4}p_B + \dfrac{1}{4}(100 + 2MC)$

　　　　企業Bについては，$p_B = \dfrac{1}{4}p_A + \dfrac{1}{4}(100 + 2MC)$

が成り立つ。(8.9) の上の式は，企業 A は，競争相手の価格が p_B のとき，自己の利潤を最大化するためには，自己の価格を p_A に設定すべきであるこ

とを示している。相手の出方を見て自己の最低な行動を決めているために，これをホテル A の最適反応関数と呼ぶ。(8.9) の下の式についても同様に考えられる。このときの競争価格（**ナッシュ均衡価格**と呼ばれる）は，両式を同時に満たす価格 (p_A^N, p_B^N)

$$(8.10) \qquad p_A^N = p_B^N = \frac{1}{3}(100 + 2MC)$$

で与えられる。次に，このように価格が同時に決定される場合と異なり，ホテル B がホテル A の価格決定を知ってから行動する場合を考えよう。このとき，ホテル B の価格決定は

$$(8.11) \qquad p_B = \frac{100 + 2MC + P_A}{4}$$

となる。このホテル B の価格決定を所与とした場合，ホテル A の利潤は，

$$(8.12) \qquad \pi_A = (p_A - MC)D_A = (p_A - MC)\left(100 - 2p_A + \frac{100 + 2MC + p_A}{4}\right)$$

となるので，この利潤最大化の条件からホテル A の価格設定は，$p_A^* = (500 + 9MC)/14$ となる。したがって，ホテル B の価格は，(8-11) の右辺に p_A^* を代入したものになる。このとき，$p_N^A < p_A^*$ が成り立つが，このように価格づけに**先導者**（この場合ホテル A）や**追随者**（ホテル B）の区別がある場合には，一般により高い価格づけが可能になる。これら競争相手の価格の設定状況を見ながら自分にとって最適な価格を設定する，という価格競争のあり方を**ベルトラン競争**（Bertrand competition）という。少数の観光サービスの供給者——たとえばレストランやホテルなど——が，それぞれの個性を活かして互いに差別化に励みより多くの収益を獲得しようとする行為は，多くの観光地で見受けられる。

8.4.3 観光市場の集中度

$MC = p$ となる競争的な場合と比較して，独占価格はより高く設定されており，消費者にとって不利な状況をもたらすと考えられる。こうした状況は，国や地域で独占状態にあった旧国鉄や電力会社などを想起しても同様である。そのため，独占禁止法の設定や公正取引委員会[9]の運用を通じて，

数々の競争制限の弊害を取り除くための施策が行われている。

　ところで，ある産業がどの程度の市場支配力を持つかについては，**公正取引委員会の「累積生産集中度（CR）」や「ハーフィンダール・ハーシュマン指数（HHI）」が利用される**[10]。たとえば，CR3 は上位 3 社，CR10 は上位 10 社による事業分野別の占拠率を示している。また，HHI は個別事業者ごとの占拠率（％）を二乗した値の合計を示し，

$$(8.13) \qquad \mathrm{HHI} = \sum_{i=1}^{n}（\text{第}\,i\,\text{事業者の占拠率}（\%））^2$$

で計算される。独占の場合，事業者数は $n=1$ であるから，HHI $=10000$ となる。他方，5 つの事業者がおり，それぞれ 20 ％を占拠している場合は，HHI $=2000$ となる[11]。ちなみに，「たばこ（累積生産集中度 CR3 ＝ 100，HHI ＝ 10000）」，「ガソリン（同 CR3＝65.8，HHI＝1933）」，「一般日刊新聞紙朝刊（同 CR3 ＝ 51.0，HHI＝1143）などである。表 8.3 は，観光サービス関連の事業者に関する値を示している。わが国全体で見れば，リゾートクラブ業，航空運送，アトラクションなどで独占傾向が見られるものの，旅行業やホテルなどは HHI が低く市場は競争的であると考えられる。全国規模，世界規模の遊園地などは，その差別化を通じて顧客を確保すると同時に，付

　9　公正取引委員会は，「行政委員会」と呼ばれる内閣府外局の機関であり，独占禁止法などを運用する組織である。独占禁止法の正式名称は「私的独占の禁止及び公正取引の確保に関する法律」であり，その目的（第 1 条）は，「私的独占，不当な取引制限及び不公正な取引方法を禁止し，事業支配力の過度の集中を防止して，結合，協定等の方法による生産，販売，価格，技術等の不当な制限その他一切の事業活動の不当な拘束を排除することにより，公正且つ自由な競争を促進し，事業者の創意を発揮させ，事業活動を盛んにし，雇傭及び国民実所得の水準を高め，以て，一般消費者の利益を確保するとともに，国民経済の民主的で健全な発達を促進すること」である。

　10　以下の数値は，『平成 23・24 年累積生産集中度及びハーフィンダール・ハーシュマン指数並びに累積出荷集中度』（公正取引委員会（2014））による。

　11　競争を実質的に制限することとはならないセーフハーバー基準について，HHI ＜ 1500 や，HHI ＜ 2500 で企業結合後の HHI の増分が 250 以下，あるいは，HHI ＞ 2500 で HHI の増分が 150 以下などの具体的基準を明示している。（公正取引委員会（2010）「企業結合規制について」による（http://www.jftc.go.jp/teirei/h22/kaiken kiroku100428tenpu.pdf　2013/02/11 アクセス）。

148 　第2部　ミクロ経済学と観光

表8.3　観光関連サービスの累積集中度とHHI

品　　目	CR3	CR10	HHI	調査年
鉄道及び軌道（旅客）	62.3	82.9	1,501	2014
国内定期航空運送（旅客）	80.5	99.9	3,109	2014
旅行	32.7	52.5	519	2004
旅行（旅行業者代理業を除く）	35.3	72.5	674	2014
リゾートクラブ	84	97.9	4,890	2014
遊園地・テーマパーク	68.1	86.4	2,419	2014
ホテル	4.5	11	6	1994

出所：公正取引委員会資料(http://www.jftc.go.jp/soshiki/kyotsukoukai
/ruiseki/index.html　2016/03/10)

帯するサービスを提供することで独占利潤を獲得している。

　観光サービスの場合，製造業などと異なり，サービスの購入や消費は生産所在地で同時的に行われるので，観光地といった地域内での競争のほかに，観光地域間の競争が重要である。消費者は，今度の休暇に「どこに行こうか（観光地の選択）」を決める。仮に，観光地の世界遺産所在といった観光資源の差別化，ブランド化によって観光地選択が一義的に行われる場合は，その次の「どこに泊まろうか（宿泊サービス選択）」を考えるために，観光地にあるホテルは，その独占力を強めるための差別化戦略を強めるであろう。近年，多くのウェブ上での旅行サイトが全国の旅館・ホテルのランキング情報を流しているが，こうした傾向を反映したものと言える。

8.5 ｜ おわりに

　観光サービスの供給に関して，ミクロ経済学の基本的な説明を行った。観光地における観光需要の見込みなどを勘案した固定資本の投資は，固定費用として計上され，その下で，労働や原材料などの可変費用を投入し，利潤最大化を実現するようにサービスの供給量が決定される。短期的には，固定費用は一定であり，労働や原材料などの可変的な投入量を調整して生産を調整

する。どの程度生産の調整を行うかという点について，損益分岐点や操業停止点といった考え方が重要である。もちろん，オリンピック・パラリンピック開催など，新たに観光需要の高まりが見込まれる場合は，宿泊業や飲食業などでの投資が進み，ホテルで言えば，新館建設など規模が拡大する一方で，新しいホテルの進出，立地が展開される。この意味で，観光サービスの供給は，日々きわめてダイナミックな局面にあると言える。

[参考文献]

この章は，第6，7章と同様にミクロ経済学をベースにしているので，その際に挙げた文献の，とくに生産者行動に関係する部分が参考になる。
奥野正寛（2008）『ミクロ経済学』東京大学出版会
神取道宏（2014）『ミクロ経済学の力』日本評論社
武隈慎一（1999）『ミクロ経済学』新星社
ブル＝アドリアン（1998）『旅行・観光の経済学』（諸江哲男・菊地均・吉岡秀輝他（翻訳））文化書房博文社
マック＝ジェームズ（2005）『観光経済学入門』（瀧口治（翻訳））日本評論社
Dwyer, L., Forsyth, P. and Dwyer W. (2010), *Tourism Economics and Policy*, Channel View Publications.
とくに，市場構造の進んだ研究のためには，
Sutton, J. (1991),*Sunk Costs and Market Structure*, The MIT Press, Cambridge.
が参考になる。

トピックス：ホテル・旅館の倒産

　ホテル・旅館業界の倒産動向（帝国データバンクの調査から）を考えよう。ご多聞に漏れず，ブームや景況によって，出店ラッシュとなる場合もあれば，倒産が続くこともある。経営者の才覚や失敗の他に，観光地全体での観光の発展傾向は，しばしば，**バトラーサイクル**と呼ばれている。

　ところで，観光地の多くはとくに発展の最終段階で，供給過剰な状況，あるいは観光需要の停滞により経営上の危機に陥ることがある。本章で説明した，損益分岐点を考えてみよう。利潤＝売上高－（可変費用＋固定費用）①であり，変動費率（つまり可変費用対売上比率）＝可変費用÷売上高②，と定義される。これより，可変費用＝売上高×変動費率となる。①より，利潤＝売上高－売上高×変動費率－固定費用となるので，利潤＝売上高（1－変動費率）－固定費用③，となる。損益分岐点売上高は利潤＝ゼロになる売上高で

あるから，③＝0とすれば，0＝損益分岐点売上高（1－変動費率）－固定費用，となるので，結局，損益分岐点売上高＝固定費用÷（1－変動費率）となる。他方，変動費率の定義から，損益分岐点売上高＝固定費用÷｛1－（可変費用÷売上高）｝を得る。これより，景気変動に対する耐久力を高める（損益分岐点売上高を下げる）ためには，固定費を削減する（遊休施設の処理）か，変動費比率の引き下げ（材料費，物流費の削減）などが必要となる。

（薮田雅弘）

第9章 観光市場の機能

●キーワード
　需要と供給の調整，市場均衡，価格変動，観光サービス価格
●ポイント
　市場の均衡へ向かう調整過程を考え，価格が決まる仕組みを考えます。

9.1 はじめに

　訪日外国人旅行者数の増加に伴い，さまざまな面で経済効果が表れてきている。例えば，訪日外国人旅行者が日本滞在中に行った消費（**インバウンド消費**）も急速に拡大しており，2014 年には 2 兆円を超える規模にまで達した。テレビなどで多く取り上げられてきた外国人旅行者の"爆買い"ブームは，地域経済へもプラスの効果を発揮していると思われる。

　一方，日本人の国内宿泊旅行について見てみると，2014 年は 2013 年に比べて，1 人当たりの宿泊観光旅行回数（1.4 回から 1.3 回へ），1 人当たりの宿泊数（2.3 泊から 2.1 泊へ），国内旅行消費額（20.2 兆円から 18.8 兆円へ）のいずれの値も減少している。その理由として，消費税率引き上げや輸入物価の上昇などによる物価上昇に家計の所得上昇が追い付いていないことに加え，税率上昇前の駆け込み需要の反動減や天候不順などが影響したと考えられている（『観光白書（平成 27 年版）』）。

　本章では，前章までに取り上げられてきた観光需要曲線と観光供給曲線で表される経済主体の行動を市場という概念で捉えることとする。それにより，観光財サービス取引量の増減をもたらす要因について明らかにすることができるとともに，市場均衡の実現や不均衡の調整過程などを理解することが可能となる。また，ここでは他の市場価格などは一定と仮定して，観光市

場だけに注目する部分均衡分析で考える[1]。

9.2 市場需要曲線と市場供給曲線

ある観光地での観光財（土産品）について，旅行者が N 人いて，旅行者 i の需要を $d^i(p)$ と表し（$i=1, 2,…, N$），生産者が M 社あり，生産者 j の供給を $s^j(p)$ で表すとする（$j=1, 2,…, M$）。

このとき，市場全体の需要は，$D(p) = \sum_{i=1}^{N} d^i = d^1(p) + d^2(p) + \cdots + d^N(p)$，市場全体の供給は，$S(p) = \sum_{j=1}^{M} s^j = s^1(p) + s^2(p) + \cdots + s^M(p)$ で表すことができ，個々の需要曲線と供給曲線を水平方向に足し合わせたものが，市場需要曲線と市場供給曲線となる。図9.1と図9.2は，代表的な旅行者2人と代表的な生産者2社の場合を図示したものである。

このようにして得られた観光財に対する市場需要曲線は，各旅行者の所得と他の財の価格が不変のとき，観光財の価格が変化したときに観光財に対す

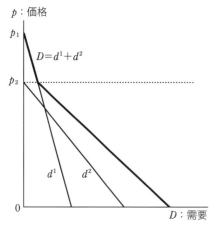

図9.1 個別需要曲線と市場需要曲線

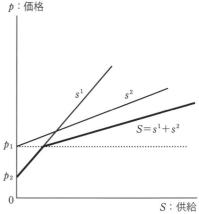

図9.2 個別供給曲線と市場供給曲線

---

1 部分均衡分析に対して，すべての市場を同時に扱うときは一般均衡分析と言う。

図 9.3 需要曲線上の移動と需要量増加　**図 9.4** 需要曲線のシフトと需要量増加

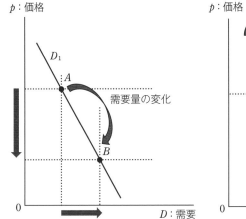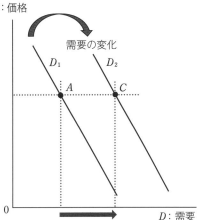

る市場全体の需要量がどのように変化するのかを表している。また，観光財に対する市場供給曲線は，他の財の価格が不変のとき，観光財の価格が変化したときに観光財に対する市場全体の供給量がどのように変化するのかを表している。

観光財に対する需要関数と供給関数は，ともに観光財価格の関数として表されるので，価格が上昇することにより需要量が増加したり，価格が低下することにより需要量が減少したりする場合は，需要曲線上の移動で表すことができる（図9.3の点 A から点 B へ）。

これに対して，所得や他の財の価格など当該財の価格以外の要素（**シフト・パラメター**（shift parameter））や供給量が変化する場合は，需要曲線や供給曲線がシフトしていることを表す（図9.4の点 A から点 C へ）。たとえば，所得が増加すれば財をより多く購入できるので，需要曲線は右にシフトするし，ホテル宿泊料金が低下すれば，ホテルの利用客が増加するので代替関係にある宿泊施設の需要が減少し，需要曲線は左へシフトする。

図 9.5　市場均衡とワルラス的調整過程

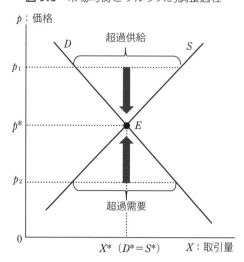

9.3 | 市場均衡と市場調整

　いま，観光地における土産物市場を考える。旅行者の土産物に対する需要曲線と土産物業者の土産物に対する供給曲線が，図9.5のように表すことができる。ここで示されるように，価格 p^* のとき需要曲線と供給曲線は交差しており，需要量と供給量が等しくなっている。この状態を市場均衡と言い，市場均衡点（E）において均衡価格（p^*）と均衡取引量（$X^* = D^* = S^*$）が決定される。市場均衡点では，土産物を買いたい旅行者は全員が買いたい量だけ買うことができているし，土産物を売りたい土産物業者は全社が売りたい量だけ売ることができている。したがって，旅行者も土産物業者も現在の状況から変化を起こすインセンティヴを持たないので，安定した状態となり均衡と言う。

　ところで，均衡価格が成立していない場合には，どのようなことが起こるであろうか。この問題は，市場均衡から乖離している状況から市場均衡を実現する市場調整過程のあり方として捉えられており，主な考え方として以下の3通りがある。

9.3.1 ワルラス的調整過程：価格調整

いま，市場価格が均衡価格（p^*）よりも高く，図9.5におけるp_1で与えられたとしよう。このとき，土産物市場では供給量が需要量を上回っており，**超過供給**の状態になっている。超過供給の状態が続けば売れ残りが発生するため，商品の買い手が見つからない土産物業者は価格を下げてでも売ろうとするであろうし，価格が下がれば購入する旅行者も増加するであろう。超過供給が存在する限りこのような行動が継続されるので，市場で超過供給が存在すると価格が低下していく。逆に，市場価格が均衡価格よりも低く，図9.5におけるp_2で与えられたとしよう。このとき，土産物市場では需要量が供給量を上回っており，**超過需要**の状態になっている。超過需要の状態が続けば品不足が発生するため，商品が買えない旅行者はより高い価格を支払ってでも買おうとするであろうし，価格が上がれば供給する土産物業者も増加するであろう。超過需要が存在する限りこのような行動が継続されるので，市場で超過需要が存在すると価格が上昇していく。

このように，価格が与えられると需要量と供給量が瞬時に決定され，需要量と供給量が一致していない場合には価格が調整されることによって，市場均衡が実現していくという考え方が**ワルラス的調整過程**である。ワルラス的調整過程によって，価格が上昇または低下して均衡価格に収束するならば，均衡はワルラス安定的であると言う[2]。

9.3.2 マーシャル的調整過程：数量調整

いま，供給量が均衡取引量（X^*）よりも少なく，図9.6におけるX_1で与えられたとしよう。このとき，土産物業者は価格p_1^sですべてを販売しようとするので，この価格を**供給者価格**と呼ぶ。ところが，X_1と需要量が一致

---

2 価格が需要量や供給量を決めていると考えれば，価格を横軸にとりそれぞれの数量を縦軸にとるべきであるが，本章では，価格と需要量の関係，価格と供給量の関係を，図9.1や図9.2のように，価格を縦軸にとり，数量を横軸で示している。つまり，それぞれ逆需要曲線，逆供給曲線を図示している。このことから，たとえば，ワルラスの安定条件は，正確には，「逆需要曲線の傾きの逆数＜逆供給曲線の傾きの逆数」となる。

図 9.6 市場均衡とマーシャル的調整過程

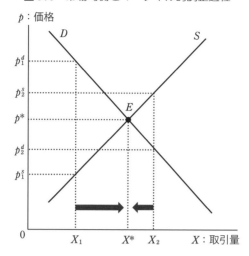

する価格は p_1^d であるから，この価格を**需要者価格**と呼ぶ。市場価格は X_1 を売り切る水準である p_1^d に決まるので，需要者価格が供給者価格を上回っており，土産物業者は自分が希望する価格よりも高い価格で旅行者が買う意思があることが分かる。したがって，土産物業者は供給量を増加させていくので，供給量は均衡取引量に近づいていき，需要者価格は低下していく。逆に，供給量が均衡取引量（X^*）よりも多く，図9.6における X_2 で与えられたとしよう。このとき，土産物業者は価格 p_2^s ですべてを販売しようとするが，X_2 と需要量が一致する価格は p_2^d であるから市場価格は p_2^d に決まる。つまり，供給量 X_2 において，供給者価格が需要者価格を上回っているので，土産物業者は自分が希望する価格では商品を売り切ることができないことがわかる。したがって，土産物業者は供給量を減少させていくので，供給量は均衡取引量に近づいていき，需要者価格は上昇していく。

このように，供給量が与えられると需要者価格と供給者価格が瞬時に決定され，需要者価格と供給者価格が一致していない場合には供給量が調整されることによって，市場均衡が実現していくという考え方が**マーシャル的調整過程**である。マーシャル的調整過程によって，供給量が増加または減少して

図 9.7 市場均衡とくもの巣調整過程

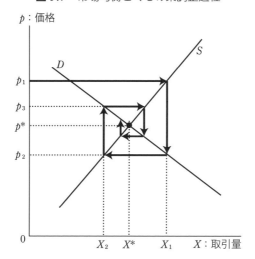

均衡取引量に収束するならば，均衡はマーシャル安定的であると言う[3]。

9.3.3 くもの巣調整過程

生産者が，財の供給量を決定するタイミングと実際に市場へ供給するタイミングに，**タイム・ラグ**が生じるような場合を考える．ある観光地が有名になり，そこへ行くことがブームになったため，土産物業者が地元の特産物を用いた生菓子を生産することにした．生菓子は日持ちがあまりしないものとし，価格は需要と供給の関係でのみ決定される．

図 9.7 において，需要曲線 D と供給曲線 S は，この商品に対する1年を通じた需要量と価格および供給量と価格の関係を表している．いま，市場価格 p_1 が与えられたとき，土産物業者はこの価格が続くものと考えると仮定する．そこで，翌日に土産物業者が X_1 だけ商品を供給すれば，供給曲線は供給量 X_1 において垂直で表されるため，市場価格は p_2 へと低下してしま

---

3 脚注2に従えば，マーシャル安定条件は，「(逆) 需要曲線の傾き<(逆) 供給曲線の傾き」である．

う。この価格低下に直面した土産物業者は，翌日には供給量を減少させて X_2 だけ供給したとすれば，市場価格は p_3 へと上昇していく。このような場合，土産物業者が供給量を決定する際に見ている価格と実際に供給が行われた後で需要との関係で決まる旅行者が見る価格が異なることになる。図9.7において，この調整過程が続くならば，市場価格は均衡価格へ渦巻状に収束していく。この軌跡がくもの巣の形状に似ていることから，**くもの巣調整過程**と呼ばれている。

渦巻状の調整過程が，均衡点へ向かうならば均衡は安定的であると言え，均衡点から離れて発散してしまうならば均衡は不安定的であると言う[4]。

9.4 | 観光市場の価格変動

観光財市場の需要曲線や供給曲線をシフトさせるようなシフト・パラメータ変化が発生すると，観光財価格や取引量にどのような影響をもたらすのであろうか。以下では，観光需要曲線や観光供給曲線をシフトさせる具体的な要因をあげながら，市場均衡点の変化について見ていく。

9.4.1 観光需要曲線のシフト要因

観光需要曲線のシフト要因として，通常の需要曲線と同様に所得の変化や他の財の価格の変化が考えられる。先に述べたように，所得の増加は一般的に財への需要を増加させると言えるので，所得が増加すれば需要曲線は右へシフトし，所得が減少すれば需要曲線は左へシフトする。他の財の価格変化との関係では，次の2つが考えられる。まず，ある観光地へ行くための交通手段として航空機と新幹線が選択できるならば，航空機と新幹線は代替関係にあるため航空運賃が上昇したならば，一定数の旅行者は移動手段を航空機から新幹線へ変更するかもしれない。この場合，新幹線の需要曲線は右へシフトすることになる。次に，ある観光地の宿泊料金が上昇すれば宿泊客が減

4　脚注2に従えば，同様に，くもの巣調整過程の安定条件は，「(逆) 需要曲線の傾きの絶対値＜(逆) 供給曲線の傾きの絶対値」となる。

少し，宿泊客が消費したであろう土産物数も減少することになる。この場合，宿泊施設と土産物は補完関係にあると言えるので，宿泊料金の上昇は土産物の需要曲線を左にシフトさせる要因となる。

　また，日本は南北に細長い国土のため，春夏秋冬という季節の影響を大きく受けると言われているのが観光である。春の花見，夏の海水浴や避暑，秋の紅葉，冬のスキーなど季節に応じて旅行者の数が変化しており，この動きは観光地の特長の1つであると言える。したがって，観光地に関連する観光財・サービスの需要も大きな影響を受けるであろう。このような場合，いわゆる**オン・シーズン**では観光財・サービスの需要曲線は右へシフトし，**オフ・シーズン**では左へシフトすると考えられる。

　戦後の高度経済成長期には，可処分所得の増加などにより観光旅行に対する需要は高まりを見せてきたが，1960年代は会社の社員旅行や学校の修学旅行に代表される**マス・ツーリズム**的な団体旅行が中心であり，現在の状況とは異なるものであった。このように，旅行形態や観光形態の変化によっても観光需要は影響を受けると思われる。1964年4月の海外旅行自由化は海外旅行という選択肢を与えることとなり，海外パッケージツアーに参加することにより海外旅行を経験する旅行者が増加した。また，1970年のジャンボジェット機導入による航空運賃の引き下げは，海外旅行の魅力を高める効果を持ち，1972年には日本からの出国者数は年間100万人を超え，1986年には500万人を超え，1990年には1,000万人を超える規模となった。

　1960年代以降，高速道路の整備が進むとともに，**モータリゼーション**の促進など観光旅行が広く国民にとって一般的なものとなっていった。同時期には，東海道新幹線や山陽新幹線が整備されるなど旅行手段の多様化が進むこととなった。このようなインフラ整備は観光全般に大きな影響を与えることとなり，旅行者の旅行期間や旅行期間の過ごし方など観光に対する嗜好の変化に結びつく契機の1つであったと言えよう。

　以上のようなシフト要因の変化によって，観光需要曲線がシフトした場合を表したものが図9.8である。当初の観光需要曲線がD_0で，観光供給曲線がSとする。ここで，所得，他の財の価格，嗜好，ブーム，広告宣伝といった観光需要曲線のシフト・パラメータが変化した結果，観光需要が増加

160　**第2部　ミクロ経済学と観光**

図9.8　観光需要曲線のシフトと市場均衡

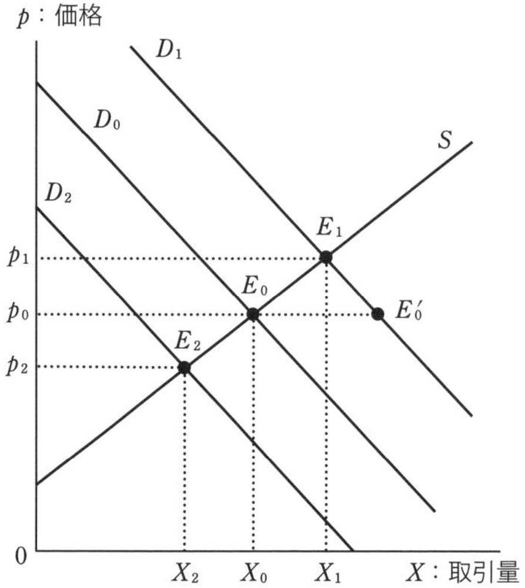

（図：縦軸 p：価格、横軸 X：取引量。需要曲線 D_2, D_0, D_1 と供給曲線 S。均衡点 E_2, E_0, E_1, E_0'。価格 p_2, p_0, p_1、取引量 X_2, X_0, X_1）

したとすれば，観光需要曲線は D_0 から D_1 へ右方（上方）シフトする。このとき，価格が当初の p_0 のままであれば，線分 E_0E_0' だけ超過需要が発生することになる。すると，先に述べたような市場調整メカニズムにより価格が上昇していき，超過需要がゼロとなる均衡価格 p_1 が実現することにより，市場均衡点は E_0 から E_1 へ移動する。したがって，観光需要を増加させるような変化が起こったならば，市場価格の上昇と市場取引量の増加をもたらす。他方，シフト・パラメータが変化した結果，観光需要が減少したとすれば，観光需要曲線は D_0 から D_2 へ左方（下方）シフトして市場均衡点は E_0 から E_2 へ移動する。したがって，観光需要を減少させるような変化が起こったならば，市場価格の低下と市場取引量の減少をもたらす。

9.4.2　観光供給曲線のシフト要因

　観光供給曲線のシフト要因として，通常の供給曲線と同様に他の財の価格，生産要素価格，生産技術，政府の政策（課税や補助金）などの変化が考えられる。

　輸入小麦の政府売渡価格が平均で5.7％引き下げられ，1トン当たりの価

格が，2015 年 4 月期の 6 万 70 円から 10 月期は 5 万 6,640 円となったことを受け，観光地で土産物のクッキーを生産している企業が製粉会社から購入する小麦粉の価格が低下したとする。クッキーの原材料である小麦粉の価格低下は，この企業にとって生産要素価格の低下であり，生産費用が低下することを意味するので，供給が増加し供給曲線が右方（下方）シフトする。また，これまで 1 時間当たり 100 個生産可能であった機械から 200 個生産可能な機械への変更は，新しい技術の導入であり技術進歩を意味するので，供給が増加し供給曲線が右方（下方）シフトする。

　観光地において宿泊施設であるホテルや旅館の新規建設には，多額の費用が必要であるし，営業開始後の維持管理費用も経常的に発生する。このような場合に，観光地がある自治体を始めとする行政が建設を促進することを目的とした施策を実施することがよく見られる。例えば，建設後の固定資産税や法人所得税の減免措置や建設費用の一部補助制度などが該当すると考えられる。現在，日本では，いわゆる**観光税**と位置付けられるものはほとんど存在していないが，世界観光機関ビジネスカウンシルは，観光税の定義として，「特に観光客や観光産業に適用される税，もしくは観光産業に特定されない税でも他地域とは異なる取り扱いがなされている税」として定めている。このうち，事業者への課税については，ホテルやリゾート施設への固定資産税，観光産業に対する法人税などを諸外国の事例として挙げている[5]。このような宿泊施設の建設を促進する政策が実施されるならば，宿泊施設数は増加するため供給曲線は右方シフトする。

9.4.3　市場均衡の変化

　これまで見てきたような観光需要曲線や観光供給曲線のシフト・パラメーターが変化したとき，市場ではどのような変化が起こるのであろうか。

　いま，観光振興によって地域活性化を図ろうとしている自治体が，観光客の宿泊施設として民泊施設を増加させようとして建設費用に対する補助金政

5　塩谷英生著「観光税の導入に関する研究」2006 年 1 月，日本交通公社『自主研究レポート 2006』参照。

図 9.9 均衡点の変化と弾力性

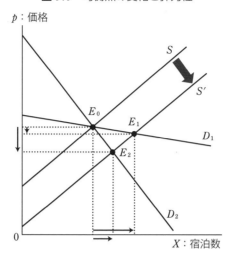

策を実施したとしよう。これにより，当該地域の宿泊施設が増加したため図9.9で示されるように宿泊施設の供給曲線が右方シフトし，価格の低下と宿泊数の増加が期待される。しかし，価格の低下と宿泊数の増加がどの程度促されるのかについては，これまで見てきたように需要曲線と供給曲線の価格弾力性の大きさに依存して異なる状況が考えられる。

図9.9では，所与の供給曲線に対して2つの需要曲線 D_1 と D_2 が描かれている。当初の均衡点 E_0 において，供給曲線 S と2つの需要曲線は交差している。ここで，供給曲線が S' へ右方シフトしたとき，価格弾力的な需要曲線 D_1 との交点は E_1 となり，価格非弾力的な需要曲線 D_2 との交点は E_2 となる。供給曲線の右方シフトによる価格の低下に対して，2つの需要曲線の反応度の違いにより価格の低下と宿泊数の増加の程度に差が出てくる。したがって，観光宿泊者の増加を目的とした施設建設に対する補助金などを検討する際には，当該施設に対する観光客の価格反応度を十分に分析した上で実施しなければ，期待した結果が得られないことになる可能性が考えられる。

9.5 | 観光財・サービスの価格決定メカニズム

　需要と供給の関係で決定される市場均衡点において，均衡価格と均衡取引量が実現し，均衡から乖離した場合には，市場メカニズムの調整機能によって再び均衡が回復するという考え方は，いわゆる完全競争市場で成立するものである。完全競争市場が成立するためには複数の条件が満たされなければならないが，最も重要な条件は需要者も供給者も無数に存在し，個々の取引量は市場全体の取引量に比べて無視できるほど小さいため，市場価格に何ら影響を与えることができないことである[6]。つまり，市場に参加するすべての経済主体は価格支配力を持っておらず，**プライステイカー**として行動しなければならない。

　しかし，実際の観光財市場では，ホテルや旅館といった宿泊施設の数や観光地における土産物店の数などが無数に存在しておらず，たとえ観光客が多数存在しているとしても供給者は少数である場合が多い。つまり，完全競争市場の条件が満たされておらず，少数の供給者が価格支配力を行使できる状況にあると考えられる。また，旅行者は通常の財市場における消費者と同様，実際に観光地へ行ってみなければ旅館のおもてなしや土産品の品質などに関する情報を入手することができないし，第7章で見たように観光財の特徴は，移動手段や宿泊施設，土産物など多くの財とサービスが複合的に組み合わさった合成財的なものであるから，それらがすべて同質的なものとは考えにくい。さらに，2006年4月から施行された改正商標法によって，地域名と商品名から構成される商標について，地域ブランド育成の早い段階で商標登録を受けられるための**地域団体商標制度**が始まり，松阪牛や今治タオルなどが登録され一種の製品差別化が存在していると言えよう[7]。

---

[6] 完全競争市場が成立するための条件として，①すべての市場参加者は，プライステイカーである，②市場で取引される財は同質である，③すべての市場参加者は市場で取引される財について完全情報を持っている，④市場への新規参入と市場からの退出は自由にできる，の4点が挙げられる（8.4.1参照）。

[7] 2016年2月末日現在，全国で592件が地域団体商標として登録されている。

164 第2部 ミクロ経済学と観光

　このような不完全競争市場で決定される価格は，完全競争市場での価格に
対して相対的に高くなる傾向を持つとともに，同質の観光財に対して異なる
価格が付けられることもある[8]。たとえば，日本航空の航空運賃には，ウル
トラ先得や当日シルバー割引など購入時期や年齢によって普通運賃より安い
価格が多く提供されているし，JRの特急料金は1年を繁忙期・通常期・閑
散期の3つに分けて異なる料金が設定されている。また，東京ディズニーラ
ンドのチケットを見ても，シニアパスポートやスターライトパスポートなど
通常のチケット価格とは異なるチケットが提供されている。

　同じ財サービスであるにもかかわらず，供給者が異なる価格を設定する場
合は差別価格と呼ばれている。子供料金と大人料金など年齢による区別や早
く航空券を購入する客と当日に購入する客など需要者をタイプごとに区別で
きるならば，同一の価格を設定するよりもタイプごとに異なる価格を設定す
る方がより多くの利潤を獲得できるのである。また，遊園地などでは入園料
金とアトラクションや乗り物などの料金が，別々に設定されていることもあ
る。このような価格設定は，2部料金制と呼ばれている。以下では，観光財
の価格設定でよく見られる差別価格と2部料金制について見ていく。

9.5.1　差別価格

　ある独占的な航空会社が，チケット購入者について，出発日よりかなり前
にチケットを購入するタイプAとぎりぎりで購入するタイプBの2つに分
かれているために，別々の市場とみなしている場合を考える。両タイプの航
空券に対する需要関数が，それぞれ $p_A=100-4D_A$ と $p_B=220-20D_B$ で与
えられると仮定すれば，タイプA市場とタイプB市場の限界収入は，
$MR_A=100-8D_A$ と $MR_B=220-40D_B$ で表すことができる。ここで，企業
の総費用関数が $TC=50+20D$ $(D=D_A+D_B)$ で与えられるとすれば，こ
の独占企業の利潤最大化条件 $MR_A=MR_B=MC$ より，各市場での最適生産
量は $D_A=10$，$D_B=5$ である。また，各市場での価格は，$p_A=60$，$p_B=120$
である（図9.10において，点 E_A と点 E_B）。このように，需要者のタイプ

8　たとえば，独占市場において独占企業の利潤最大化条件である限界収入＝限界費用
　を満す生産量に対応する独占価格は，完全競争市場における価格より高くなる。

図 9.10　差別価格と同一価格

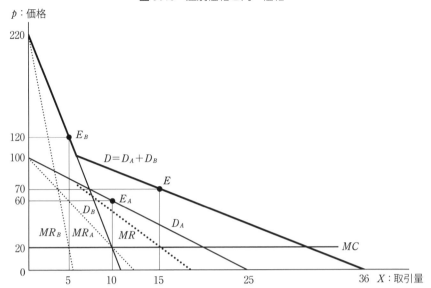

に応じて異なる価格を設定した時の利潤は，$\pi = \pi_A + \pi_B - 50 = 850$ となる。

これに対して，タイプに応じた区別をしないで1つの市場として考えた場合，2つのタイプの需要曲線を水平方向に足し合わせることにより市場需要曲線が得られるので，$p = 120 - \frac{10}{3}D$ $(D \geq 6)$ となり，このとき限界収入は $MR = 120 - \frac{20}{3}D$ である。ここで，利潤最大化条件 $MR = MC$ を満たす点は，$(D, MC) = (5, 20)$ と $(D, MC) = (15, 20)$ の2つである。前者はタイプB市場だけに供給する場合であり，そのときの利潤は450である。後者は $p = 70$ より利潤は700であるから，同一価格を設定した場合の最大利潤は700となる（図9.10において，点 E）。したがって，同一価格を設定するよりも差別価格を設定した方が，より多くの利潤を得ることができることが分かる。

このように，需要者がタイプに応じて異なる市場を形成していると考えられる場合には，かなり前から旅行計画を作成して，安い価格であれば消費す

るタイプである需要の価格弾力性が大きな需要者には安い価格を設定することにより，チケットの購入が増加し利潤を増加させることが可能となる。他方，ぎりぎりでも購入するタイプである需要の価格弾力性が小さな需要者には，高い価格を設定することにより利潤を増加させることが可能となる。

9.5.2　2部料金制

　差別価格と同様に，生産者の利潤を高める価格設定として2部料金制がある。遊園地を例とすれば，2部料金制（$T(y)$）は定額である入園料金（F）とアトラクションの利用回数（y）に応じた従量料金から構成される料金制度である。つまり，アトラクションの利用料金をpとすれば，$T(y)=py+F$と表すことができる。

　独占的供給者である遊園地の経営者は，利潤最大化条件を満たす独占価格を設定することが可能であるが，2部料金制では独占価格は最適な価格とはならない。2部料金制度は，限界費用価格形成原理で発生する赤字の解消と効率的な資源配分を同時に実現しようとするものであるから，アトラクションの利用料金で可変費用を回収しようとするため従量価格は限界費用と等しく設定され，このとき発生する赤字に相当する固定費用分を定額の入園料で回収しようとするのである[9]。このとき，入園者の消費者余剰はすべて入園料として取られるため，消費者余剰はゼロとなる。

　このような特徴を持つ2部料金制度であるが，いくつかの問題点も指摘されている。まず，利用回数の差によって1回当たりの費用負担が異なる点である。図9.11において，利用回数ではy_1よりy_2が多いが，1回当たりの平均費用負担額を見ると利用回数が多いy_2の方が小さくなっていることがわかる。次に，定額の入園料金が高く設定されると一部の利用者を排除することになる可能性がある。入園料金は消費者余剰に相当する額に設定されるので，入園料金が消費者余剰を上回る利用者は入園料金を支払うことができなくなるからである。

9　生産者が需要量1単位ごとに消費者の留保価格で販売するとき，完全差別価格と呼ばれる。このとき，留保価格が限界費用以上であれば販売量の増加に伴って利潤も増加する。

図 9.11 2部料金制

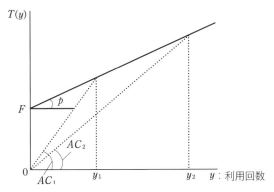

9.6 おわりに

　2008年に制定された「観光圏の整備による観光旅客の来訪及び滞在の促進に関する法律」（観光圏整備法）に基づき，国は観光圏の形成を促進することにより，国際競争力の高い魅力ある観光地域づくりを推進している。ここで観光圏とは，「自然・歴史・文化等において密接な関係のある観光地を一体とした区域であって，区域内の関係者が連携し，地域の幅広い観光資源を活用して，観光客が滞在・周遊できる魅力ある観光地域」を表すものとされている。また，2012年12月に改正された「観光圏の整備による観光旅客の来訪及び滞在の促進に関する基本方針」に基づき，2013年4月に6地域，2014年7月に4地域，2015年4月に3地域の観光圏整備実施計画が認定され，全国の13地域で観光地域ブランド確立に向けた取組みが進められている。

　このような観光地域（**観光圏**）を1つの市場と考えるならば，本章で整理したように需要と供給の関係を市場レベルで捉える視点が求められる。地域固有の地域特性に応じた観光地域づくりが進められることから，観光地域ブランドを形成することにより他地域との差別化を図り，より多くの経済的便益が地域に与えられるように取り組まなければならない。旅行者の観光需要の価格弾力性や各地域の生産者の観光供給の価格弾力性など市場概念で捉える際のキーワードを各関係当事者が十分に理解し，事業展開していくことに

よって地域に有益なものとなっていくであろう。

[参考文献]

国土交通省観光庁 編集（2015）『観光白書（平成 27 年版）』日経印刷
西村和雄（2011）『ミクロ経済学　第 3 版』岩波書店
八田達夫（2013）『ミクロ経済学 Expressway』東洋経済新報社
林正義，小川光，別所俊一郎（2010）『公共経済学』有斐閣
丸山雅祥（2011）『経営の経済学　新版』有斐閣
Dwyer, L., Forsyth, P. and Dwyer, W. (2010), *Tourism Economics and Policy*, Channel View Publications
Stabler, M. J., Papatheodorou, A. and Sinclair, M.T. (2010), *The Economics of Tourism*, 2nd, Routledge

トピックス：フリーパス料金制

　2016 年に開園 15 周年を迎えた「ユニバーサル・スタジオ・ジャパン（USJ）」と「東京ディズニーシー」であるが，依然として数多くの来場者でにぎわいを見せている。このような大型テーマパークの場合，一定期間ごとに新しいアトラクションを導入する必要があり，定期的に多額の費用が掛かることになる。こうした建設にかかる費用は固定費用であるから，本章で述べた 2 部料金制度の考え方が適用可能となる。本章では，入園料金とアトラクション利用料金から構成される基本的な内容を整理したが，実際，どちらのテーマパークもフリーパス制度を導入しており，電気料金や水道料金のような，需要量に応じて価格水準が異なる 2 部料金とはなっていない。

　いったん建設したアトラクションを稼働するための限界費用がゼロであるとすれば，アトラクション料金を課すことなく無料で乗り放題にすることが最適な価格設定となる。建設にかかる固定費用が莫大なため，限界費用は相対的に低くフリーパス制度を導入した方が効率的となっている。このフリーパス・チケットの料金が 2016 年にともに値上げされ，USJ の 1 デイ・スタジオ・パスは，大人（12 歳以上）7,400 円，子供 4,980 円となり，東京ディズニーシーの 1 デーパスポートは，大人（18 歳以上）7,400 円，中人（12〜17 歳）6,400 円，小人（4〜11 歳）4,800 円となった。

　日本のテーマパークの中で，入場者数が 1 位と 2 位の 2 つのテーマパークのチケット代は適正な設定になっていると考えられるのか，読者の課題としたい。

（井田貴志）

第10章 観光市場の失敗

● キーワード
   市場の失敗の原因，外部性，情報の非対称性，公共財，コモンプール財
● ポイント
   市場が失敗するという意味を明らかにし，様々な原因を探るとともに，対処法を考えます。

10.1 はじめに

　第6章から第9章では，経済取引が行われる財・サービスに関して，需要と供給を決定する諸要因を求め，それらの量や価格が市場で調整される結果，市場均衡が実現されることを示した。観光に関する財やサービスについても同様に考えることができる。観光市場の価格は，とくに国境を越える移動といった長距離のものから，日帰りの行楽旅行まで，それぞれに異なる変動を示すであろうが，基本的には，需要と供給曲線の変化を伴って変化する。それらは，一般的な財・サービスに関する議論と基本的には変わりはない。違っているのは，市場の範囲とそれにアクセスする場合の派生需要の多様性，ならびに，供給する場合に地域観光資源を活用するといった地域性があるということである。

　観光地には出向くためには，交通手段を利用し，観光のためのさまざまな財・サービスを購入する必要がある。また，お目当ての観光地のホテルの宿泊サービスは，大抵の場合，その後背に豊かな景観や温泉などの自然環境があり，観光客は直接・間接にそれらを利用する。ところが，個々人のこうした観光地での享楽は，しばしば，「市場の失敗」をもたらす。後述する国立公園やわが国のリゾート法がもたらした乱開発による自然破壊や混雑などの

問題は,「市場の失敗」あるいは「政府の失敗」の代表例である。本章では,本来,楽しいはずの観光が,なぜこのようなさまざまな問題をもたらすのかについて論じる。

10.2 市場の失敗と観光

10.2.1 市場と効率性

　生産や消費などの経済活動が,公害や自然破壊など多くの問題をもたらしてきたことは周知の事実であろう。観光関連の財やサービスを供給したり,観光客がそれらを消費したりする場合も同様である。ある地域における観光開発がもたらすさまざまな問題は,結局は,地域資源の限界を超えた過剰な土地利用や混雑現象に起因すると考えられ,これらが,地域の人的あるいは自然の力による処理能力を超えた廃棄物問題や大気汚染,水汚染といった現象をもたらすことになる。こうした問題を引き起こす利害関係者は,観光サービスの供給者,生産者としての観光関連業者であり,それを需要する観光客である。レストランやホテル業,土産店など観光サービス業者の多くは,地域に住む住民であり就業者である。このようないわば観光関連のステークホルダーが,観光のもたらす弊害をさまざまな手段で排除する責務を持つのは当然のように思われる。

　いうまでもなく,現在ではあらゆる人間活動には,自然環境や人間環境に対して何らかの負の影響を伴うことが知られており,また,それに対するコントロールが行われている。工場の排出する大気汚染の問題と観光による環境問題とでは,何が同じで何が異なるのであろうか。観光に関係して生じるさまざまな環境問題も,個別的には,観光客の出す騒音やごみ廃棄物,車のもたらす混雑や大気汚染であり,ゴルフ場から排出される水汚染物質やみやげ物の製造過程で発生する生ごみであったりする。したがって,個別事例のコントロールは当然ながら,伝統的な環境経済学の枠内で考えられるものである。

　観光に関わる経済活動も,基本的に市場を介して調整される。財・サービスは一定の価格を支払って需要され,業者は利潤を獲得し将来のために投資

を行い，消費者は消費者余剰を得る。観光市場において，市場メカニズムによって需給が調整され，消費者や生産者にとって，社会的な総余剰が最大化された状況は「（パレート）効率的な配分」と呼ばれる。ただし，このような資源配分が効率的である状態は，通常，完全競争的市場がもたらす社会的な効率性である[1]。例を示せば，消費者がホテルなどの宿泊サービスを需要するとき，衛生状態やサービス内容（温泉の質や食事など），ならびに料金を事前に完全に把握し，ホテル側もそれらの情報を過不足なく提供しており，なによりも，そういった情報を提供，獲得するために費用がかからないといった状態を指す。完全競争の諸条件が満たされる場合に，パレート効率的な資源配分が実現されることが知られており，これは，「**厚生経済学の（第一）基本定理**（fundamental theorem of welfare economics）」と呼ばれている[2]。このように，競争的な市場の条件が満たされ，うまく機能していれば，財・サービスの需要者も供給者もその厚生水準（満足）を最大化できると考えられる。効率的な資源配分とは，すべての市場参加者の満足を最大にするような資源の配分が実現されている状況を指すが，その条件が，先に示した完全競争的な市場の条件である。

10.2.2 市場の失敗とその原因

　厚生経済学の基本定理は，その前提となる完全競争市場の条件が何らかの理由によって満たされない場合には成立せず，効率的な資源配分がゆがめられる。このような状態のことを「**市場の失敗**（market failure）」と呼んでいる。ハンレイ他（1997）は，市場の失敗が起こる原因として，①**不完全市場**

1　完全競争の条件は，すでに 8.4.1 で挙げたが，再掲すれば，①各財・サービスに関して，その移転や処分に関する財産権が適切に定義され，それぞれの市場が存在し，多数の生産者，消費者が存在すること，②品質，価格に関して消費者や生産者が完全な情報のもとで個別に最適な行動をとっていること，③財・サービスの市場価格に対して，いかなる生産者，消費者も優越的な影響を及ぼすことはないこと，④生産者は，市場に自由に参入退出ができ，市場での取引費用（取引の場を開設し運営する費用）はゼロである，などの条件がある。このような条件が満たされる場合にパレート効率性が実現される。

2　厚生経済学の第二基本定理は，「いかなるパレート効率的配分も，適切な再配分によって完全競争均衡として実現できる」というものである。

172 **第2部 ミクロ経済学と観光**

(incomplete market)，②**外部性**（externalities），③**非凸性**（non-convexities），④**非対称情報**（asymmetric information），ならびに，⑤**非排除性**（non-exclusion），⑥**非競合性**（non-rival consumption），などを挙げている。このうち，⑤，⑥の概念は次節で説明，例示し，ここでは，①から④の概念を説明する。

不完全市場：**不完全市場**とは，市場が存在しないか機能しないケースであり，多くの場合，明確に財産権が設定されていないことに関連している。市場の取引は，通常，生産者から需要者への財やサービスの移転を意味し，これは，財産権の移転として把握できる。しかし，市場において，つねに財産権が明確に設定されているとは限らない。たとえば，美しい景観を持つ河川の下流域に人気の観光地があるとし，上流からは，悪臭を放つ生活排水が流れてくる場合を考えよう。この場合，排水について，財産権が明確に設定されているとは限らない。このとき，生活用水の放流，排出のために河川を利用する上流の人々と，きれいな河川を保ちたいとする下流の観光地の人々とで対立が生じるであろう。しかし，上流，下流のどちらの住民についても，河川に対して汚染する権利や，河川を清水に保つ環境権が設定されていないか，機能していない場合，市場の失敗が生じる。逆に言えば，汚染権や清水権などが適切に設定されれば，市場の失敗を避けることはできるのであろうか。これに関連して，コース（Coase（1960））は，財産権を適切に設定することによって，一定の条件の下で，主体間の（この場合，上流住民と下流住民の）交渉を通じて問題を解決でき，パレート効率的な状態を実現できることを示した（「**コースの定理**」）。上記の事例を図10.1で考える。上流の人々は，生活用水を排出する（つまり，河川を汚染する）ことで便益を得ている。他方，下流の人々は，河川が汚染されることによって観光収入などの便益を失う。これは，下流の人々の損失と考えられる。原点0の縦軸は，排水1単位当たりの上流の便益（限界便益：MB），ならびに，排水1単位当たりの下流の損失（限界損失：MD）を表している。汚染権や環境権などの財産権が設定されていない場合，各住民はどのように行動するであろうか。汚染をやめさせることができないので，排水の水準はeのようになる。この

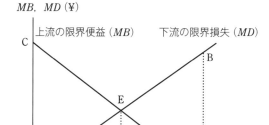

図10.1 コースの定理

とき、下流の損失は△0BAとなり、上流の便益は△0CAとなる。上流域と下流域の人々からなる社会全体を考えた場合、社会の純便益（便益マイナス損失）は、△0CA－△0BA＝△0CE－△EBAとなる。

仮に、汚染権が認められたとしよう。このとき、上流の住民は、e の排出を行うであろうが、下流住民は1単位の排出を削減することによってABの大きさの損失を減らすことができる。上流住民が、1単位の排出削減によって失う便益はわずかであるので、下流の住民が上流の住民に対して、「1単位の排出を削減するならば、それで失う便益を支払う」という内容の交渉を行い、上流の住民もこの提案を受け入れるであろう。この交渉は、$MD \geq MB$ である限り、すなわち点Eに達するまで行われると考えられる。下流の住民は、点Eからさらに1単位の削減に向けて交渉は行わないであろう。

逆に、環境権が認められた場合、上流の住民は一切の排出ができない状態になる（つまり、点0）。このとき、1単位の排出増は、上流の住民に0Cの大きさの便益を生み出すものの、下流の住民が被る損失はわずかであるので、上流の住民が「1単位の排出を行うが、それがもたらす損失を支払う」という内容の交渉を行い、下流の住民もその提案を受け入れると考えられる。この交渉は、$MB \geq MD$ である限り、すなわち、点Eに達するまで続くであろう。こうして、環境権や汚染権といった財産権の当事者への割り当てに関係なく、適切な交渉を通じて最適な水準（排出水準 e^*）を実現できる。

174 **第2部** ミクロ経済学と観光

この場合，社会的な純便益は △OCE となり最大となる。これがコースの定理と呼ばれる内容であるが，注意しなければならないのは，このような対立を回避するような交渉過程では，通常，交渉に関わる何らかの費用（取引費用）が発生し，取引費用の大きさや状況によっては，コースの定理が成り立たないケースもあり得るという点である。

外部性：外部性は，不完全市場の古典的なケースであると言われる。ある主体が財やサービスの生産や消費を行う際に，他の主体に，影響を与えるケースを指している。現代では，その程度は別にして，消費者および生産者の活動の間に何らかの相互関係がある。たとえば，ある地域にある生産者の生産活動は，住民にさまざまな影響を及ぼすであろう。活発な生産活動が新たな工場建設をもたらし，地域の地価の上昇や賃金の上昇をもたらした場合の影響は，金銭的外部性と呼ばれるが，生産活動が地域に大気汚染や交通混雑などの問題をもたらす場合は，**技術的外部性**と呼ばれる。**金銭的外部性**は，市場を介しての影響を意味し，技術的外部性は，市場を介さない影響を意味する。プラスの影響を**正の外部性**，マイナスの影響を**負の外部性**という。公害問題などは，典型的な負の技術的外部性の例である（7.3.1参照）。

　観光に絞って考えよう。すでに注意したように，生産や消費にかかわる関係を広く「ステークホルダー」としてとらえた場合でも，観光を考える場合には，地域の人々との関係が最も重要であり，地域の視点から考える必要がある。消費者である観光客と生産者である観光サービス業者の間の関係は，表10.1のようにまとめられる。「旅の恥は掻き捨て」という諺がある[3]。観光客は自己の満足を得るために観光地に赴くが，希少な植物を採取したり名前のイニシャルを遺跡に刻んだりする場合もあるし，ごみを持ち込むことで，自然環境に多大な影響を及ぼすこともある。また，よりよい景観を求めてホテルが乱立し結果的に景観を悪化させている場合もある。

　外部性からもたらされる多くの問題は，その問題を解決するためにさまざ

3　ちなみに，江戸時代の十返舎一九の東海道膝栗毛は，「諺に云　旅の恥は書捨てゆく落書の国所は欄干にとどまり……」で始まっている。

表10.1 観光の（負の）外部性

To From	観 光 客	観光サービス業	地 域 住 民
観 光 客	混雑現象，大気汚染，治安問題など	文化財・自然資源の毀損，混雑現象，大気汚染など	騒音，大気汚染，水環境問題，自然環境の悪化，治安悪化，廃棄物問題，景観や眺望の悪化など
観光サービス業	大気汚染，水質汚濁，地球温暖化など	公害，景観や眺望の悪化，地球温暖化など	

まな政策手段が用いられる。それらは，観光客に注意を呼びかけたり罰則を促したりするような規制的手段と，観光客の数をコントロールするための入域税などの経済的手段とに分けられる。規制的手段は，ごみのポイ捨て禁止条例や行政指導などがあり，他方で，経済的手段としては，観光客の来訪に対して課税することによって，観光客数を規制し，行動を規制する方法などがある。経済的手段の場合は，得られた税収入をもとに観光地の整備などが行われるケースがある。図10.2は，わが国の観光地で導入されている主な

図10.2 観光地の入域料

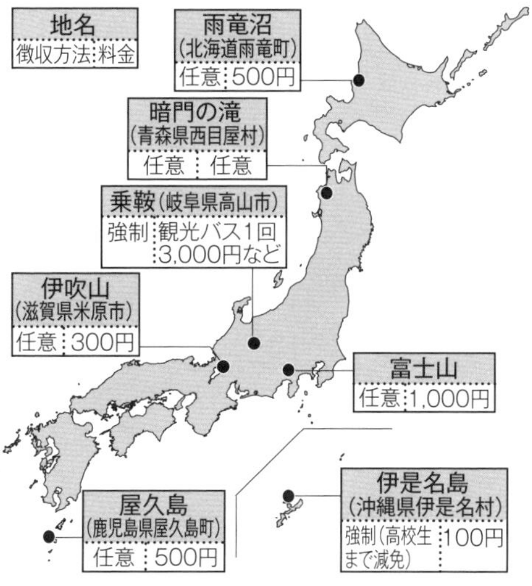

出所：日本経済新聞（2014/08/03）による。

入域税の事例を示している。たとえば、世界遺産である白神山地の暗門の滝では、来訪者から協力金を徴収しており、それをもとに歩道の整備などを行っている。しかし、観光地によっては、観光客への負担の強要は、観光客数を減少させるということで反対の意見もあり、議論が続いている。

非凸性：すでに、排水による汚染に関して図10.1を利用して説明したが、その場合、逓減的な限界便益（MB）と逓増的な限界損失（MD）が仮定され、その結果、純便益が点Eで最大となり最適な排出水準e^*が求められた。しかし、ここでは、そのどちらか一方が、そうした性質を満たさない場合を考えよう。たとえば、図10.3のように、排出汚染が増加するにつれて、限界損失は逓増するが、一定範囲を超えた場合、自然が壊滅的な影響を受け、その結果、さらなる排出の増大のもたらす限界的な悪影響がゼロになるような場合を仮定しよう。

この場合、$MB = MD$を満たす点は、点A、点B、点Dの3つある。原点から排出を増大させていった場合、まず点Aで純便益が最大になることが分かる。点Aから点Bに向けて、さらに排出を増やした場合、$MD>MB$なので、点Aに比べて純便益は減少するが、さらに、点Bから点Dに向けて排出を増大させた場合、$MB>MD$なので、純便益は増大する。点Aと点Dのどちらの純便益が大きいかは、点Aから点Bで生じる損失の大きさと、

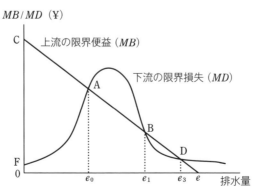

図10.3　非凸性のケース

点 B から点 D で生じる便益の大小関係で決まる。図 10.1 とは違い，図 10.3 で描かれるように，限界損失の逓増性が失われ，純便益が一点で最大化されないような場合が生じるケースは非凸性と呼ばれる。この場合，その曲線の状況によって，純便益が最大化される点は異なったものになる。

非対称情報：わが国の観光地と言えば温泉と言われるほど，温泉の人気は高い。草津の湯，湯布院，黒川温泉など名湯は数多くある。北海道の 246 温泉地を筆頭に，3,000 ヵ所を上回る温泉地があり，年間宿泊者数は 1 億 3,000 万人弱と，国民 1 人がほぼ温泉地に 1 泊している計算である[4]。もともと火山国日本では，火山性の温泉が多く，今で言うリラクゼーションや健康と結びついた効能を求める傾向があり，人間ドック付きの温泉旅行プランや，温泉療養所などがある。その意味では，温泉資源が観光地を決定付ける重要な要素であることは言うまでもない。

　しかし，「温泉」について正確に知る人は少ない。昭和 23（1948）年に制定された「温泉法」は，温泉の保護と適正利用を目的としており（第 1 条），開発や利用を行う場合の都道府県知事への届出を義務付け，温泉源の保護のために開発規制を行うことができると定められている。さらに，「温泉の成分，禁忌症，入浴又は飲用上の注意」などの事項を表記する義務を課している（同 18 条）[5]。しかし，平成 16（2004）年ごろに，わが国の有名温泉地で，白濁のための入浴剤の混入や水道水の利用など，利用客への情報が不適切かあるいは温泉法に抵触する事件が相次いで発覚した。このような事態は，基本的に，観光客が温泉の情報を不完全にしか知りえない立場にいることから生じる。このように，供給者の持つ情報と需要者の知りえる情報が非対称であることを，情報の非対称性と言う。温泉の場合は，結果的に温泉の提供者は温泉の含有量や効能などに関する情報を知っているのに対して，観光客は，ほとんど知らない。他の事情にして等しい場合には，極めて高い効能を

4　日本温泉総合研究所の HP（http://www.onsen-r.co.jp/　2016/09/15 アクセス）による。

5　温泉法によると，温泉とは，温泉源で摂氏 25 度以上であるか，または，定められた成分と一定の含有量を有している場合のいずれかを言う。

178   第2部　ミクロ経済学と観光

謳う温泉地の人気が高い。観光客はその高い効能をめざして来訪する。すでに，温泉は枯渇しているにもかかわらず，水道水を沸かすことで温泉と偽っても，観光客には分からないケースが生じる。

　ここで，本当は水道水であるにもかかわらず高い効能であるかのように装っている旅館と，真に高い効能を持つ温泉を提供している旅館があるとしよう。情報非対称のために，観光客はどちらも同じ効能を持つと信じているので，競争的な市場のもとでは，両者ともに同一の料金を設定するであろう。この場合には，安価な水道水の利用を続ける旅館が，競争面でより有利になり，効能の高い温泉を提供する旅館は不利になる。競争の結果，当該温泉地では，水道水を温泉水であると偽装する旅館のみが営業する可能性がある。このことを，単純な図式で説明しよう。観光客A氏は，観光地で1泊の温泉旅行を行いたいと考えている。ただし，温泉に関するうわさで水道水を利用している温泉旅館があるらしいことは聞いている。もちろん，本当に効能のある旅館であれば1泊2万円を，しかし，もし水道水なら1万円しか支払いたくないと考えている。しかし，どの旅館がそうであるのかを見いだすことはできない（実際，風呂場の入り口には，両旅館ともに同じように効能を謳っているかも知れない）。2つのタイプの旅館の限界費用は同じで1万2千円かかるとしよう。この温泉観光地にある温泉旅館の全体数をnとし，そのうち，きちんと温泉源を利用している数をmとすれば，観光客が支払ってもよいと考える価格の期待値は，

(10.1)　　　$p = 2 万円 \times \dfrac{m}{n} + 1 万円 \times \dfrac{n-m}{n}$

となる。競争価格は限界費用1.2万円に等しいので，2つのタイプの旅館が併存するためには，

(10.2)　　　$p = 2 \times \dfrac{m}{n} + 1 \times \dfrac{n-m}{n} \geq 1.2$

でなければならない。これより，$m/n \geq 0.2$となる。一方，競争的な市場のもとでは，価格＝限界費用なので，両タイプの旅館の生産者余剰はゼロになっている。一方，消費者余剰は，$m/n = 0.2$の時にはゼロであるが，$m/n = 1$のときには期待価格は2万円となり，8千円となる。生産者余剰と

消費者余剰の合計総余剰を最大化する効率的な状況は，すべての旅館が効能の高い温泉源を使用する場合である。偽装を行う旅館が存在する場合には，（総余剰が減じられるという意味で）市場の効率性が失われるのである。

ところで，このような情報の非対称性が生み出す問題を解決する方法としては，**シグナリング**（signaling）規制が知られている。これは，情報の提供者である温泉旅館のほうが，温泉宿泊客よりも圧倒的に情報（この場合は温泉情報）を有する場合には，提供者に対して，正確な情報を提示する義務を負わせる規制を意味する。平成 16（2004）年の事件を契機に環境省は温泉法施行規則を改正し，先述の温泉表示義務に加え，「温泉施設において，温泉に加水，加湿，循環装置の使用，入浴剤の添加，消毒処理などを行っている場合には，その旨と理由を掲示しなければならない」（第 6 条）とした。温泉に限らず，最近も，食品偽装や燃費試験での偽装問題などが起こるたびに，**法の遵守**（コンプライアンス）が叫ばれることが多いが，これは，逆に言えば，さまざまな理由で不遵守となっている事件が多発していることの反映でもある。温泉表示義務や施行規則に基づく上記の掲示義務なども，温泉成分を分析する登録機関の審査や措置（温泉法第 15 条など），違反した場合の罰則（温泉法第 34 条から第 39 条まで）などが機能してはじめて意味のあるシグナリングになりうると思われる。

10.3 | 公共財

ここでは，前節で挙げた市場の失敗を引き起こす 6 つの要因のうち，残る非排除性や非競合性など，財・サービスの特性に基づく要因を説明する。非排除的で非競合的な財・サービスのケースは，**公共財**（public goods）と呼ばれるものであり，非排除的かつ競合的な財のケースは，**コモンプール財**（common pool goods）と呼ばれる。観光がもたらすさまざまな問題 – 自然環境の破壊や環境問題の多くは，すでに述べた外部性に起因するか，公共財やコモンプール財のケースで生じると考えられる。ここでは，まず，観光と公共財の関係を見ておこう[6]。

10.3.1 公共財の性質

公共財の性質を考えよう。一般的には，非排除的で非競合的な性質を持つ財のことをさす。分かりやすく言えば，非排除的とは，その財については誰でも利用できるという性質である。このため，公共財は「みんなのものであって誰でも利用できる」財になる。一方，非競合的とは，誰かの利用が他の人の利用を妨げないということである。この視点から見た場合，私的財の場合は排除的で競合的な性質を持っているということになる。

このことを，図10.4を用いて説明しよう。図10.4は，消費者がAとBの2人いる場合を仮定している。縦軸は，各消費者の財の限界評価（MB_AとMB_B）を示している。

私的財の場合（左図）は，消費者が一定の価格のもとで需要量を決め，ある消費者が得た財については，他の消費者は排除されているので，結局，個々の消費者の需要量の合計が，社会全体の需要量MB_Sとなる。これは，左図でMB_AとMB_Bを横軸方向に足し合わせたものである。しかし，公共

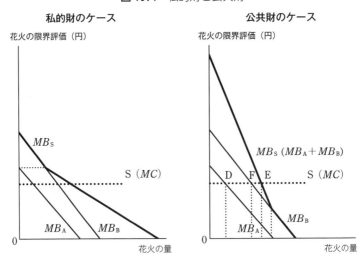

図10.4 私的財と公共財

---

6 公共財の議論の出発点はサミュエルソン（Samuelson（1954））に始まる。

財の場合（右図）は，ある水準で供給された公共財は，すべての消費者が同時に等量だけ利用できるために，個々人の限界評価を縦方向に足しあわせたものが社会全体の限界評価（需要量）となる。つまり，右図でMB_AとMB_Bを縦方向に足したものである。各財の供給が，価格＝限界費用 S（MC）で与えられるとすれば，供給と需要が等しくなる（つまり，図の破線とMB_Sが等しくなる）ように，

(10.3)　公共財需要者の限界便益の総和（$MB_A + MB_B$）
　　　　＝ 公共財の限界費用 MC

が成り立つ水準に，均衡の需要量（＝供給量）が決まる（この条件は，**サミュエルソン条件**と呼ばれている）。

10.3.2　公共財の過少供給問題

　具体的な事例で見てみよう。たとえば，ある観光地でホテル業者が集まって，花火大会を企画開催し，その規模と負担を話し合う状況を考える。各ホテルからは，等しく花火が鑑賞できる状況を想定し，それが開催されればホテル全員が潤うと考える。この場合，花火大会は，ホテル全員にとって公共財になる[7]。各ホテルは，公共財から便益を受けることができる。再び，図10.4の右図を考えよう。問題は，どのように公共財の供給や負担の水準を決定すべきか，という点である。(10.3) が成り立つ場合に，観光地全体にとって望ましい花火大会の規模が決まり，この水準は点Eで与えられる。ホテルAにとって，花火の限界便益はMB_Aであって，点Dが望ましい水準となる。他方，ホテルBにとって望ましい水準は点Fである。仮に，各ホテルが，自己の限界便益＝限界費用の水準で，花火の規模を決める場合，最大でも点Fの水準しか実現できない。たとえば，ホテルBが点Fの水準の花火を供給した場合，花火大会の非排除的な性質のために，ホテルAは点Fを超えた花火の規模を考えることはない。こうして，この観光地では，

　7　しかし，ホテルが個々に，その中庭で花火を行う場合，他のホテル宿泊客はその恩恵を受けることはないので，私的財になっている（図10.4の左図）。

182 第2部 ミクロ経済学と観光

実現される花火大会の規模は，社会全体にとって望ましいと考えられる点E
とはならず，たかだか点Fしか実現されない。このように，公共財につい
ては，望ましいと考えられる水準が実現されない「過少供給問題」が発生す
る。他方，ホテルAにとっては，自分が望ましいと考える点DはホテルB
が拠出することによって実現されてしまうので，すすんで公共財を供給しよ
うとしないかもしれない。これは，フリーライダーの問題と呼ばれる。公共
財の供給に関しては，このような意味での非効率性の問題が起こる。

10.4 | コモンプール財と資源の過剰利用

公共財と違って，**コモンプール財（資源）**は，非排除的であるが競合性が
大きいものである。つまり，誰のものでもなく，みんなのものではあるが，
誰かが利用すると他の誰かが利用しにくくなるようなものである。公共財が
過少供給問題を抱えているのに対して，コモンプール財は，その過剰利用が
問題とされる。観光の場合，多くの問題は，コンプールの性質によるものと
考えられる。例を挙げれば，世界自然遺産（第15章参照）などの有名観光地
で，その自然景観や生態環境をめざして多くの観光客が来訪し，そのため
に，混雑や自然破壊などが引き起こされることがある。図10.5の横軸は，
観光サービスの需要＝観光客数（ある観光地の自然公園の利用水準）としよ
う。観光客は，自然公園から便益を得る。より多くの人々が来訪すること
で，限界便益は次第に逓減すると考える。他方，観光客の来訪にかかる費用
は，図のように逓増するように描かれている。観光地から見れば，観光客の
純便益（便益マイナス費用）が最大になる状態が最適である。これは，点
E，すなわち，観光客が NP^* の水準で達成され，純便益の大きさはE-Dと
なり，このとき，点Eの破線の傾きで表される限界便益と点Dの破線の傾
きである限界費用の大きさが等しくなっている。

問題は，最適な水準 NP^* で自然公園が利用されたとしても，新たな追加
的な観光客が自然公園を来訪するメリットがあれば，観光客は増大してしま
う可能性があるという点である。この自然公園は非排除性を持つので，あら
たな観光客の利用を妨げることができない。実際，NP^* の水準を超えて，

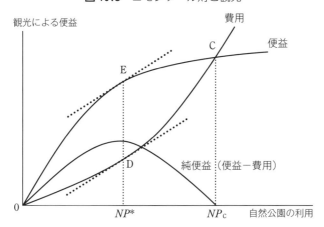

図 10.5　コモンプール財と観光

あらたな観光客が来訪するが，その理由は，純便益が正（便益＞費用）であるからである。図 10.5 の場合，新たな観光客は，純便益が正である限り，つまり，NP_c の水準に達するまで増大すると考えられる。こうして，観光地にとって最適な自然公園の利用水準は実現されず，それを超えた過剰な利用が行われ，自然公園にとって過大な負荷がかかる結果となる。屋久島など世界自然遺産の多くでは，観光客の入域制限を行ったり，観光客数を制限したりする傾向にあるのは，こうした，コモンプール財がもたらす**過剰利用傾向**があるからである[8]。

10.5　おわりに

　以上，市場の失敗がもたらされる要因を概観した。ポイントは，市場が機能する場合に実現されたであろう効率的な状況が，さまざまな要因で阻害さ

8　コモンプールに関する議論については，たとえば，オストロム（Ostrom（1990））を参照。コモンプールに関しては，伝統的な経済的な規制による管理方法があるが，その利用者が利用に関するさまざまなルールを作り，それらを順守するような管理方法があり，オストロムは，市場や政府による問題解決の方法に加えて，第3の方法であると考えている。

れるというものであった。観光業の場合には，外部性などによって観光地の魅力が減じられ，かえって訪問客数を減らしてしまいかねない。このような場合には，適切な観光地の管理や運営とそのための施策が求められる。市場の失敗を補完する施策の一つが，「公共政策としての観光政策」に他ならない。一般的に，公共政策は，民間部門では解決できないために中央・地方政府や公共部門などが行う公共的な政策体系全般を指す用語として規定されることがある。しかし，公共政策が公的部門によって担われるべきであるとする考え方に対しては，民間によっても実現可能であるという主張や公と民の協働関係を強調する考え方もあって，担い手や主体の区分に依拠して定義づけを行うのは困難である。ここでは，市場の失敗が生み出すさまざまな問題を解消し，より効率的な結果をもたらす政策として公共政策を理解しておこう。

　観光と公共政策の関連性を考える場合，次のような，いくつかの課題がなお残されている。まず，観光の場合，地域における観光資源の初期賦存量の差に着目する必要がある。「何もないのが魅力」といった地域も含めて，観光需要を喚起し，招来するために，各地域は不断の競争関係にある。温泉や豊かな自然景観などの格差は，歴然としている。また，ブランディングに成功するか否かにとっても重要である。地域固有資源の掘り起こしから始まった地域であっても，初期賦存量の格差を埋めるために取られた政策の多くは，地域性を無視した「金太郎飴」のようなリゾート施設やテーマパークであった。それらは，一時的に所得再配分に寄与したかもしれないが，地域の持続的な発展にはむしろマイナスであったと思われる。地域の豊かさを実現するための施策は，観光政策に限定されるわけではない。本書の枠組みを超える課題ではあるかもしれないが，エコツーリズムを考える場合には，このような開発とその効果に関する実効可能性を考慮した上で，さまざまな公共政策を選択，遂行する必要がある（第16章参照）。

［参考文献］

　市場の失敗は，ミクロ経済学のテキストが扱っている主要なテーマである。次のよう

第 10 章 観光市場の失敗 *185*

な基本文献がある。また，関連する観光経済学のテキストを挙げておく。

神取道宏（2014）『ミクロ経済学の力』日本評論社

奥野正寛（2008）『ミクロ経済学』東京大学出版会

武隈慎一（1999）『ミクロ経済学』新星社

時政勗，藪田雅弘，今泉博国，有吉敏範（2007）『環境と資源の経済学』勁草書房，がある。また，公共財，コモンプール財に関しては，

ハンレイ，N.，ホワイト，B.，ショグレン，J.（2005）（政策科学研究所環境経済学研究会訳）『環境経済学』勁草書房

ブル=アドリアン（1998）『旅行・観光の経済学』（諸江哲男・菊地均・吉岡秀輝他（翻訳））文化書房博文社

Samuelson, P. A. (1954) "The Pure Theory of Public Expenditure," *The Review of Economics and Statistics*, Vol. 36, No. 4, pp. 387-389.

Ostorm, E. (1990) *Governing the Commons : The Evolution of Institutions for Collective Action*, Cambridge University Press.

が挙げられる。

トピックス：世界遺産の価値

　富士山は，世界文化遺産に登録された 2013 年以降も人気が高く，年間 25-30 万人ほどの登山客が押し寄せる（関東地方環境事務所 HP による）。7 月から 9 月中旬までの登山シーズンに，毎日平均して 4,000 人程度の登山客が来るため，時として数珠つなぎでの登山となる。富士山をめぐっては，登録時に，世界遺産委員会から宿題が出ており，登山者の混雑緩和や文化遺産に指定された本旨である振興の対象や芸術の源泉としての富士山の歴史などの情報提供など，いくつかの改善が求められていた。とくに，登山者の適正数を定め抑制することについては，2018 年までの宿題である。適切な登山者数を求める問題は，観光地が過剰に利用されており，図 10.5 でいうコモンプール資源の場合の適正管理に他ならない。現在では，任意で 1 人当たり 1,000 円徴収されているが，これに対して，京都大学の栗山教授のグループは，入山料の効果について実証し，世界遺産登録後に 30 ％登山客が増大するとして，入山料のみによって登録前の水準に戻すためには，1 人 7,000 円程度の入山料を取る必要があること，入山料が 1,000 円程度であれば，抑制効果はわずかに 4 ％程度であることを示した。このことは，入山料といった経済的手法の他に，規制的手法を含めた他の手法を組み合わせる必要性を示唆している。

（薮田雅弘）

第 3 部

経済学の応用と観光

第11章 開放経済と観光

●キーワード
　開放経済，観光乗数，為替レート，マンデル・フレミングモデル
●ポイント
　観光需要が持つ開放経済下のマクロ的な経済効果について検討し，観光の可能性を考えます。

11.1 　はじめに

　将来の日本経済の成長が心配される中，展望を切り開く打開策の1つが観光事業への取組みであり，それは，わが国への外国人観光客（**インバウンド**）に対する財・サービスの販売努力によって加速される。インバウンドへの財・サービスの提供は輸出の一部として，また邦人の海外旅行（**アウトバウンド**）における支出は輸入の一部として把えることができるので，観光を考えるにあたって，海外との経済関係を重視する**開放経済体系**の検討は不可欠である。

　本節では，海外との「モノ」や「カネ」ならびに「ヒト」の移動や取引・交易について，経済学でどのように考えるか——とくに観光の場合，どう把握するか——について説明する。インバウンド観光客の増加が著しいわが国の場合，近年，観光需要の増加が，日本の所得や雇用にプラスの影響を及ぼしていることがうかがえる。観光はどのようなプロセスを通じて，実体経済に影響を与えるのであろうか。この点を理解するために，本章では，まず，必要な道具立てとして，対外的な取引である**国際収支**や**経常収支**などの概念を説明し，二国間の取引のベースとなる相対価格としての**為替レート**とそれを決定する要因を解説する（☞本書の第3章や第5章も参照）。

190 第3部 経済学の応用と観光

11.2 | 開放経済の道具立て

11.2.1 経常収支と交易条件

開放経済では，対外的な経済取引を考えない**閉鎖経済**の場合に対して，国境を越える財・サービスや資本の取引を考えなければならない。この，対外的な経済取引の全体を**国際収支**といい，財・サービスの取引を表す**経常収支**と資本取引を表す**資本収支**の2つに大別される。経常収支は，①財貨の輸出入を表す**貿易収支**，②サービスの輸出入と利子所得の差額を表わす**貿易外収支**，③対価を伴わない送金や贈与の差額を表す**移転収支**の3つからなり，資本収支は，1年未満の**短期資本収支**と1年を超える**長期資本収支**で構成される。ここでは，簡略化のため，経常収支は，貿易収支とサービスの輸出入の和，資本収支は短期と長期の区別をとくにつけずに論じることにしよう。以下では，開放経済を考えるうえで重要な「経常収支」と「為替レート」について説明する。

① 経常収支

開放経済では，国内総生産（GDP）＝総所得，に財・サービスの輸出と輸入の影響を考慮しなければならない。輸出は国内の財・サービスに対する需要の増加という形でGDPにプラスに，輸入は国内で生産される財・サービスが外国産のものへ代替される形でマイナスに作用するので，マクロの均衡は，GDPをY，消費量をC，投資量をI，政府支出をG，輸出量をX，輸入量をMとした場合，

$$(11.1) \qquad Y = C + I + G + X - e \times (p^*/p) \times M = C + I + G + X - \varepsilon \times M$$

となる。(11.1) では，以上の変数は実質で表されている（つまり，日本の物価水準pで割った値である点に注意しよう）。ここで，eは**為替レート**を表わし，εは実質為替レート（**交易条件**）を表している。すなわち，1ドル＝e円のとき，アメリカから価格がp^*ドルの財をM個輸入するとすれば，輸入金額は$e \times p^* \times M$円であって，これをpで割った値が実質の輸入量となる。次に，為替レートeと交易条件εについて説明する。

② 為替レート

　為替相場には，大きく分けて**固定相場制**と**変動相場制**がある。1971 年夏までは，第二次世界大戦後の世界経済の枠組みを決めた**ブレトンウッズ体制**と **IMF**（国際通貨基金）の指導の下，円は 1 ドル 360 円に固定（peg；ペッグという）されていた。ヨーロッパの主要国で 1999 年に導入された**ユーロ**は複数の国にまたがる経済圏に適用された**統一通貨**の代表例であるが，これも固定相場制の一種である。一方，1973 年以降，わが国は変動相場制に移行し，現在まで円と海外の通貨の力関係は時々刻々と変化している。ある時点で，例えば 1 ドルが 100 円に相当するとき，$e＝$（100 円/1 ドル）を円建ての名目為替レートという。e の上昇を円の価値の減価（円安），e の低下をその価値の増価（円高）という。他方，それぞれの通貨がどれほどの力を持つかは，その通貨の購買力で決まると考えられる。同じ製品について，日本製の円建て価格（あるいは物価指数）を p，外国製の外貨建て価格を p^* とすると，実際の通貨の価値を表す実質為替レート（交易条件）ε は次式で表される；

$$(11.2) \qquad \varepsilon=\frac{ep^*}{p}$$

たとえば，質やデザインが全く同じ T シャツが，アメリカでは 1 枚 10 ドル，日本では 1 枚 1,000 円で製造販売されているとし，**為替レート**が 1 ドル＝100 円であるとしよう。つまり，$e＝100$ 円/ドル，$p^*＝10$ ドル，$p＝1,000$ 円なので，交易条件 ε は 1 となる。ここで，アメリカでは，生産性が低いなどの理由で，1 枚 20 ドルで製造販売されるとしよう。この場合，交易条件は $\varepsilon＝2$ となり，日本でアメリカから輸入された T シャツを買う場合，2,000 円を払わなければならないので，日本製品の方が海外製品よりも安価に購入できる。しかし，1 枚 5 ドルで製造販売される場合は，逆に，交易条件は $\varepsilon＝0.5$ となって，日本製品のほうがアメリカ製よりも日本円に換算して高くなることを意味し，輸入品は安く購入できる。上記の設定では，交易条件が 1 を上回るとき日本からより多くの製品が輸出され日本の経常収支は黒字化し，他方，交易条件が 1 を下回れば，アメリカから日本への輸出が多くなり日本の経常収支は赤字化する。

11.2.2 為替レートの決定

為替レートがどのように決定されるかについての有力な考え方に**購買力平価**（Purchasing-Power-Parity）**説**がある。これは，国際的な貿易市場で長期的に成り立つと想定される水準に為替レートが決まるとする仮説であり，長期的に見て適正と思われる為替レートを，貿易当事国の物価との兼ね合いで捉えようとする考え方である。世界中どこでも同じ製品は等しく評価され世界市場で「一物一価」が成立するならば，（11.2）で表される実質為替レート（交易条件）ε は 1 に等しくなるはずである。このときの為替レート e_p，すなわち，

$$(11.3) \qquad e_p = \frac{p}{p^*}$$

が「購買力平価」にもとづく為替レートである。先の例では，$e = 100$ 円/ドルのもとで，アメリカの T シャツが 20 ドル，日本の T シャツは 1,000 円であった。このとき，長期的な為替レート e_p は 1 ドル 50 円になる。1 ドル 50 円の下では，20 ドルの T シャツは円換算で 1,000 円となりドルの購買力と円の購買力は等価となる。購買力平価説の下では（11.3）が成り立つが，為替レート e_p について変化率で表すと，（為替レートの変化率）＝（日本のインフレ率）－（アメリカのインフレ率），すなわち，

$$(11.3') \qquad \frac{\Delta e_p}{e_p} = \frac{\Delta p}{p} - \frac{\Delta p^*}{p^*}$$

が得られる。これは，購買力平価を前提にした為替レートの水準が，貿易に従事する 2 国間のインフレ率の差によって影響を受けることを意味している。自国のインフレ率 $\Delta p/p$ が上昇したり，相手国のインフレ率 $\Delta p^*/p^*$ が下がれば為替レート e_p は上昇する（自国が日本なら円安になる）。

ただし，国際的な金融の自由化が進んだ今日では，財・サービスだけでなく，お金，すなわち資本も高い運用利回りを求めて世界中を移動する。アメリカの金利が日本より高くなると，資本は日本から引き上げられてアメリカに集中し，円安・ドル高になる。実際には，運用する金融資産の収益率を考えるとき，運用する通貨の価値の変動によっても運用利回りは左右されるので，自国通貨自体の運用先の外貨で図った価値の変動，すなわち為替レート

の変動を金利差に加味して考える必要がある。ここでは，日本の利子率を i，海外（たとえばアメリカ）の利子率を $i*$，今の時点の為替レートを e_t，1年後の予想為替レートを e^e_{t+1} とすると（上付き添字 e は期待を表す），1万円の運用は，今時点でドルに換金し1年後に円で受け取るとして，国内と海外（アメリカ）で次のように表すことができる。

(11.4)　　　国内での運用：1万円 $\times (1+i)$

　　　　　　海外での運用：1万円 $\times \left(\dfrac{1}{e_t}\right)(1+i*) \times e^e_{t+1}$

　仮に，アメリカの金利が高く（$i < i*$），資金（この場合1万円）がアメリカに移動すると，円が売られドルが買われることになるので，円安ドル高になって e_t は上昇する。資金を日本で運用したほうが有利な場合，ドルが売られて円が買われ（円高），逆にアメリカで運用したほうが有利であれば，円が売られてドルが買われる（円安）。アメリカの相対的に高い金利を，為替の変動が相殺してしまえば，結局は資金運用の収益は2国間で等しくなるだろう。資金を，日本で運用してもアメリカで運用しても，同じ収益になるように為替レートが調整されるとする考え方を**金利平価**（Interest parity）**説**という。(11.4) 式で言えば，

(11.5)　　　$e_t = \left(\dfrac{1+i*}{1+i}\right)e^e_{t+1}$

が成り立つように為替レート e_t が調整される，とする考え方が金利平価説である[1]。

11.3 | 観光の乗数分析

11.3.1　乗数過程

　ところで，財・サービスの国際取引を考慮したマクロの均衡式は，(11.1) 式で示したとおりである。再掲すると，

1　金利平価説からは，今日の為替水準は，国内と海外の利子率の差と，将来の為替レートについての予想に影響されることが分かる。

194 **第3部** 経済学の応用と観光

$$Y=C+I+G+X-\varepsilon M \quad ((11.1) \text{ を再掲})$$

である。簡単化のために，しばらくは輸出や輸入などを無視して考えよう。右辺の消費 C に着目すれば，実は，所得 Y の水準に関係している。たとえば，ケインズの伝統的な**消費関数**は，$C=C_0+cY$ という関係で表される（☞第3章を参照）。ここで，c は**限界消費性向**（$=\Delta C/\Delta Y$），C_0 は**外生消費**（基礎消費ともいう）を意味する。(11.1) に消費関数を代入すると

$$(11.6) \qquad Y=\frac{1}{(1-c)}(C_0+I+G+X-\varepsilon M)$$

となる。これから，C_0, I や G が1単位変化すれば，$1/(1-c)$ 分だけ所得 Y が変化することが分かる。ここで，S（貯蓄）$\equiv Y-C$ で，s（限界貯蓄性向）$=\Delta S/\Delta Y$ とすると，$1-c=s$，となることに注意すれば，

$$(11.7) \qquad \frac{\Delta Y}{\Delta C_0}=\frac{\Delta Y}{\Delta I}=\frac{\Delta Y}{\Delta G}=\frac{1}{1-c}=\frac{1}{s}$$

と書ける。**乗数**（Multiplier）とは，(11.7) の $1/(1-c)$，あるいは $1/s$ のことである。ここで，投資 I が ΔI 増加したとする。すると，それ自身は需要増となり，それに等しい所得の増加 ΔY_1 を生み出す。この所得増加は，c 倍の消費需要増（$\Delta C_1=c\Delta Y_1$）をもたらすが，ΔC_1 はそれに等しい所得 ΔY_2 を生み出し，さらに，その c 倍の消費需要 $\Delta C_2=c\Delta Y_2=c^2\Delta Y_1$ をもたらす。このプロセスが n 回続くと考えれば，所得の増大の合計は，

$$(11.8) \qquad \Delta Y_1+\Delta Y_2+\cdots+\Delta Y_n=\Delta I+c\Delta I+c^2\Delta I+\cdots+c^n\Delta I$$
$$=(1+c+c^2+\cdots+c^n)\times\Delta I$$

となることが分かる。もし，このプロセスが無限に続くと考えれば，ΔI にかかる項は無限等比級数の和 $(1+c+c^2+\cdots+c^n+\cdots+)$ となり $1/(1-c)$ に等しい。限界消費性向を $c=0.8$ とすると，乗数は5となり，最初の1単位の需要増が5倍の所得の増大を生み出すことがわかる。乗数過程は，最初の需要増加分の乗数倍の所得増を生み出すプロセスであると言える。

11.3.2 貿易と乗数

2015 年に，海外から日本に来訪する観光客（インバウンド観光客）は，日本人の海外旅行者（アウトバウンド観光客）を上回った。インバウンド観光客数は，約 2,400 万人となり，その観光消費額は 3 兆 5 千億円を数えるまでに増大した。アウトバウンド観光客は主に海外で消費するので，日本から海外への支払い，すなわち輸入と同じように考えることができ，逆に，インバウンド観光客の場合は，外国人の日本での消費支出増になるので輸出と同様に考えることができる。そこで，以下では，まず一般の財・サービスの輸出や輸入に関する乗数を説明し，それを基本に観光の場合を考える[2]。

前掲の (11.1) について，輸出 X と輸入 M を考えよう。輸出は主に為替レート e に依存し，輸入は為替レートのほかに自国の所得に依存すると考えられる。たとえば日米の場合，為替レート e の上昇（円安）は，日本の米国への輸出品を外貨建てで安価に輸出できるので輸出が有利になり，米国からの輸入品は円建てで割高になるので輸入に不利に作用する。また，日本の所得増加は，その一部が輸入品の購入に向かうため輸入を増加させる効果を持つ。実際には，財・サービスの取引においては，日米の価格水準（p や p^*）も影響するので，実質為替レート（交易条件）ε を用いて，

$$(11.9) \qquad 輸出\ X = X(\varepsilon), \quad 輸入\ M = \varepsilon \times M(\varepsilon,\ Y), \quad \varepsilon = \frac{ep^*}{p}$$

と考える。p や p^* を一定とすると，為替レート e の上昇（$\Delta e > 0$：円安）ないし，自国の所得増加（$\Delta Y > 0$）の輸出や輸入に及ぼす影響は，

$$(11.10) \qquad \frac{\Delta X}{\Delta e} > 0, \quad \frac{\Delta M}{\Delta e} < 0, \quad \frac{\Delta M}{\Delta Y} > 0$$

となる。(11.10) の関係を考慮して，(11.9) の輸出や輸入関数を，一次式で近似して，

$$(11.9') \qquad X \fallingdotseq X_0 + \alpha e \left(\frac{p^*}{p} \right), \quad \varepsilon M \fallingdotseq M_0 - \beta e \left(\frac{p^*}{p} \right) + \gamma Y$$

2　『観光白書』（平成 28 年）では，インバウンド観光客の急増の経済的要因として，アジア新興国などの経済成長や燃油サーチャージの値下がりに加えて，円安方向への動きが挙げられている（『観光白書』の 13 頁）。

で表す。ここで，α, β はそれぞれ，為替の上昇（円安）が輸出増，輸入減におよぼす効果を表している。(11.1) 式に代入すれば，

$$(11.1')\qquad Y=C_0+cY+I+G+\{X_0+\alpha e\left(\frac{p^*}{p}\right)\}-\{M_0-\beta e\left(\frac{p^*}{p}\right)+\gamma Y\}$$

となり，各変数の変化に注目すれば（物価は p, p^* は一定と仮定），

$$(11.11)\qquad \Delta Y=\Delta C_0+c\Delta Y+\Delta I+\Delta G+\Delta X_0+\alpha\left(\frac{p^*}{p}\right)\Delta e$$
$$-\Delta M_0+\beta\left(\frac{p^*}{p}\right)\Delta e-\gamma\Delta Y$$

と書ける。(11.11) を整理すれば，

$$(11.11')\qquad \Delta Y=\{\Delta C_0+\Delta I+\Delta G+\Delta X_0$$
$$+\left(\frac{p^*}{p}\right)(\alpha+\beta)\Delta e-\Delta M_0\}/(1-c+\gamma),$$

となる。ただし，$1-c+\gamma>1-c>0$ であることに注意する。輸出や輸入を考慮しない場合，乗数は $1/(1-c)$ であったが，考慮した場合には，為替レート e が変化しない限りにおいて，乗数は $1/(1-c+\gamma)$ であることが分かる。したがって，輸出や輸入など貿易を考慮した開放体系の場合，乗数は小さくなる。その理由は，外生消費や投資，政府支出などの増加は所得の増大をもたらすが，外生需要や派生消費の一部は輸入財の需要に向かい，所得が増加する乗数過程から漏出するからである。そのため，開放体系の乗数は，貿易を考慮しない場合と較べて $\gamma\,(>0)$ で表される分だけ小さくなる。γ は限界輸入性向を表し，γ が大きいほど外生変数が所得に与える影響は小さい。

　次に，為替レート e のみが変化する場合を考えよう。円安で円建ての為替レート e が大きくなる（$\Delta e>0$）と，所得増（ΔY）への影響は，

$$(11.12)\qquad \Delta Y=\{\left(\frac{p^*}{p}\right)(\alpha+\beta)/(1-c+\gamma)\}\times\Delta e$$

と書ける。(11.12) の右辺 { } がここでの乗数を表している。円安は輸出を促進し，輸入を抑制する効果があるため，所得を増加させる効果を持つが，乗数の値は，為替レートの変化が輸出や輸入などに及ぼす影響の大きさ

（α と β）に依存していることが分かる。

11.3.3 観光と乗数

　観光に関しては，海外からの**インバウンド**観光を**輸出**，海外への**アウトバウンド**を**輸入**としてとらえることができる。たとえば，日本のインバウンド観光客の増加（輸出の増大）は，前項の議論から，日本にとって総需要や所得の拡大，雇用創出などの経済効果をもたらすことが分かる。しかし，観光の場合は，人の交流を基軸にしてカネやモノの流れが生じるので，文化振興，環境保全などの非経済的効果も大きい。観光には，こうした広範な効果が期待できるために，国や地方政府の関心が高まっている。

　観光乗数は，国（地域）における観光客の観光支出の増加が，波及効果（乗数過程）をつうじて，国（地域）の生産，所得，雇用を増加させる効果を測定するのに役立つ装置であり，インバウンド（海外からの観光客）の需要を財・サービスの輸出に，アウトバウンド（国民の海外旅行）による海外への需要の遺漏分を輸入に例えれば，前項の貿易乗数の考え方はほぼそのまま観光乗数として使うことができる。観光のための公共施設整備など政府支出が増加する（$\Delta G > 0$）と，（11.11′）式で示したように，乗数（$1/(1-c+\gamma)$）倍の所得増大効果を持つ。観光に適用される乗数のことを特に**観光乗数**という。インバウンド観光客の需要増を輸出増（$\Delta X > 0$）の一部と考えれば，その増加は，わが国（地域）に観光乗数倍の所得の増加を生み出す。輸入の係数 γ が大きいと，観光需要の増加の経済効果の一部は輸入の増加に吸収され，反対に，γ が小さければ，インバウンドの観光需要増加の国内経済への貢献は大きくなる。円安になり為替レート e が大きくなると，円建てでの航空券や海外での滞在費用が高くなり，日本人のアウトバウンド観光客は減少するが，円安は，日本へのインバウンド観光客にとっては有利に働く。したがって，e の上昇（$\Delta e > 0$）は，（11.12）式の { } で示される乗数倍だけ，日本国内の所得を増加させる。

　以上見てきたように，乗数分析は，観光による国内経済の振興を検討する上できわめて有力な手がかりを与えるものであり，インバウンドによる需要やその増加を国内の財・サービスでどれだけ満たすことができるか（γ をど

198　第3部　経済学の応用と観光

れだけ小さくできるか），為替の変動にインバウンドやアウトバウンドがどれほど影響されるか，また投資の促進効果はどれほどか，などが主要な検討課題となる。

11.4 ｜ 開放経済と IS-LM 体系

マクロ経済学では，財・サービス市場と貨幣市場の2つを考え，それらの市場均衡の性質や均衡への経路などを分析し，とくに金融政策や財政政策などの政策効果を考えるために IS-LM モデルが利用されることが多い。ここでは，輸出や輸入などの経常収支や資本収支の均衡条件を考えるために，マンデル・フレミングモデル[3] を考え，開放経済下では，閉鎖経済の場合と比較して異なる帰結が得られることを示す。すなわち，IS-LM モデルの体系が，国際収支を考えた場合にどのように修正されるか，について考える。

11.4.1　IS-LM 体系と政策効果

まず，海外との貿易や資本取引を考えない閉鎖経済のケースで，IS-LM体系を考える。ここで，財市場については，

(11.13)　　　Y_s（総供給）$= C + S + T$,

(11.14)　　　Y_d（総需要）$= C + I + G$

であり，**財・サービス市場の均衡条件**は，$Y_s = Y_d$ である。したがって，財市場の均衡は貯蓄と課税の和 $(S + T)$ と投資と政府支出の和 $(I + G)$ の均衡関係として見ることができる。これは，$S - I$（貯蓄超過）$= G - T$（政府赤字）と書くこともできる。ここで，貯蓄関数を $S = sY$ と考え，投資関数を利子率の関数として $I = I(i)$ で表す。投資は利子率 i の減少関数であるか

3　マンデル（Robert Alexander Mundell；1999 年ノーベル経済学賞受賞）とフレミング（John Marcus Fleming）の名前に由来する開放体系のマクロ経済モデルは，マンデル・フレミングモデルと呼ばれている。体系的には，IS-LM モデルの拡張版である。

図 11.1　IS-LM 体系と政策効果

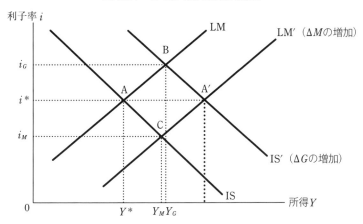

ら，ここでは線形の投資関数 $I=I_0-\lambda i$, $\lambda>0$ を仮定する．このとき，財・サービス市場の均衡条件は，

(11.15)　　　$S-I=sY-I_0+\lambda i=G-T$

となる．政府赤字 $G-T$ が一定の場合，(11.15) において，Y が上昇する場合は，i は減少する関係があることが分かる（すなわち，$\Delta i/\Delta Y=-s/\lambda<0$）．(11.15) における所得と利子率の関係を表す式が，図 11.1 の **IS 曲線** と呼ばれるもので，財・サービス市場で需給均衡を満たす利子率と所得の関係を表している．

次に**貨幣市場**の均衡を考える．ここでは，貨幣供給 M は**中央銀行**がコントロールできるとして一定と仮定し（$M=\overline{M}$），貨幣需要 L は，取引需要 L_1 と資産需要 L_2 で構成される，と考える．取引需要 L_1 は，経済規模の拡大とともに増加すると考えられるので所得 Y の増加関数（$L_1(Y)$，$\Delta L_1/\Delta Y>0$）となり，一方，資産需要 L_2 は，資産を形成するにあたって，国債など利付債券との比較で安全で便利な貨幣をどれほど保有するか，という人びとの投機的動機にもとづく貨幣需要と考えられるので，利子率 i の減少関数（$L_2(i)$，$\Delta L_2/\Delta i<0$）になるとする．つまり，貨幣需要 L は，Y の増加関数，i の減少関数になる．単純化のために，$L_1=l_1Y$，$L_2=L_2^0-l_2i$ とす

ると（l_1, l_2, L_2^0 は正の定数で一定），貨幣市場の均衡式は，

(11.16)　　　$\overline{M} = L(Y, i) = l_1 Y + L_2^0 - l_2 i$

となる。(11.16)で，貨幣供給（左辺）が一定の場合，所得が増加し貨幣の取引需要が増加すると，貨幣の資産需要を減少させるように利子率が上昇する必要がある。このことから，貨幣供給が一定の場合には，$\Delta i / \Delta Y > 0$ の関係が成り立つので，貨幣市場の均衡を表す **LM 曲線**は右上がりの形状になることが分かる（図11.1）。

　まとめれば，利子率と所得の関係を示す平面（図11.1）を考えた場合，財・サービス市場の均衡を表す IS 曲線は右下がりの曲線として，貨幣市場の均衡を表す LM 曲線は右上がりの曲線として表される。こうして，財・サービス市場の均衡と貨幣市場の均衡を同時に満たすマクロの一般均衡は，IS 曲線と LM 曲線の交点 A で表すことができる（図11.1）。

　ここで，政策効果について見ておこう。(11.15)，(11.16)から，政府支出の増大など財政赤字の増大は，IS 曲線を右方にシフトさせること，また，貨幣供給の増大は，LM 曲線を下方にシフトさせることが分かる。これらは，それぞれ財政政策や金融政策の代表的な政策手段である。始めに，図11.1 のように，政府が景気刺激対策の一環として政府支出を増やすと仮定する。$\Delta G > 0$ のとき，IS 曲線が IS′ へと右方にシフトする。LM 曲線に変化がなければ，均衡点は財政拡張政策を受けて右上に変化する（点 A から点 B）。なぜならば，経済活動を拡大するには限られた貨幣量 $\overline{M}$ のうち一部を取引需要 L_1 に回さなければならず，そのためには資産需要 L_2 を減らして取引需要に充当する必要がある。したがって，均衡点の利子率が上昇せざるを得ないからである。もし金利が一定（$i = i^*$）に維持されるならば，$\Delta G > 0$ の効果は点 A から点 A′ へと（点 B に比して）より大きくなっていたと考えられる。利子率が上昇すれば民間投資の一部は減少してしまう。この政府支出の増加による民間投資の減殺効果を**クラウディングアウト**という。

　次に中央銀行が，金融緩和政策を取り，貨幣供給を増やすとしよう（$\Delta M > 0$）。所得 Y に変化がなければ，市場に供給された追加の貨幣供給分

は資産需要として保有されざるを得ないので，貨幣市場の均衡が維持されるためには利子率は下がらざるを得ない。こうして LM 曲線は下方にシフトする。そしてマクロ均衡点も右下に変化する（図 11.1 の LM から LM′ へのシフト）。この場合，均衡点は，点 A から点 C へと移動し，所得の増加（Y^* から Y_M）と利子率の低下（i^* から i_M）が帰結する。

　景気浮揚対策として最も効果が期待できる方法は，財政支出の増加と金融緩和を同時に発動する**ポリシーミックス**である。景気刺激的な財政拡大政策による利子率の上昇＝民間投資の減少を回避するように，貨幣供給増などの金融緩和政策を同時に行うことで，利子率上昇を抑え，たとえば，図 11.1において，点 A から点 A′ のように，所得を大きく増大させることができる。

11.4.2　開放体系と国際収支の均衡

　次に，開放経済を考える。開放経済では，まず，財・サービスの取引について，（11.1）のように輸出 X と輸入 εM が加わること，また，金融市場については，対外的な資本の取引を考慮しなければならない。

　まず，開放経済での財・サービス市場の均衡は，

（11.17）　　　S（貯蓄）$+T$（課税）
　　　　　　　$=I$（投資）$+G$（政府支出）$+X$（輸出）$-\varepsilon M$（輸入）

で表わされる。（$X-\varepsilon M$）は純輸出（経常収支）と言われる。たとえば，純輸出が正のとき，それは，貯蓄と課税の和が国内投資と政府支出の和を上回ること（$(S+T)-(I+G)=$ 純輸出 >0）を意味しており，生産の国内での余剰分（供給マイナス需要）が，輸入を超える輸出に振り向けられている状態である。したがって，輸出が旺盛だからといって，それが国内総生産の増加に寄与しているわけではなく，むしろ国内経済の不況を反映しているだけの場合もある。この考え方は，「アブソープションアプローチ」と呼ばれ，「国内経済のインバランスを経常収支が相殺する」という考え方を言う。

　さて，ここでは変動相場制を仮定し，議論の単純化のため，日本とその交易相手国をアメリカのみと想定し，日本からの純輸出を正としよう。純輸出

202　第3部　経済学の応用と観光

分がアメリカに置かれる場合はドル建ての預金であり，資本収支で見ると，アメリカへの純輸出に等しい資本がアメリカに輸出（＝投資）されたことになる。日本から海外への正の資本の純輸出を「赤字の資本収支」と言う。いま，国際収支（BP）の均衡を考えると，**経常収支の黒字（赤字）＝資本収支の赤字（黒字）**になる。「収支」という言葉については，日本にお金が入る場合を「正」，日本から海外にお金が出て行く場合を「負」と考えると分かりやすい。

　次に資本収支（お金の流れ）を考えよう。今日では世界の資本市場はコンピュータ化された大規模な取引で，ほとんど一体化されている。国ごとのリスク（カントリーリスク）を無視すれば，アメリカの利子率 $i*$ が日本の利子率 i よりも高ければ，日本の金融機関や人びとはアメリカの国債を買うなどしてアメリカへの投資を増やすだろう。アメリカへの資本輸出を K_x，アメリカから日本への資本輸入を K_m とすると，資本の純輸出 (K_x-K_m) は，$i*$ が i より高いほど増加する。このとき国際収支が均衡しなければならないとすると，資本収支が減少した分に等しいだけ経常収支が増えなければならない。純輸出で表される経常収支が増加すれば，それは輸入の減少，ひいては GDP の減少を意味する（逆は逆）。米日の金利差 $i*-i$ が大きくなると日本からの資本の純輸出が増加することから，資本の純輸出（負の資本収支）は，$K*$，κ を正の定数として，

(11.18)　　　$K_x-K_m \fallingdotseq K*+(i*-i)\kappa$

と表されると考える。これは，図11.2左の（A）の第1象限で描かれている。他方，経常収支（貿易の純輸出で代理）は

(11.19)　　　$X-\varepsilon M = X_0-M_0+(\alpha+\beta)e\left(\dfrac{p*}{p}\right)-\gamma Y$

となり，ε を一定として図11.2右の（C）で描かれている。均衡で資本収支赤字は経常収支黒字であることを考慮して，図11.2左の（B）を描いている。また，図11.2右（D）の BP 曲線は，国内の $Y-i$ 平面上で，国際収支の均衡を描いたものである。日本の利子率が高い $(i>i*)$ と資本収支は赤字が小さくなり（黒字化という），経常収支の黒字が小さくなって，このこと

図 11.2　国際収支の均衡と GDP との関係を表す BP 曲線

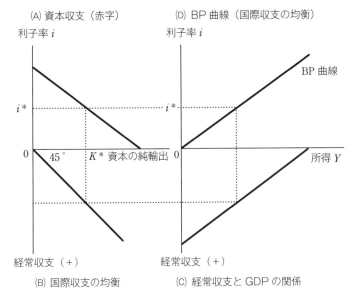

は国内の所得水準がより大きくなることを意味している。つまり，国際収支の均衡については，日本の金利の上昇は所得の上昇を伴わなければならない。これが，図 11.2 右（D）の BP 曲線が右上がりとなる理由である。

11.5　マンデル・フレミングモデル

ここで閉鎖経済の IS-LM 体系を開放モデルに拡張する。はじめに，両国の物価は不変と仮定する。開放体系の場合，次の 3 つの均衡を考えなければならない。

(I) 財・サービス市場の均衡：IS 曲線

$$Y = C_0 + cY + I_0 - \lambda i + G + \left\{X_0 + \alpha e\left(\frac{p^*}{p}\right)\right\} - \left\{M_0 - \beta e\left(\frac{p^*}{p}\right) + \gamma Y\right\}$$

(II) 貨幣市場の均衡：LM 曲線

$$\overline{M} = L(Y, i) = l_1 Y + L_2^0 - l_2 i,$$

（III）国際収支の均衡：BP 曲線

資本収支赤字＝$K^* + (i^* - i)\kappa$

$$= 経常収支黒字 = \left\{X_0 + \alpha e\left(\frac{p^*}{p}\right)\right\} - \left\{M_0 - \beta e\left(\frac{p^*}{p}\right) + \gamma Y\right\}$$

マンデル・フレミングモデルは，先述の IS-LM 体系に BP 曲線を考慮したもので，変数は，利子率 i，所得 Y に，為替レート e を加えたものである。ここで，**小国の仮定**を置く。これは，一国の経済が他国に影響を与えるほどの力がなく，また資本移動の利子弾力性が無限大で，資本移動が完全に自由という世界を仮定することである。日本についてこの「小国の仮定」が当てはまると考えれば，常に「日本の利子率 i＝アメリカの利子率 i^*」が成立する。このとき，上記（III）での国際収支均衡線（BP）は i^* で水平となり，IS 曲線と LM 曲線が，図 11.1 のような関係にあるとすれば，これらの 3 つの曲線は図 11.3 のように描くことができる。

最初に，これら 3 つの曲線が図 11.3 の点 A で交わっているとする。国内のマクロ均衡 Y^A（A 点）は不況下にあるとし，政府が景気を刺激するために財政支出を増やしたとする。中央銀行が貨幣を増やさない限り，国内のマクロ均衡は貨幣市場の逼迫を反映して利子率 i を上昇させる（点 B（Y^B_G））。このとき，海外の投資家は，日本の金利上昇を見て直ちに日本に資本を輸出するために，ドル売り円買いが起こり円高になる（e は低下する）。円高は輸出に不利に，輸入に有利に作用するので，結局は，国内生産物に対する総需要が減少し，最終的に IS 曲線が元の Y^A で LM 曲線と交差するまで資本流入が続き，為替は下落し続ける。元の均衡点に戻ったところでは，財政支出の増加 ΔG は決まっているので，結局は為替の下落，すなわち円高によって ΔG に等しい純輸出の減少が起きていると考えられる。

次に，金融緩和が実施された場合の効果について考える。貨幣供給量の増加（$\Delta M > 0$）は，LM 曲線を下方にシフトさせ，国内均衡は図 11.3 の点 C（Y^C_M）に変化する。開放経済では景気拡大効果はこれだけでは終わらない。国内金利 i の低下は，アメリカの利子率 i^* との格差を意味し，資本の流出（資本収支の赤字化）を惹き起こして円安を招く。為替の減価は純輸出に有利に作用するので，景気は内外金利差のなくなる点 D（Y^D）まで拡大する。

図 11.3 マンデル・フレミングモデル

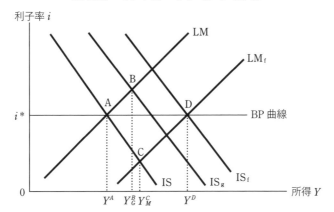

このように，変動相場制の下では，景気刺激対策としての経済政策として，「財政拡大効果は結果的に期待できず，金融緩和政策が望ましい」という結論が得られる。ただし，財政拡大政策をとった場合でも，同時に金融緩和政策を中央銀行に要請して，金利の上昇を防ぐことができるなら拡張的な財政政策も有効であることが期待できる。こうした財政と金融の2つの政策を同時に発動する政策を**開放経済下のポリシーミックス**と言う。

11.6　おわりに—インバウンド観光—

　本章では，開放体系におけるマクロ経済均衡を考察した。以下では観光についてより具体的に検討してみよう。すでに見たように，インバウンドの観光需要は輸出に，アウトバウンドの観光需要は輸入に例えて考えることができる。したがって，前節までの議論を観光に適用することができる。ただ，現実には，その測定をめぐって考慮すべき問題があり，ここでは，そのいくつかを説明する。たとえば，国際観光客到着数は，最も頻繁に使用される測定値であり，商品やサービスの供給者にとってとりわけ重要な指標である（Sheldon, 1993, pp. 13-20）。たとえば，到着客数の記録された数値から，供給能力を調整すること（たとえば，航空機をもう一機購入するか，新しいホ

テルに投資するか，など）が可能になるのである。観光費用（観光をひとつの財・サービスの塊と考えれば価格）は，通常２つの要素で構成される。ひとつは，出発国から観光目的地の国までの輸送費で，もうひとつは観光目的地における滞在費である。

　国際観光の観光客には自国で休暇を過ごすという選択肢が潜在的にある。すなわち，観光旅行に出かけた先の国での滞在費の，国内の生活費と比較した高低は，旅行に対する意欲に影響する可能性が大きい。通常，観光先の国におけるCPI（消費者物価指数）は，その国の生活費とみなされるので，特定の観光地における**観光価格**（滞在費用や土産物の購入など）をその国のCPIで推定できる。観光価格の分析では各国のCPIが使われる（Crouch, 1992, pp. 643-644）。これらによって，観光の相対価格も算出されるので，比較分析として非常に有効である。この**観光の相対価格**は，観光地iのCPI_iを訪問者の自国jのCPI_jで割り，名目為替レート$e_{i(j)}$によって調整した，実質為替レートP_i^jで代表される。以下の式のように，ある国"i"の観光の相対価格をP_i^jとすると

(11.20)　　　$P_i^j = \dfrac{CPI_i/e_i}{CPI_j/e_j}$

ここで，CPI_iとCPI_jは，それぞれ観光目的地iと観光客の自国jにおける消費者物価指数を示し，e_iとe_jは，観光目的地iと観光客の自国jにおける為替レート（米ドル通貨での為替レート）である。これは，観光の起点国"j"と比較した観光の目的国"i"における観光のコストを反映している。

　他方，観光需要に関する研究では，訪問者の国の所得は，観光収入を測る上で最も重要な決定要因のひとつとみなされており，その所得にはGDP，GNP，個人の可処分所得などが充てられる。観光需要に見られる比較的高い成長率は，国際観光客到着数と国際観光収入の高い所得弾力性と部分的に関係があるとの指摘がある（Vanhove, 2011, pp. 61-87）。観光需要は，一般的に所得の変化に敏感に反応し，所得弾力性は大きいとされる。

第 11 章 開放経済と観光　　*207*

[参考文献]

ここでは主に以下の外国語文献を参考にしている。

Crouch, G. (1992), "Effect of Income and Price on International Tourism," *Annals of Tourism Research*, Vol. 19, pp. 643-664.

Sheldon, P. J. (1993), "Forecasting tourism : expenditure versus arrivals," *Journal of Travel Research*, Vol 32, pp. 13-20.

Vanhove, N. (2011), *The Economics of Tourism Destinations*, 2nd. ed. Routledge, Taylor & Francis Group, London and New York.

トピックス：市中免税店と ICT 活用最前線

　三越伊勢丹は，銀座三越店 8 階に沖縄以外では初の試みである空港型市中免税店舗を「Japan Duty Free GINZA」としてオープンし，海外のブランド品と日本の伝統工芸品などを揃えている。大丸松坂屋は，大丸大阪心斎橋店の南館を，全館免税専門の売場に改装し有力免税店のラオックスを誘致した。同社は現在，インバウンド顧客の固定化策として，情報通信技術（Information and Communication Technology 略して ICT）の活用に「囲い込み」と「拡散」の 2 つの観点で取り組んでいる。百貨店に特有の上得意客（外商客）の囲い込みさながら，インバウンド顧客の情報を取り込み，顧客サービスの展開を試みている。また，中国最大と言われる SNS サービス「WeChat」の決済サービスを他社に先駆けて導入し，観光客が発信する情報の拡散機能を活用する傍ら，買い物の利便性と満足度の向上を目指している。空港型市中免税店は一般的な免税店（Tax Free）とは異なり，消費税だけでなく，輸入関税や酒・たばこ税などもその場で免除されるのが特徴である。商品は後日空港で出国手続き後に受け渡され，その場での受け渡しが発生しないため，購入客が身軽に行動できることや，店舗内に在庫を持つ必要がなく豊富な品揃えが叶う点など需給双方にメリットがある。またインバウンド顧客だけでなくすべての出国予定客が利用できる。

（黒木龍三・大熊美音子・ダフチャン，アンナ）

第12章 経済成長と観光

●キーワード
　成長理論，技術進歩，内生的成長，ICT，インバウンド観光
●ポイント
　経済成長を引き起こす要因と，観光が経済成長に及ぼす効果について考えます。

12.1 はじめに

　経済が順調に成長するためには，需要と供給が足並みを揃えて増加しなければならない。需要は，財・サービスの消費 C や投資 I が増加すれば増加し，供給は労働や資本などの投入が増えるか技術進歩が起これば増加する。とりわけ投資は総需要の一部を構成するだけでなく，旧来の設備に新しい設備が追加されることで，資本ストック K を増加させ，供給能力を高める。投資は，需要をもたらす側面と供給能力を増大させる側面を持つが，これを**投資の二重性**という。

　ところで，2013 年以降のわが国の安倍政権における主要な経済政策はアベノミクスという標語で代表される。それは，第 1 に，異次元と形容される大規模な金融緩和政策，第 2 に，景気に配慮した機動的な財政政策，第 3 に，長期的な視野に立った経済成長戦略，の 3 つの政策で構成されており，他方，「観光立国」をめざす取組みも，企業の投資促進や農業・医療分野の推進などと並んで，観光が，将来の日本の成長戦略の重要な鍵であることを示している。すでに，第 11 章で論じたように，インバウンド観光の増大は所得の成長を促すが，所得の成長のためには，労働や資本といった生産要素の拡大と，併せて技術進歩が必要である。本章では，所得成長の供給面から見た分析を中心に，観光分野の経済成長をどのように考えるかについて検討

する。経済成長には，生産財やサービスを供給する能力に力点を置き，生産要素の投入や技術の状況に依拠する分析と，生産を引き出す需要の動向に力点を置く考え方がある。本章では，観光に関する財やサービスの供給側面から，生産技術や生産要素投入の効率性の側面を検討し，他方で，観光需要の動向とその増大がもたらす影響を考える。

12.2 | 新古典派の経済成長モデル

経済学ではいくつかの成長モデルが展開されているが，ここでは，**新古典派経済成長モデル**を紹介する。

12.2.1 新古典派の成長モデル

アメリカの代表的な経済学者の1人であるロバート・ソロー（Robert Solow）は，後に**ソローモデル**として有名になった成長モデルを発表した。t時点の生産 Y_t は，t時点の資本 K_t と t時点の労働 N_t を投入して行われると仮定する。この投入と生産の関係は，**生産関数**と呼ばれ，$Y_t = F(K_t, N_t)$ と書く。生産関数が一次同次であるとすると，資本や労働の投入を a 倍にすると生産も a 倍になるので，$aY_t = F(aK_t, aN_t)$ と書くことができる[1]。$a = 1/N_t$ を代入すると，

$$(12.1) \qquad y = f(k), \quad y = \frac{Y}{N}, \quad k = \frac{K}{N}$$

と変形できる（以下，時間 t は省略）。s を貯蓄率とすると $sY = $ 貯蓄であり，貯蓄＝投資＝資本の蓄積（$\Delta K + \delta K$；δ は資本の減耗率）となるので，(12.1) により

$$(12.2) \qquad \Delta k = \frac{N\Delta K - K\Delta N}{N^2} = \frac{sY - \delta K}{N} - \frac{K}{N}\frac{\Delta N}{N}$$

---

1 すべての生産要素（ここでは資本 K と労働 N）を a 倍にすると生産量 Y も a 倍になるような性質を持つ生産関数のことで，コブ＝ダグラス型生産関数と呼ばれる $Y = AK^\alpha N^{1-\alpha}$ などは，$A(aK)^\alpha(aN)^{1-\alpha} = a^\alpha a^{1-\alpha} \times A(K)^\alpha(N)^{1-\alpha} = aY$ となり，一次同次の生産関数である。

$$=sy-(\delta+n)k=sf(k)-(\delta+n)k$$

を得る。ここで，n は労働人口増加率（$\Delta N/N$）である。資本 K と労働 N が同じ率で成長する成長経路は，**均斉成長経路**と呼ばれる。このことは，k が一定，すなわち，$\Delta k=0$（つまり，(12.2) の左辺=0）を意味する。したがって，均斉成長経路が成り立つ条件は，(12.2) の右辺=0，すなわち，$sy=(\delta+n)k$ であり，これは，1人当たり貯蓄 sy が，1人当たり資本の減耗分 δk と人口増加に見合う資本の増加分 nk を賄うものでなければならないことを意味する。以上の関係を図 12.1 で描こう。図 12.1 で，均斉成長経路での**資本労働比率** k は点 k^* で与えられ，その右側では $\Delta k<0$，左側では $\Delta k>0$ になるので，k は k^* から離れても時間が経てば k^* に近づく。均斉成長経路を実現する点 k^* の安定性は保証されるのである。

言うまでもなく，$k=k^*$ が一定となる均斉成長経路の場合，y^* も E で一定となり，経済成長率 $\Delta Y/Y$ は，労働人口増加率 n に等しいことがわかる。

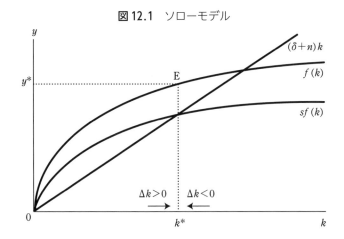

図 12.1　ソローモデル

12.2.2　技術進歩とソローの残差

前項の議論では，経済成長率は投入される労働人口の増加率 n によって決まる。今日では，生産要素の投入量のみならず，技術進歩の重要性が指摘

されている。そこで、技術進歩について考える。簡単化のために、次のようなコブ＝ダグラス型の生産関数を考えよう。

(12.3)　　　$Y=AK^{\alpha}N^{1-\alpha}$,　$0<\alpha<1$,　$A>0$

(12.3) において、K や N などの生産要素投入が一定の場合でも、A が上昇することによって Y は増加するので、A は生産技術の状態（**全要素生産性**；TFP = total factor productivity）を表すと考えられる。ここで、Y を K と N で偏微分し整理すると、

(12.4)　　　$\alpha=\dfrac{\Delta Y/Y}{\Delta K/K}$,　$1-\alpha=\dfrac{\Delta Y/Y}{\Delta N/N}$,

となることから、α は資本の増加が経済成長に及ぼす効果、$1-\alpha$ は労働の増加が経済成長に及ぼす効果を表していることが分かる。また、α と $1-\alpha$ は、それぞれ、所得に占める**資本分配率**と**労働分配率**を意味することも知られている。

　(12.3) 式の両辺の対数をとると $\log Y=\log A+\alpha\log K+(1-\alpha)\log N$ となり、時間で微分すると、

(12.5)　　　$\dfrac{\Delta Y}{Y}=\dfrac{\Delta A}{A}+\alpha\dfrac{\Delta K}{K}+(1-\alpha)\dfrac{\Delta N}{N}$

となる。(12.5) から、経済成長率 $\Delta Y/Y$ は、技術進歩率 $\Delta A/A$ と資本蓄積率の貢献 $=\alpha\times\Delta K/K$ と、労働人口増加率の貢献 $=(1-\alpha)\times\Delta N/N$ の和によって表されることが分かる。このように、経済成長率は、資本蓄積率や労働人口増加の貢献によって説明される部分と、技術進歩の貢献分として説明される部分の合計として説明されるが、一般に、経済成長率から資本蓄積率と労働人口増加率の貢献分を除いた部分（技術進歩の貢献分）は**ソローの残差**と呼ばれている（☞章末の数学注を参照）。

12.2.3　内生的成長モデル

　上記の新古典派経済成長モデルでは、資本が蓄積されるにつれて生産性は逓減すると仮定されているが、現実には必ずしもこの仮定は当てはまらない。その例としてしばしば挙げられるのは次の3つである。

212　第3部　経済学の応用と観光

a）資本の外部効果

b）習熟効果

c）公共財の考慮

　ある産業で高い生産性を持った機械などの技術が他の産業に移転し，経済全体の生産性がより高くなることが考えられる（**資本の外部効果**あるいは**技術のスピルオーバー効果**）。また，資本を広く**人的資本**と捉えるならば，労働者が技術の高い集団に属すると，そこで熟練度が上がって生産性が上昇する。人的資本が蓄積されるプロセスで，新しく付加された労働者は次々と技術を習得していくので，人的資本の生産性が落ちることはない。こうした**習熟効果**はあたかも労働人口が増えるのと同じ役割を果たす。さらには，インフラなどの**公共投資**の存在とその生産性増大効果が，資本蓄積による資本の生産性の低下をちょうど打ち消す場合が考えられる。

　ここでは，労働者数が変わらないとしても，その生産性が資本蓄積と同じように上昇するモデルを考えてみよう。習熟度 T を考慮した労働者数 TN は N が一定でも資本の蓄積と同じように増大すると考え，$TN=K$ と考えることができるとする。このとき，(12.3) は

(12.6)　　　$Y=AK^{\alpha}(TN)^{1-\alpha}=AK^{\alpha}K^{1-\alpha}=AK$

と書ける。(12.6) は，技術 A と人的資本を含む広義の資本 K の2つの要素からなる線形の生産関数で表された「内生的成長」のモデルである。広義の資本蓄積 ΔK が貯蓄（$S=s \times Y$）に等しいと考えると，(12.6) より，$\Delta Y=A\Delta K=AsY$，となる。したがって，1人当たりの所得（Y/N）の成長率は，

(12.7)　　　$\Delta y/y=\Delta Y/Y-\Delta N/N=A \times s-n,$

となり，高い生産技術，高い貯蓄率，低い労働人口増加率のもとで，(12.7) の右辺が正である限り，1人当たりの所得は一定の率で成長することになる。観光経済については，上記のa）〜c）のいずれもが当てはまると考えられることから，内生的成長モデルは有力な分析用具の1つとなるであろう。

12.3 | 観光の成長とテクノロジーの進歩

　観光における成長の具体的なあり方について考えてみよう。今日，旅行をする場合，低コストの航空会社や格安宿泊施設を使用することができ，旅行会社のキャンペーン（ビッグセールス，プロモーションツアーなど）を活用したり，チケットやホテルなどをオンラインで予約することもできるなど，ますます多くの人々が世界中を旅行する機会が増えている。観光サービスの供給に関する主要な技術の発展について，情報通信の技術革新を取り上げ，その効果として航空産業の成長と市場構造の変化を検討する。

　近年，**情報通信技術**（ICT: information and communication technology）の革命は，「イノベーション」や「技術革新」として新しい領域を急速に確立し，ICT は我々の生活には欠くことのできないものになっている。私たちが電話やチャット，グーグル検索をしない生活は一日たりとも想像できない。世界全体での携帯電話登録件数は，2000 年には 7 億 3,800 万件だったものが，2015 年末までに 70 億件を超えるまで広く普及し，また，インターネットユーザーは，2000 年には世界中で 4 億人だったものが，その後 2015 年末には 32 億人にまで飛躍的に拡大した（国際電気通信連合 2015 年度）。

　こうした ICT の発展は，観光産業を含むさまざまな分野のビジネスにおける需要と供給の変化をもたらした。ICT の発展・革新によって次第に新しいパラダイムシフトが起こり，産業が再編され，ビジネスの外部環境などの状況が拡大した。ICT によって消費者は観光商品を識別し，カスタマイズして購入できるようになった。ICT は，今日，世界規模での商品開発や商品管理，流通のためのツールを提供することで産業のグローバリゼーションを支えているのである。こうして見ると，ICT の発達は，典型的な**内生的技術進歩**の要素を構成していると考えられる。表 12.1 は，ICT が観光の各局面にどう関わっているかを示している。

　科学技術の進歩は，観光業界の需要を劇的に変えたが，その典型例が航空分野である。航空は，長距離旅行における観光旅行の輸送方法としてますます重要になっている。飛行機での旅行の人気が高まるにつれて，航空会社の

214 **第3部** 経済学の応用と観光

表12.1 観光とICTの相互関係

観光サイトの選択と開発	土地空間情報技術
マーケティング	インバウンド（市場調査） アウトバウンド（広告・宣伝など）
CRM（顧客管理システム）	出発地—目的地—出発地 予約：旅行，宿泊，ツアー，など 管理：旅行前，旅行中，旅行後
操作，オペレーション	購買，サービスや供給の手配 バリューチェーンの管理
観光旅行監視サイト	GIS & GPS

出所：USAID.(2006), Information Communication Technologies (ICT) and Tourism (ICT＆ツーリズム，USAID（U. S. 国際開発庁レポート））。表内のGISは地理情報システム（Geographic Information System），またGPSは全地球測位システム（Global Positioning System）である。

数は増え業界内の競争は激化した。「旅客キロ」（RPK : revenue passenger kilometers）で見た場合，上位15社の航空会社グループは，2015年には全世界の47.6％を占めた。成長率については前年比6％で，この伸び率は，世界平均を0.8％下回る数値ではあるものの，とくに中国関連の航空会社の伸びが際立っている。この高い成長率は需要の増大とそれに対処し競争に打ち勝つための技術革新導入の成果であると考えられる（表12.2）。

12.4 | 日本のインバウンド市場と対策

観光をささえる技術の進歩は，内生的成長モデルに依拠するまでもなく，観光部門内部での技術の伝播，インフラストラクチュアーの整備など観光関連の公共投資の増大に加えて，観光サービスの人的側面などが大きく影響する。ここでは，「観光立国」としてインバウンド観光を中心に著しい成長を遂げている日本の観光市場について検討する（☞本書第2部や第3部の各章を参照）。

第 12 章　経済成長と観光　　*215*

表 12.2　2015 年度の世界の航空会社上位 15 社による交通量の市場占有率

(単位：10 億 RPK*)

ランキング		RPK（10 億）	前年同期比
1	アメリカン航空	358.6	2.4%
2	デルタ航空	337.1	3.3%
3	ユナイテッド航空	335.4	1.5%
4	エミレーツ航空	251.2	8.8%
5	エアフランス− KLM	235.7	2.8%
6	インターナショナル・エアラインズ・グループ	222.0	9.6%
7	ルフトハンザグループ	220.4	2.7%
8	中国南方航空	189.6	13.7%
9	サウスウェスト航空	188.9	8.8%
10	中国国際航空	171.7	11.0%
11	中国東方航空	146.3	14.6%
12	キャセイパシフィック航空グループ	122.3	9.0%
13	トルコ航空	119.4	11.7%
14	カンタスグループ	114.3	4.3%
15	シンガポール航空グループ	112.7	0.4%

出所：国際民間航空機関（ICAO）2015
　　　表内において RPK（旅客キロ）は航空会社によって輸送された乗客数を計る尺度である。

12.4.1　日本のインバウンドとアウトバウンド市場の現状

　日本人の観光渡航が本格的に自由化された 1964 年からおよそ 50 年の間，国外への日本人の旅行者数（アウトバウンド数）は著しく増加し，長い間，訪日外国人客数（インバウンド数）との乖離は歴然としていた。しかし今日，この形勢に歴史的とも言える大きな変化が生じている。2015 年，日本へのインバウンド観光客数は年間 1,974 万人に達し，1971 年以来，実に 45年ぶりに両者は逆転したのである（図 12.2）。日本政府が観光立国を掲げ，ビジット・ジャパン（visit Japan）事業を開始した 2003 年のインバウンド客数は 521 万人であった（JNTO, 2016）ので 12 年間で約 3.8 倍に増えたことになる。

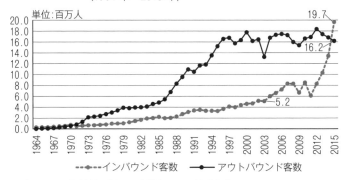

図12.2 日本のインバウンドおよびアウトバウンド客（1964年～2015年）

出所：JNTO統計情報「出入国者数」により筆者作成

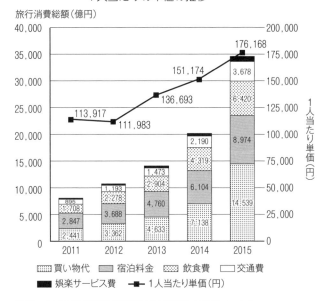

図12.3 訪日外国人客の旅行消費総額および1人当たりの単価の推移

出所：JNTO統計情報「訪日外国人消費動向調査」による。

第12章 経済成長と観光　*217*

図12.4 アジアおよびヨーロッパからの日本への
インバウンド観光客数（1990年〜2015年）

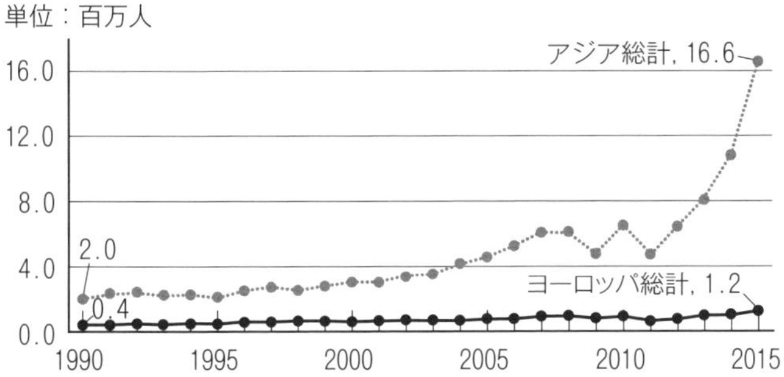

単位：百万人

アジア総計, 16.6

ヨーロッパ総計, 1.2

2.0

0.4

1990　　1995　　2000　　2005　　2010　　2015

出所：JNTO統計情報「訪日外客数」・法務省「出入国者数」により
筆者作成。

　急速に拡大を続けるインバウンド市場をめぐっては，日本の国内旅行消費
の拡大，関連産業の振興や雇用の拡大による地域活性化といった大きな経済
効果が見込まれ，あらゆる産業が注目している。2015年のインバウンド観光客
の旅行消費累計額は，3兆4,771億円（前年比171.5％）となった（図12.3）。

　JNTOによる公式な発表が始まった2011年には8,135億円だったので，
わずか4年で約4.3倍の規模に成長したことになる。内訳は，買物の出費が
最も多く1兆4,539億円で，次に宿泊代が8,974億円である。その他，飲食
代，交通費，娯楽サービス費と続く。消費項目のどれを見ても4年間で3倍
以上の伸びを示しており，買物に至っては約6倍にも増えている。

12.4.2　インバウンド市場拡大の要因

　日本のインバウンド市場がこれほどまでに拡大している原因を，外的要因
と内的要因に分けて考えよう。まず外的要因の最も大きなものは，近隣のア
ジア諸国の経済的発展が進んだことである。全世界の国際観光客数は年々増
加しているが，特に近年のアジア諸国の増加は著しい。アジアからの訪日客
数は，1990年からの25年間で約8倍に増えている（図12.4）。

　ASEAN 40周年記念の2013年には，多くの国に対して**ビザ（査証）**の審
査や発行の基準が緩和され，また各国政府間で国民の海外渡航や旅行におけ

る法規制が段階的に改定されるなど，徐々に新興国の国民が自由に海外旅行できる環境が整えられてきた。これに呼応するように，特に**格安航空会社**（LCC：low-cost carrier）などの日本就航の国際線フライトの増加や，クルーズなどさまざまな渡航アクセスツールが整備された。さらに免税対象品の拡大，円安など為替の影響も奏功して，近隣の先進国である日本が観光地として選ばれている。

他方，内的要因としては，日本の外国人観光客受入策が長い間消極的であったことが挙げられる。経済が成熟し少子高齢化が進み，2003年に観光立国宣言が打ち出され，ようやく日本は本格的にインバウンド観光客を呼び込むことに力を注ぎ始めたのである。インバウンド客は日本の何に魅力を感じ，あるいは期待していて，その観光需要に対して，われわれはどのように財やサービスを提供しているのだろうか。とくに消費額の多い「買物」と「宿泊」に着目し，それぞれの事例を検討する。

① インバウンド観光客の買物事情

観光旅行における買物行動は，最も重要な要素であり，最も大きな経済効果の見込める分野である（図12.3）。国籍別に1人当たりの買物代と宿泊費の比較をしてみると，中国人を筆頭にアジア諸国からの観光客は比較的買物代が高く，一方，欧米豪諸国の人びとは宿泊代が比較的高い。これは，アジア諸国の人びとが，主として買物を旅行の目的にしており，近隣の日本には短期間滞在する旅行者が多く，対して欧米豪諸国の人びとは歴史や伝統文化の体験などを目的に日本を観光地として選び，長期間の滞在を目的とするためと考えられる（JNTO（2016），図12.5）。しかし，この買物中心の旅行スタイルは，アジア諸国の経済発展や，インバウンド客の訪日回数が増えるに従って，徐々に欧米豪諸国のスタイル，すなわち体験中心の滞在スタイルに変化していくことが考えられる。

特にアジア諸国のインバウンド客による買物の動機は，主に「国間の価格差」，「為替」，「免税」といったいわゆる「お得感」によるものと，「品揃えの豊富さ」，「本物を買える安心」，「日本製の質の良さ」などの「信用」によるものに大別できる。

インバウンド観光客を取り込むにはもはや「免税対応」ができる店舗であ

図 12.5 国籍・地域別のインバウンド客1人当たりの買物代と宿泊費の比較

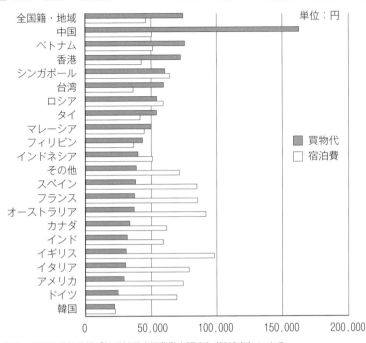

出所：JNTO 統計情報「訪日外国人消費動向調査」（2015年）による。

ることは必須である。免税制度は段階的な緩和策が実施されており，従来の家電製品や時計・宝飾品，衣料雑貨品だけでなく，現在は食品や医薬品，化粧品などの消耗品も対象になっている。さらに対象下限額の引き下げや，免税手続きの簡素化も実現し，インバウンド観光客が利用しやすい環境が整ってきている。これに伴い，免税店登録をする店舗は全国規模で急増し，2016年4月現在で35,000軒近くに及んでいる（JNTO, 2016）。

インバウンド観光客の購買の傾向は，時勢とともに変化しながら着実に，日本の小売の現場を潤してきた。免税制度の緩和策によって，ドラッグストアや化粧品取扱店が大きく売上を伸ばし，これまでインバウンドの顧客には縁遠いと考えられてきたスーパーマーケットも免税対応に着手している。

一方，インバウンドの顧客の購買でとりわけ注目されたのが，中国人のい

図 12.6 インバウンド顧客の買物場所（全国籍・地域・来訪目的別・複数回答）

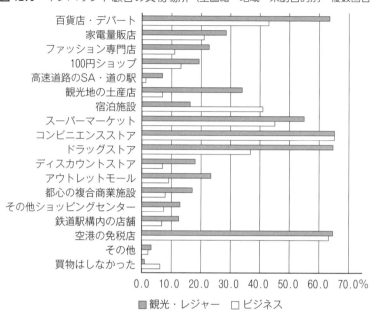

出所：JNTO 統計情報「訪日外国人の消費動向」報告書（2015年）による。

わゆる「爆買い」で，ラグジュアリーブランドなど高級な外国製品を，日本の百貨店でわざわざ買いたいインバウンド富裕客が，この現象を引き起こした。彼らがわざわざ日本で買いたい理由が「本物を買える安心」と「品揃えの豊富さ」である。彼らは日本の誠実で充実した**ホスピタリティ**による接客を受けて，安心して購入したいのである。さらに，ラグジュアリーブランド企業の本国が，中国やアジア各国よりも日本の市場を信頼していると考えられており，各ブランドの特別な品や売れ筋商品が日本に集まってくると認識されている。

これらのインバウンド観光客の「信頼」は，同様に日本製の製品にも向けられている。食料品や医薬品，化粧品や電化製品なども，購入には日本製であることが決め手になっている。また，鉄器や包丁など日本の伝統工芸品については，インバウンド観光客のニーズを取り入れた新商品開発を手掛けたり，店舗では「メイド・イン・ジャパン」を掲示する新しい表示方法が必要

図12.7 年別・延べ宿泊者数推移

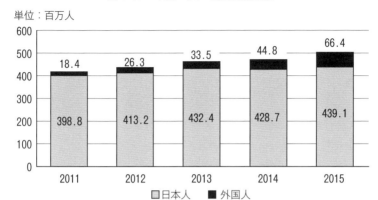

出所：JNTO 統計情報「宿泊旅行統計調査」（2015年）による。

表12.3 稼働率（宿泊施設別・都道府県別上位下位） （単位：％）

施設		全体		旅館		リゾートホテル		ビジネスホテル		シティホテル	
順位		平均	60.5	平均	37.8	平均	57.3	平均	75.1	平均	79.9
上位3	1	大阪府	85.2	東京都	61.5	大阪府	91.4	大阪府	87.8	大阪府	88.1
	2	東京都	82.3	石川県	53.6	千葉県	84.1	東京都	86.3	京都府	86.2
	3	京都府	71.4	大阪府	50.7	東京都	76.4	京都府	84.2	愛知県	84.0
下位3	45	新潟県	43.7	茨城県	25.3	鳥取県	32.4	高知県	63.6	青森県	59.2
	46	福井県	43.2	埼玉県	25.2	新潟県	31.9	青森県	61.2	佐賀県	57.7
	47	長野県	35.7	沖縄県	20.5	山形県	31.3	秋田県	59.3	福井県	57.2

出所：JNTO 統計情報「宿泊旅行統計調査」（2015年）による。

になっている。これら地域密着型の「日本製」商品は，日本人に自国のアイデンティティに気付かせ，地域活性化への可能性をも生み出していると考えることもできる。

② インバウンド観光客の宿泊事情

日本国内の宿泊施設の延べ宿泊者数は，2015年に5億545万人泊に達した。日本人の延べ宿泊者数は前年比2.4％増だったが，外国人の延べ宿泊者数は，インバウンド客数増加の影響で，前年比48.1％増と，大幅に伸びた（図12.7）。全客室稼働率は60.5％で，2010年の調査開始以来最高となっ

た。特に大阪府は，極めて高い稼働率を達成した。一方で旅館の全国平均稼働率は 37.8 ％で，地方では 25 ％前後の現状もあり，宿泊施設や地域によってはインバウンドの経済効果が及んでいない（JNTO, 2015 年，表 12.3 参照）。

12.5 宿泊などの予約サービスにおける「口コミ」の重要性

　現在，旅行における宿泊や飲食店の予約には，もはやインターネットの利用が欠かせない。欧米発の Booking.com（http://www.booking.com/index.ja. html），Expedia（http://www.expediainc.com/），中国発の Ctrip（http://www.ctrip.com/），日本では楽天トラベル（http://travel.rakuten.co.jp），じゃらんネット（http://www.jalan.net），一休 .com（http://www.ikyu.com）などのサイトがある。これらは，世界中からアクセスして，自由に宿泊予約ができる。この分野は，ICT が最も活用されている分野である。これらのサイトが支持される根拠は，ユーザーに対する一方向の情報提供機能にとどまらず，ユーザー同士の「口コミ」の共有ができることにより，その口コミの蓄積が掲載施設の評価を成り立たせていることである。「口コミ」をどれだけ摂取できるかは，宿泊施設だけでなくさまざまな観光施設の事業者にとっても非常に重要である。「トリップアドバイザー」（https://www.tripadvisor. jp/）は，世界最大規模の旅行口コミサイトで，世界 47 ヵ国で展開している。ユーザーの投稿した口コミはサイト運営者によってチェックされて掲載されている。"外国人旅行者のための日本旅行情報サイト JapanTravel.com"（http://www.japantravel.com）は，自社で日本全国に配置する 30 名の「地域パートナー」が編集者となり，在日外国人など約 3,000 人の登録ユーザーがライターとして，それぞれの母国語で記事や写真を投稿している。国外への発信であるにもかかわらず，日本の大都市にいては日本人でも知ることのできないような，地元密着の詳細な旅行情報が摂取できる。また，「口コミ」は，Facebook や Twitter，個人ブログなどの SNS のインフラをつうじて「拡散」されることによって，さらに大きな影響力を持つ。各観光施設や自治体などがこれらのアカウントを持ち，定期的に情報発信するなどの地道な取組みの継続が，著名ブロガーや有名人のネットワークにリンクし，世界的

第12章 経済成長と観光　*223*

に知名度を上げていくことにつながっている。

12.6 | 日本における観光発展の将来—技術とホスピタリティ—

　このように，インバウンドの経済効果は大きい。観光立国を目指すなら
ば，ホスピタリティ，すなわち「おもてなし」によるサービスの充実は欠か
せない。世界各国の経済の発展と成熟度合が進むにつれて，これからも国際
観光客数はますます増加し，日本へのインバウンド観光客も増加していくこ
とが予想される。インバウンド観光客が増え続けることは，それだけ日本が
国際的に関心の対象であり続けることを意味する。また，それぞれの国内の
既存顧客層と同様に，長期的に各国のインバウンド客からも選ばれるために
は，海外からの顧客の固定化策と，国内の既存顧客層との共存共栄策が重要
になっていくだろう。

　一方，都心や一部の観光地だけが豊かになっている現状を，意図的に地方
経済を潤す方向へ転換していく必要がある。国内外を問わず多様に変化し続
けている消費者行動に対応して，消費の形態の既存の枠組みに囚われない視
点が重要である。

　他方で，社会文化的影響は，ホストの態度によるところが大きい。コミュ
ニティの態度の一般的な定義はないが，ホストの態度は，置かれているそれ
ぞれの環境によって変わる。一方，彼らの態度は認識と信念によっても強化
され得るものであり，また個々の人格や価値観に密接に関連する。ゲストで
ある観光客は観光地での滞在期間，現地の住民と交流することで，ホスト個
人やコミュニティ，当該地域の**生活の質**（QOL：quality of life），価値観，労
働環境，家族関係，態度，行動パターン，儀式や創造的な経験の影響を受け
る。観光の社会文化的な，観光客と現地の双方向の影響は以下のようにまと
められる。

①生活の質の向上

②文化交流の促進

③観光客とホスト間の教育的な経験（言語や知識の習得など）

④異なる国やコミュニティ間のより良い理解

⑤歴史的，文化的な展示物に対する関心の増加

⑥社会的多様性に対する認識など

　本章で取り上げた観光の供給を支える技術，生産要素に加えて，人的資本としてのあり方に加えて，観光客の厚生のみならず，ホストの人々や地域との双方向の交流を通じて，真の観光発展を目指す方向性が希求される。

数学注

　対数の計算とその微分について確認しておく。対数の演算について

$Z = XY\,(Z,\ X,\ Y > 0)$ ならば $\log Z = \log XY = \log X + \log Y$

$Z = X^n$ ならば $\log Z = \log X^n = n\log X$

の関係が成り立つ。したがって，

$Z = X/Y = XY^{-1}$ ならば $\log Z = \log XY^{-1} = \log X + \log Y^{-1} = \log X - \log Y$

となる。つまり，対数を取ると，積の場合は足し算になり，n 乗の場合は n 倍，割り算の場合は差の演算になることがわかる。

　つぎに，対数の微分に関しては，

$Z = \log X$ のとき，$dZ/dX = d\log X/dX = 1/X$ となる，また，Z や X が時間 t の関数と考え，t で微分すると，

$dZ/dt = d\log X/dt = (d\log X/dX)(dX/dt) = (1/X)(dX/dt) = (dX/dt)/X$

となる。つまり，Z の時間の変化は，X の変化率（X の時間当たりの変化 $\div X$）に他ならない。この演算を利用すれば，(12.3) について $Y = AK^\alpha N^{1-\alpha}$ なので，対数の演算を取ると

$\log Y = \log A + \alpha\log K + (1-\alpha)\log N$

となり，これを辺々時間 t で微分すると結局

$(dY/dt)/Y = (dA/dt)/A + \alpha(dK/dt)/K + (1-\alpha)(dN/dt)/N$

　経済成長率＝技術進歩率＋$\alpha \times$資本増加率＋$(1-\alpha) \times$労働人口増加率となって，(12.5) を得る。

[参考文献]

邦語文献としては，

法務省『出入国管理統計統計表』(2015 年).

JNTO『訪日外国人観光消費動向調査』ならびに『宿泊旅行統計調査』などを利用している。外国語の参考論文，調査報告書として以下を挙げておく。

Air Transport Bureau. *World Results and Analyses for the Full Year 2015. Total scheduled services* (domestic and international).

International Civil Aviation Organization (http://www.icao.int/Pages/default.aspx).

International Telecommunication Union/ITU (2015), *ICT Facts and Figures – The world in 2015.*

Jones, C.I. (1998), *Introduction to Economic Growth*, W.W. Norton, New York, USA（『経済成長理論入門』香西泰訳, 日本経済新聞社）.

UNEP（国連環境計画）(http://www.unep.org/).

USAID (2006), *Information Communication Technologies (ICT) and Tourism, Presentation USAID : Information Communication Technologies (ICT) and Tourism. Presentation hold in Arusha, Tanzania*, (www.usaid.gov/our_work/agriculture/landmanagement/tourism/sidebar/ict.pdf).

トピックス：日本観光とホスピタリティ

　インバウンド観光客が日本滞在中に期待している事柄の上位には, 日本食を食べること, 自然や景勝地の観光, 温泉入浴, 日本の歴史や伝統文化体験, 現代日本の文化体験などが挙げられる（JNTO, 2015）。それらのニーズを満たす格好の施設として想起されるのが地方の旅館である。しかし旅館は, インバウンド観光客の支持が低い現状がある。旅館特有の, 食泊一体型などの伝統的なスタイルは, 外国人には理解されにくいことなどが理由である。

　各産業は, インバウンド観光客の消費行動が, 単なる財の消費から, 経験型消費スタイルへと変化していることに対応し, 自らも変化を遂げる必要に迫られている。小売の現場では, 化粧品の商品番号を照合するような買い方から, 現在はカウンターでカウンセリングを受けてから購入するスタイルが好まれている。また, 各地の職人の実演イベントや, 福袋などの文化体験を伴う買物の提案も増えた。加えて, 宿泊先への購入品の無料配送, 観光地への送迎サービスなど, 小売業の域に留まらないホスピタリティが求められる。

　現在, 大手百貨店では, 三越伊勢丹による旅行専業子会社の設立や, 大丸松坂屋によるオリジナル旅行商品の取り扱い開始など, 既存の富裕層客向けの本格的な旅行事業への着手が相次いでいることは興味深い。このような小売業の観光業への接近は, インバウンド観光客の観光行動に対応することによって開かれた新たな試みとも考えられる。

（黒木龍三・大熊美音子・ダフチャン, アンナ）

第13章 貧困と観光

●キーワード
プロプアー・ツーリズム，市場化と観光，持続可能性，ライオンの経済学
●ポイント
貧困の解消手段としての観光の役割を，さまざまな視点から検討します。

13.1 | はじめに

　観光産業は，旅行業，宿泊業に加え，飛行機・鉄道・バス・船舶などの運輸業，レストランやバーなどの飲食業，これらへの供給主体となる農業，お土産を売る小売業，コンサートやスポーツを観る場としての劇場や競技場など，そのすそ野は極めて広い。**国連世界観光機関**（UNWTO）によれば，観光産業の長期的な見通しとして，2030 年には国際観光客到着数は 18 億人にも上り，とりわけ**新興国・地域**（emerging economies）に旅行する割合が年々高まり，1980 年には 30 ％，2010 年に 47 ％であったシェアが 2030 年には 57 ％まで伸び，10 億人を超える人々がこれらの国・地域に押し寄せるだろうと予測している[1]。現に，モルディブのように観光産業がけん引力となって，**後発開発途上国**（LDC：least developed countries）[2]を抜け出した国もあり，また，コスタリカのように雄大な自然を対象とした観光を推進する

---

1 「ツーリズム・ハイライト 2015（UNWTO Tourism Highlights 2015）」（http://mkt.unwto-.org/wp.content/uploads/2015　2016/7/24 アクセス）を参照。

2 LDC とは，国連開発委員会が認定した基準に基づき，国連経済社会理事会の審議を経て，国連総会の決議により認定された特に開発の遅れた国々であり，2012 年は 49 ヵ国である。ちなみにモルディブは 2011 年に卒業。詳細は，外務省のサイト（http://www.mofa.go.jp/mofaj/gaiko/ohrlls/idc_teigi.html　2016/7/31 アクセス）を参照。

ことで，国民の幸福度を大きく伸ばした事例も挙げられる。

　このように進展していく観光産業を重要な成長促進ファクターとして位置づけ，多くの国々，とりわけ開発途上の国々で喫緊の課題となっている貧困や分配の不平等問題を是正する手段としてとらえようとする機運が高まってきている。わが国においても，観光産業を地方創生の起爆剤，GDP 600 兆円達成の柱として位置づけ，基幹産業として成長させることによって「観光先進国」を目指すビジョンを打ち出したところである[3]。

　本章では，貧困を軽減・克服するためのツーリズムとして言及されているプロプアー・ツーリズム（PPT：pro poor tourism）について，他のツーリズムとの違いをも考慮しながら，なぜこのようなツーリズムが生まれてきたのか，その背景を探っていくとともに，このようなツーリズムの持つ脆弱性を指摘する。この点については，貧困と市場経済との関連性が重要である。そもそも，貧困とは，教育，仕事，食料，保健医療，飲料水，住居，エネルギーなど，最も基本的な財・サービスを手に入れられない状態のことを指す言葉であるが，そうした財・サービスを市場以外の場を通じて手に入れることができれば，観光市場を創設したり拡充したりする必要性は低くなるかもしれないし，むしろ市場化を進展させることによって，さらに貧困が深刻さを増すかもしれない。このような問題意識のもと，貧困について，金銭的な基準以外の基準の整理を行い，市場化に伴って生じる自然や社会へ与える問題を考察する。また，持続可能性の概念の整理を行ったうえで，持続可能な国や地域を形成するために，観光はいかなることに留意して展開されるべきかを論じる。

13.2 ｜ プロプアー・ツーリズムとは

　プロプアー・ツーリズムという旅行形態は，独自のものではなく，従来型のツーリズムにかわる代替的なツーリズム（＝オルタナティブ・ツーリズ

　3　「明日の日本を支える観光ビジョン――世界が訪れたくなる日本へ――」（平成 28 年 3 月策定）を参照。

ム）のうち，**持続可能な観光**（sustainable tourism）の一環として提唱された
ものであると言われている。

1970年代以降，旅客機の大型化をはじめとした交通手段の著しい進歩と
通信技術の発達が旅行の低価格化をもたらし，旅行は一般の人々の手に届く
ものとなってきた。とりわけ，パッケージツアーという形態での海外旅行や
国内旅行が普及していく過程で，観光の集中化，大量化が生じてきたことに
より，観光がもたらす弊害も指摘されるようになってきた。いわゆる**マス・
ツーリズム**の弊害の議論である。その主なものとして，次の５点が挙げられ
ている。

① 集中的に大勢の観光客を受け入れるためのインフラ整備が景観破壊や
生態系へ悪影響をもたらし，また，大人数に対応できる下水処理や廃棄
物処理がなされず，地域の自然環境や生活環境を劣悪化させることにな
る。

② 地域独自の伝統文化が観光対象となると，観光客の期待に応えるた
め，たとえば，ツーリスト・アトラクションのような催しで，文化が過
度に商品化され，その真正性が失われる。

③ 観光産業や観光客の増加に伴い，観光地にとっては異文化（違った価
値観や行動様式など）が持ち込まれ，地域社会固有の文化や土地利用の
伝統的仕組みが変容する。

④ 観光の利益が，当該の地域住民にもたらされることは僅かで，多くは
観光客を送り出す国・地域へ還流するというリーケィジ（leakage）の問
題が生じる。

⑤ 観光が本来有している姿，つまり，今まで見たことのない自然や文化
を自らで確認・体験することによって新たな発見や感動を与えるものか
ら，事前にメディアから知りえた観光地イメージを現地で確認するだけ
の旅となってしまっている。

このような，従来型の観光が持つ弊害を解消するような別の観光形態，す
なわち，観光による環境負荷を軽減し，観光地の文化を守り，観光地の人々
の伝統的価値観を尊重し，観光がボランティアや補助金などに頼らずにビジ
ネスとして成立し，その収入が適切に地元に還元されるような形態のツーリ

ズム，オルタナティブ・ツーリズムが提案されるようになってきたのである。

　わが国においては，観光庁が**ニュー・ツーリズム**という言葉で，新たな観光形態を提示している。ニュー・ツーリズムとは，従来の物見遊山的な観光旅行に対して，これまで観光資源としては気付かれていなかったような地域固有の資源を新たに活用し，体験型・交流型の要素を取り入れた旅行の形態であり，活用する観光資源に応じて，エコツーリズム，グリーンツーリズム，ヘルスツーリズム，産業観光などと名付けられ，旅行商品化の際に地域の特性を活かしやすいことから，地域活性化につながるものと期待されている。このように，わが国の実態からすれば，観光というサービスが，観光地の人々の生活に資すること，当該地域の活性化をもたらすことは謳っているものの，特定の所得階層をターゲットにした施策はなく，その意味ではプロプアー・ツーリズムという言葉が使われることがないのは当然のことかもしれない。

　どの階層に焦点を当てようとも，観光が，当該地域の自然特性や歴史的・文化的特性を通じて展開されるものである限り，その恩恵は孫子の世代まで引き継がれていくことが肝要であろう。つまり，短期的な現金収入にのみ目を配るのではなく，資源を計画的に利用しながら観光の持続可能性を高めていくことであろう。

　持続可能な観光の起源は，1987年に国連で採択された環境と開発に関する世界委員会（ブルントラント委員会）報告書，『**我ら共有の未来**（our common future）』が掲げた「**持続可能な発展**（sustainable development）」という概念に遡ることができる。UNWTO は観光による持続可能な発展を積極的に推進し，1995年4月には，ユネスコと UNWTO が開催した観光世界会議が，持続可能な観光のための憲章を採択した。そこでは，持続可能な観光が「自然的・文化的・社会的な資源を尊重するとともに，それらを長期的に保護し，その地域で暮らし，働き，滞在する人々の経済的発展と満足を等しく増進することに寄与するような，あらゆる形態の開発やアメニティの増進，観光客の活動のことである」と謳われている。

　そもそも，持続可能性を構成する要素として，①環境保全，②経済的豊か

さ，③社会的公平が挙げられる。この社会的公平という概念は，世代間の公平と世代内の公平というものを含んでいる。つまり，世界が持続可能な状態を築き上げるためには，世代間の分配の問題のみならず，世代内の分配の問題も解決・解消しなければならないのである。

このような視点から，2002 年，国連が主催した**「持続可能な開発に関する世界サミット」**（通称，ヨハネスブルグ・サミット 2002）を契機に UNWTO は，持続可能な観光を通じて貧困の撲滅という新しい概念のプロジェクト，**「観光開発を通じた貧困軽減プロジェクト**（ST-EP：sustainable tourism-eliminating poverty）**」**を始動させた。2003 年に UNWTO が国連の専門機関に組織再編されたのを機に，さらにこのプロジェクトは強化されていくこととなった。

国連の掲げる**ミレニアム開発目標**[4]（MDGs：millennium development goals）は 8 つの目標，①極度の貧困と飢餓の撲滅，②初等教育の完全普及の達成，③ジェンダー平等推進と女性の地位向上，④乳幼児死亡率の削減，⑤妊産婦の健康の改善，⑥ HIV/ エイズ，マラリア，その他の疾病のまん延の防止，⑦環境の持続可能性の確保，⑧開発のためのグローバルなパートナーシップの推進，から構成される。

ST-EP はこれらの目標のうち，目標①と目標⑦を達成するためのものとして位置づけられており，世代内の公平，とりわけ貧困な状況下にある国や地域に焦点を当て，その解消をもたらすと期待される成長産業＝観光産業の活用を訴えているのである。

UNWTO の 2010 年の年次報告[5]では，観光によって貧困層が直接的ある

4　これは，2000 年に開催された国連ミレニアムサミットで採択された「国連ミレニアム宣言」をもとにまとめられたもので，2015 年を達成目標とする国際社会共通の目標である。2015 年以降の目標として，持続可能な開発のための 2030 アジェンダ（2030 アジェンダ）が 2015 年 9 月の国連サミットで採択され，持続可能な開発目標（SDGs：sustainable development goals）として，17 のゴールと 169 のターゲットが示されている。

5　この 7 つのメカニズムは清水（2012）でも紹介されているが，本章では，報告書の 39 ページを訳したものを掲げた。報告書全般の内容については，http://cf.cdn.unwto.org/sites/all/files/pdf/final_annual_report_dfpdf_3.p　2016/7/24 アクセス）を参照

いは間接的に便益を得るための 7 つのメカニズムが示されている。

①観光企業で貧困層を雇用すること，②観光企業への財やサービスの供給は，貧困層が直接に，あるいは貧困層を雇っている企業が行うこと，③貧困層が財やサービスを直接観光客に提供すること（インフォーマルな経済），④貧困層が観光企業を設立し運営すること（フォーマルな経済：たとえば，零細・中小規模の企業や地域コミュニティベースの企業），⑤観光で得られた所得や利潤に課される税金は貧困層に還元されること，⑥観光企業や観光客によって自発的な寄付や支援があること，⑦観光によって促進されるインフラへの投資は，辺境に住む貧困層に直接的な利益をもたらすこと。

以上のメカニズムに加え，①ガイド，ホテル従業員，関連分野の仕事など，地域住民がトレーニングを積んで得ることができる観光の地域経済効果を増大させること，②自然遺産や文化遺産がある地域では，住民参加の観光開発を促進させることを優先する，③商品を作る貧困層と旅行事業者の間にビジネスを確立せること，④零細・中小規模の事業，地域が主導する観光事業に，ビジネスチャンスを提供すること，も併せて提唱している。

もちろん，貧困層をターゲットにした旅行形態であるがゆえに生じる問題も指摘されている。高寺（2004）[6] は，次の 5 つの視点から，問題を整理している。①貧困層の暮らしぶりをよくすることに伴って，変動の大きなツーリズム産業へ過度に依存するようになり，インフレ，経済的不安定，自決権の喪失などの問題が発生する。②家計収入を得ることに伴って，他の生計活動，たとえば農業との関係で言えば，農繁期の仕事との競合，保護される野生生物による穀物収穫への被害などの問題が発生する。③資本形成という視点からは，その形成の多寡によって，自然資源へのアクセス権を失う，住民間の社会的信頼関係，相互関係を損なってしまうという問題が発生する。④政治的・制度的影響の視点からは，政治家の関心がツーリズムに偏り，ツーリズム関連のインフラにのみ投資が集中，交通アクセスが改善されたがゆえに地元の生産物が市場競争力を失うという問題が発生する。⑤長期的な影響としては，自然資源の過度な利用，地域の持つアメニティの喪失，廃棄物や

6　高寺（2004）p. 129 参照。

232 **第 3 部 経済学の応用と観光**

し尿などの環境汚染問題が発生する。

　そもそも，プロプアー・ツーリズムは持続可能なツーリズムの一形態である。そうであれば，持続可能なツーリズムでないならば，それはプロプアー・ツーリズムとは言わないのであり，高寺（2004）の危惧するような問題が生じてはならないのである。長期にわたって居住地としても訪問地としても快適な地域づくりのための観光開発が求められている。

13.3 貧困と市場経済

　最近，わが国でも貧困という言葉がメディアなどでもよく取り上げられるようになってきている。そもそも，貧困とはどのような状況に陥っている場合を指すのであろうか。13.1 で述べたように，人が生活する上で最も基本的な財・サービスを手に入れられない状態のことを指す。市場経済が浸透した国・地域であれば，このような基本的な財・サービスはもっぱら貨幣のやり取りを通じて行われることになる。このような背景もあって，貧困の程度を所得水準で表すような傾向が一般化している。貧困についてよく言及されるのは，**絶対的貧困**と**相対的貧困**である。絶対的貧困とは，世界銀行によれば，1 人 1 日当たりの生活費が 1.25 ドル（2008 年時点での購買力平価換算）未満の状態を指し，これに該当する人口は 2015 年段階で，世界人口の約 12 ％，8.4 億人いると言われている[7]。

　相対的貧困とは，経済協力開発機構（OECD：Organization for Economic Co-operation and Development）によれば，「手取りの世帯所得（収入－税・社会保険料＋年金などの社会保障給付）」を世帯人数で調整した所得の中央値が 50 ％以下の状態であり，その割合を相対的貧困率と言う。ちなみにわが国では，2012 年の実額で，国民 1 人当たりの平均年間所得は 275 万円であり，絶対的貧困とは程遠いものであるが，2012 年の相対的貧困率は 16.1

7　ミレニアム開発目標の第 1 に掲げられた極度の貧困人口を半減するという目標は，2010 年に達成された。1990 年段階では世界人口の 36 ％（19 億人）であった状態から，2015 年には 12 ％（8.4 億人）まで減少したことは大きな成果であると言えよう。

％にも上り，先進諸国の中でも極めて貧困率の高い国であると言われている[8]。

これらの貧困に関する議論はもっぱら，1人当たりのGDP（国内総生産）やGNI（国民総所得）という経済的指標に限定したものであるが，他方で，「**幸福のパラドックス**」あるいは「**イースタリン・パラドックス**（Easterlin paradox）」，つまり所得の上昇が必ずしも人々の幸福度の上昇につながらないことが指摘されている。新見（2015）は，わが国においてもこのパラドックスが成立することを示し，ブータンの**国民総幸福量**（GNH：gross national happiness）のようなより包括的な尺度を紹介している。

相対的貧困はとりわけ，経済面にとどまらず，いじめや虐待など社会の中で潜在化している場合も多く，教育・雇用・福祉などのさまざまな社会制度に基づき発生する複合的な精神的・文化的な窮乏状態を表す概念であると言われている。

国連開発計画（UNDP）では，長寿で健康な生活（出生時平均余命），知識（成人識字率と初等・中等・高等教育の総就学率），人間らしい生活（1人当たりのGDP）の3つの分野から算出する「**人間開発指数**（HDI：human development index）」という人間開発の達成度を図る指標を作成しているが，これは，所得以外の要素を重視して貧困を測ることで，貧困撲滅への国際的な取組みにも大きな影響を与えたと言われている。この指標はもともと，**アマルティア・セン**（Amartya Sen）の「**潜在能力**（ケイパビリティ＝capability）」という概念を発展させたものであると言われている。

センによれば，人間の「福祉」＝「豊かさ」というものは，所得や効用といったものではなく，「**潜在能力**」や「**機能**」ということを基本的な観点としてとらえるべきであるとしている。潜在能力とは，「人が良い生活や良い人生を生きるために，どのような状態にありたいのか，そしてどのような行動をとりたいのかを結び付けることから生じる諸機能の組み合わせ」を意味する。機能というのは，「健康状態である」，「適切な栄養を得ている」，「自

8　子どもの相対的貧困率（18歳未満）はさらに高くなり16.3％である。子どもの貧困については，この割合以外に子育て世帯のうち生活保護基準以下の割合で表す場合もあり，その割合は2012年では，13.8％であった。

尊心を持っている」,「教育を受けている」,「社会生活に参加している」など, 個々人のさまざまな状態を指すものである。ある個人の「潜在能力」とは, その人がなりうる, あるいはなしうる様々な状態や行為のことであり, その意味では,「潜在的な可能性」と言ってもよいものである。

豊かさや貧しさといったものは, マクロ経済的指標ではなく, 個々人の暮らしの豊かさによって評価を行うべきであるとする人間中心アプローチの視点からすれば, 池本 (2007) の言うように,「豊かさとは, 本人が価値あるものと考える生き方を選択する自由があることであり, この立場からすると, 貧困とは, 人々が価値あるものと考える生き方を選択する自由を奪われていることである」[9]。

個々人の豊かさを具体的に測る指標として, センは「**基礎的機能**」という表現で, ①必要な栄養を摂ること, ②避けることのできる病気に罹らないこと, ③早すぎる死を回避すること, ④必要な教育を受けていること, ⑤雨風をしのぐ住まいがあること, を挙げている。

今までの議論から, 貧困や豊かさは, 貨幣的尺度のみで測りうるものではないということは明らかであろう。しかし, 貧困を軽減・克服するために展開される観光形態は, 今までに市場化されていなかった財やサービスを金銭的取引の対象とすることで, 所得の稼得を目指すものでもある。そのような財やサービスは, もっぱら豊かな自然が生み出した恵み, たとえば, おいしい空気や水, 山海の幸, 美しい景観などであり, また, そのもとで育まれた伝統文化や芸能であろう[10]。市場化されることによって生じる自然破壊や共同体破壊の問題は, **コモンズ論**の立場からも指摘されている。

多辺田 (1990) は図 13.1 で示されているように, 市場経済ないしは貨幣経済の領域は, もともと地域における相互扶助的な関係及び自然の両者を含む「共」=**コモンズ**に支えられて存在するものであると主張する。

根底には自然が位置づけられ, その上にコモンズを支える社会関係, すな

9　池本 (2007) p. 119 参照。

10　もちろん, 劣悪な環境下にある大都市のスラム地区を対象としたツアーが存在することもまた事実である。たとえば, 南アフリカ共和国のケープタウン, インドのムンバイなどが, ツアー地区として多くの観光客を集めていると言われている。

図 13.1 健全なエコロジーが支える経済

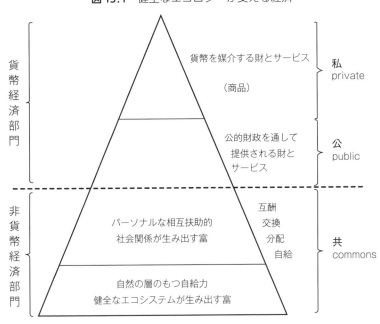

出所：多辺田（1990）p. 52，図3より作成。

わち家族や村落共同体あるいは地域の友人・仲間といった顔の見える人間関係を媒介として，貨幣を使用することなしに生産され，交換される財とサービスの部門が配置されている。これらはいずれも非貨幣経済部門としての性質を持つ。それら自然と非貨幣経済部門の上に，貨幣経済部門を構成する公的部門と私的部門が位置づけられる。とくに地域と環境保全との関係について，多辺田はコモンズの重要性に注目する。そして，健全なエコロジーが支える経済のモデルと「共」が衰弱したモデルに輪郭を与え，その動態を描くことによって，貨幣経済部門とそれを支える工業化の進展が，環境破壊と非貨幣経済部門の衰退をもたらし，現代社会を構築したのであると言う。

図 13.2 で示されるように，工業化された現代社会では，「共」の部門が縮み，「公」と「私」が肥大化していくことになる。これは自然の層や社会的共同対抗経済（互酬・相互扶助を指し，貨幣経済部門に対抗する人間の社会

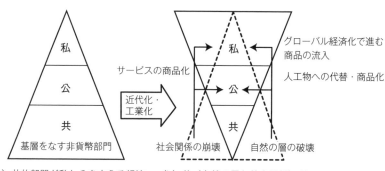

図 13.2 「共」が衰弱した逆三角形の社会

(a) 共的部門が私と公を支える経済　(b) 共（自然の層と社会関係）が破壊された経済

出所：三俣 (2014) p. 8, 図2より作成。

関係の中で生み出されるもの）がもたらしていた財やサービス[11]の代替品が共同体内にもたらされることによって，非貨幣経済部門が縮小し，貨幣経済部門が肥大して生まれたものである。この過程は連鎖的に引き起こされ，それが環境資源の過剰利用＝劣化をもたらし，一方で廃棄物のフローがストックとしての「自然の層」の破壊や汚染を招くことになるのである。

このような状況を打開するためには，「環境とは地域ごとに個性を持ったものであり，まとまりとしての地域環境を最も熟知しているのはそこに住む住民である。そう考えると環境保全の担い手は，何よりもまず共的世界としてのコモンズであることに疑いの余地はない」と主張している。

多辺田が危惧する問題は，国・地域の貧困を軽減・克服するために，観光を市場化という手法で推進することでも生じ得るのである。金銭的な豊かさのみを追求することで，自然の層の破壊や互酬・相互扶助の伝統の崩壊を伴うようなことがあってはならない。

11　この内容として，DIY，無償の家事・世話，ボランティア活動，相互扶助，老人・病人の介護，家庭内生産・加工，自給農業などが挙げられる。

13.4 | 持続可能な国・地域づくりに向けて

13.2でも述べたように，持続可能性に言及するとき，共通の理解として，①環境保全，②経済的豊かさ，③社会的公平が挙げられる。小針（2013）によれば，持続可能性とは，環境の持続可能性を基盤としつつ，経済の持続可能性と社会の持続可能性の3つの側面の均衡を考慮した定常状態のことであると位置づけている。ちなみに，環境の持続可能性とは自然環境をその負荷許容量の範囲内で利活用できる環境保全システム（資源利活用の持続）の，経済の持続可能性とは公正かつ適正な運営を可能とする経済システム（効率・技術革新の確保）の，そして社会の持続可能性とは人間の基本的権利・ニーズ及び文化的・社会的多様性を確保できる社会システム（生活の質・公正の確保）の確立・維持を意味している。これに関して，Moisey and McCool（2008）はツーリズムの主体として，地域住民，観光産業，管理機関（国や自治体）を取り上げ，これら主体の視点から環境・経済・社会の持続可能性について，図13.3のような興味ある概念図を提示している。

観光産業と地域住民がともに目指すべき経済と社会の持続可能性の好事例として，高寺（2004）が紹介したエクアドルのケース，つまり観光事業を展開している企業（Tropic Ecological Adventure 社）と住民が連携し，観光から得られた収入を地域の子供たちの教育や人々の健康のために活用したケースが挙げられよう。ついで，観光産業と管理機関がともに目指すべき経済と資源の持続可能性の好事例として，コスタリカ観光局の主導のもとに観光関連業者を評価する制度である CST（certification for sustainable tourism）の導入が挙げられよう。地域住民と管理機関が目指す資源の利用と保全の共通目標達成のためには，多辺田の言う共的世界としてのコモンズの役割が預かって大きいと考える。これはコミュニティが資源管理の重要な役割を演じるべきだとする観光形態，コミュニティベースのツーリズムにつながるものでもある。

自然保護と開発利用の経済効果を測る理論として位置づけられている**ライオンの経済学**（the economies of a lion）は，ライオンを狩猟の対象とするよ

図13.3 観光の主要な主体と環境・経済・社会の持続可能性

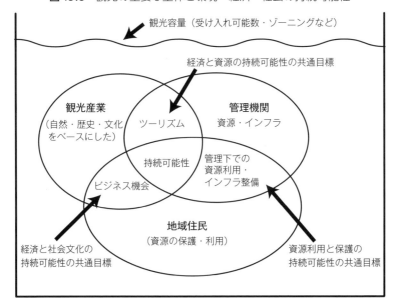

出所：Moisey R. N and S. F. McCool (2008) の図 p. 286 を加筆・修正。

り，生態観察の対象とする観光のあり方が，生命体の尊重という視点からはもちろん，地域の経済的な水準を高める効果があることを教えている。とはいえ，観察のために多くの観光客や観光関連産業が押し寄せることによって，当該地域の生態系がダメージを受け，最終的にはライオンも人類も生活できないような悲劇をもたらすかもしれない。その意味で，薮田（2015）のいう「**観光容量**」の範囲内で観光の展開をすべきだという主張は，極めて重要な指摘であると言えよう。図13.3には，このことを念頭に入れた持続可能性の在り方を示している。

　もちろん，この観光容量の重要性を指摘すればするほど，この概念を実質化するための計測基準が求められる。どのような基準が考えられるであろうか。たとえば，**エコロジカル・フットプリント**（ecological footprint）という基準が挙げられよう。また，**生物生産力**（ecological productivity）という基準も重要である。

エコロジカル・フットプリントとは，人々が生きるためにどれだけの土地を必要としているかを問うものであり，人間1人ひとりが現在の経済活動を維持するのに地球生態系に負わせている負荷の大きさを，土地・水域面積として示す数値である。一方，生物生産力とは，ある期間，各国と世界のレベルで入手可能な生態学的資本を追跡調査し，再生可能資源を生産し，廃棄物を吸収する能力を分類・数値化したものである。つまり，自然の再生産，再生能力のことを指すものである。エコロジカル・フットプリントが人間の需要を測るものであるのに対し，生物生産力は生態学的資本の供給量を測るものである。

本章で取り上げた観光立国コスタリカについて言えば，わが国と同様，生物生産力がエコロジカル・フットプリントより低いことが知られている[12]。いわばオーバーシュート（過剰収奪）の状況にあると言えよう。観光，とりわけ自然を中心とした観光を推進し，持続可能な国・地域を目指すのであれば，この逆転現象を何らかの手だてを講じて，解消する必要があろう。

13.5 おわりに

観光というサービスの特性は，随所で述べられてきたように，地域の自然や歴史・文化を対象とするものである。したがって，市場化が進めば進むほど，13.3で述べた種々の問題が生じることになる。

他方で，市場化によって，限られた資源を効率的に配分するという機能，新たな就業機会を生み出すという機能，すそ野の広い諸産業の活性化に寄与するという機能，さらには地域特有の自然や歴史・文化の価値が評価されることによる継承へのインセンティブ機能など，長所として挙げられる諸機能が多く存在する。これらが機能不全を起こさないようにするためには，市場に対し何らかの手だてを講じなければならない場合がある。

観光の特性は，外部性を伴うものである。**外部性**とは，直接取引に参加しない人々（生物多様性の視点からは，諸々の生きものをも含んでよいかもし

12　WWF ジャパン『生きている地球レポート2014』要約版 pp. 12-13 参照。

240 **第3部** 経済学の応用と観光

れない）に対し，良い影響や悪い影響を与えたりすることを言う。たとえば，最近わが国でも動き出した民泊[13]という制度の下で，観光客の地元ルール無視やマナーの問題で，第三者である近隣住民に対して悪影響を及ぼすことが報じられている。つまり，観光客は近隣住民に対し外部不経済効果をもたらしているのである。また，農村景観のすばらしさが観光の対象となったとしても，その景観を保全している農家の人々は，直接的には観光に関与していないかもしれない。この場合，農家は観光客へ大きな外部経済効果をもたらしているのである。

このように外部性がある場合には，市場への介入が正当化される。課税や補助金という施策もあるだろうし，外部性にかかわる当事者同士が直接交渉をするというケースも考えられるであろう。いずれにしても，外部性のあるなし，その効果の大きさ，その際の施策や交渉の在り方，このような一連の手だてを提示しうる主体，そして前節で言及した観光容量の計測化を推進する主体の存在が不可欠であろう。行政機関をはじめ，NPO や NGO，とりわけ大学の果たす役割は極めて大きいものであると考える。

「市場メカニズムが大きな成功を収めることができるのは，市場によって提供される機会をすべての人々が合理的に分かち合う条件が整備されている場合のみです。それを可能にするためには，基礎教育の確立，最低限の医療施設の整備，それから土地資源が農業従事者にとって欠かせないものであるように，あらゆる経済活動のために不可欠な資源を広範に分かち合い自由に利用できること，などが実現されなくてはなりません」とセン（2002；p. 22）は述べている。

センによれば，貧困にあえぐ国や地域の経済発展の究極的目標は，潜在能力を規定する諸機能の拡大であり，それはまた自由の拡大を意味することに他ならないのである。

---

13 これは一般の民家に宿泊することを指すが，現在では，個人宅や投資用に所有している部屋をネット経由で貸し出すビジネス，として位置づけられている。

[参考文献]

アマルティア・セン（大石りら訳）（2002）『貧困の克服―アジア発展の鍵は何か』集英社新書

池本幸生（2007）「ケイパビリティから見た貧困削減のための観光開発」『立命館大学人文科学研究所紀要』第 89 号，pp. 113-148

小針泰介（2013）「持続可能性指標による国際比較」『レファレンス』平成 25 年 8 月号，pp. 67-89

ジェームズ・マック（瀧口・藤井監訳）（2005）『観光経済学入門』日本評論社

清水苗穂子（2012）「貧困と観光―国連機関のアプローチとプロプアー・ツーリズムに関する考察―」『阪南論集』第 47 巻 2 号，pp. 69-78

新見洋子（2015）「一人当たり GDP vs.幸福度―人々の生活の質をどう把握すべきか―」『東アジアへの視点』第 26 巻 2 号，pp. 1-12

高寺奎一郎（2004）『貧困克服のためのツーリズム』古今書院

多辺田政弘（1990）『コモンズの経済学』学陽書房

三俣学編（2014）『エコロジーとコモンズ―環境ガバナンスと地域自立の思想』晃洋書房

Moisey. R.N. and S.F. McCool（2008）"Sustainable Tourism in the 21st Century: Lessons from the Past, Challenges to Address" in R.N. Moisey and S. F. McCool (eds.), *Tourism, Recreation and Sustainability* 2nd ed., CABI, pp. 283-291

薮田雅弘（2015）「エコツーリズムと環境保全」亀山康子・森晶寿編『グローバル社会は持続可能か』岩波書店，pp. 119-140

トピックス：国民幸福度について

　国連とコロンビア大学「持続可能な開発ソリューション・ネットワーク（SDSN: Sustainable Development Solution Network）」によって作成されている幸福度報告書は，各国の政策に反映させることを目的とし，2012 年から公表されている。これは，

　①1 人あたりの実質 GDP（国民総生産）

　②健康寿命

　③社会的支援（困った時に頼れる人の存在）

　④信用性（政治やビジネスにおける汚職のなさ）

　⑤社会的自由（人生の選択肢が幅広い）

　⑥寛容度

の 6 項目を変数として割り出されたものである。SDSN を統括するジェフリー・サックス教授（コロンビア大学）は，コスタリカに言及し，経済大国ではないが，健全で幸福な社会のモデルとなっていると指摘している。ちなみに，日本のランキングは 46 位（2012〜2014）と 53 位（2013〜2015）であった。

242　第3部　経済学の応用と観光

幸福度ランキング（世界幸福度報告書 2015，2016 より作成）

順位	2012〜2014（調査期間）	2013〜2015（調査期間）
1	スイス	デンマーク
2	アイスランド	スイス
3	デンマーク	アイスランド
4	ノルウェー	ノルウェー
5	カナダ	フィンランド
6	フィンランド	カナダ
7	オランダ	オランダ
8	スェーデン	ニュージーランド
9	ニュージーランド	オーストラリア
10	オーストラリア	スェーデン
11	イスラエル	イスラエル
12	コスタリカ	オーストリア
13	オーストリア	アメリカ
14	メキシコ	コスタリカ
15	アメリカ	プエルトリコ

（今泉博国）

第 4 部

観光経済の事例分析

第14章 文化財と観光政策

● キーワード
  観光資源としての文化財，文化財保護法
● ポイント
  文化財保護の現状，文化財が観光資源として利用される理由を考えます。

14.1 はじめに

　京都や鎌倉などの神社仏閣や史跡は，国内外から多くの観光客を惹きつけている。これらの多くが文化財保護法に基づき所有者などによって価値が維持されていることが，これを可能にしている。他方，日本各地で価値がありながら保護の対象にならないまま多くの文化財が失われている。このため，地域で文化財を観光などの振興に活用し，文化財保護に繋げることが期待されている。この章では，文化財保護制度を学ぶとともに，文化財と観光の関わりについて考える。

14.2 文化財保護制度の現状と課題

14.2.1 文化財保護制度の概要

　文化財保護制度は，1950年に制定された**文化財保護法**（以下「保護法」という）に基づく。明治維新以降，廃仏毀釈に見られるように日本固有の文物・慣習が軽視される事態が生じたが，近代国家として体制が整うのに伴い，文化財の保護制度の必要性が認識されるようになった。戦前，文化財に関する法律制度として，古社寺保存法（1897年）を嚆矢として，これに代わる国宝保存法（1929年），史蹟名勝天然記念物保存法（1919年），及び重要美

術品等ノ保存ニ関スル法律（1933年）が制定され，文化財の保護が行われていた。

保護法は，これらの法律を統合し，文化財に関する法律を総合化することを目的として制定された。「文化財」という概念が創出されるとともに，戦前保護対象になっていなかった無形文化財（演劇，音楽，工芸技術など）に保護対象が拡大された。戦前，法律によって保護対象になっていたものの多くは保護法に承継された。また，戦前の法律制度を踏襲し，重要なものを選択して保護するという基本的な仕組み（選択保護主義）は保護法に引き継がれている。

保護法は，文化財を巡る社会情勢の変化に即応し，改正が重ねられ，新しい文化財のジャンルの創設（たとえば，保護対象を点から面に拡大し，中央の指定でなく地域からの申出によって選定される，1975年伝統的建造物群，2005年文化的景観の創設）や新しい保護手法の導入（たとえば，重要無形文化財の指定とそれに該当する技術の保持者の認定——人間国宝）が行われている。保護法の枠組みを説明する（中村（2007）などの解説書を参照）。

① 目的

保護法の目的は，「文化財を保存し，且つ，その活用を図り，もって，国民の文化的向上に資するとともに，世界文化の進歩に貢献する」ことである（第1条）。文化財の「保護」とは，「保存」と「活用」をすることを意味する。「保存」とは，現状変更を制約することによって伝承されてきた文化財の価値をできるだけ維持管理することである。「活用」とは文化財を保存することだけでなく，支障のない限りにおいて，できるだけ国民に公開するなどによって，新たな文化創造，文化的向上のために資するようにすることである。

政府及び地方公共団体に対して，「文化財がわが国の歴史，文化等の正しい理解に欠くことができないものであり，且つ，将来の文化の向上発展の基礎をなすものであることを認識し，その保存が適切に行われるように，周到の注意をもってこの法律の趣旨の徹底に努めなければならない」旨訓示し（第3条），文化財を保護する意義を明確にしている。

② 文化財の定義と指定等（選択保護主義，2段階指定制度）

　文化財を有形文化財，無形文化財，民俗文化財，記念物，文化的景観，伝統的建造物群の6つのジャンルに区分して定義し（第2条），文部科学大臣が，文化審議会の意見を聴いて，文化財のうち保護法の規制など（現状変更の許可制など）や助成を行う必要がある重要なものについて，重要文化財などの指定または選定を行う（表14.1参照）。このように，保護法による保存・活用のための諸規制や助成の対象になるものを選択して特定する方法が採用されている。この方法は，戦前の考え方を踏襲したもので，「**選択保護主義**」と呼ばれている。文化財の定義に該当するもののうち具体的に保存・活用する必要があるものを，有形文化財については重要文化財に，無形文化財については重要無形文化財に，記念物については史跡，名勝または天然記念物にそれぞれ「指定」し，または文化的景観や伝統的建造物群については都道府県や市町村の申出に基づきそれぞれ重要文化的景観，重要伝統的建造物群保存地区に「選定」し，それらについてのみ保護法による保存・活用のための規制などの措置が適用される。

　また，文部科学大臣は，指定した重要文化財や史跡，名勝及び天然記念物のうち，特に重要なものをそれぞれ国宝や特別史跡，特別名勝及び特別天然記念物に指定できる。これは**2段階指定制度**と呼ばれ，重点保護を講ずるため導入されている。

③ 指定の法律効果

　保護法に定められた重要文化財などの保護に必要な管理・修理の実施や現状変更の制限などの規制に従う義務を負う者は，所有者である。重要文化財などに指定されると，所有者は，保護法に基づき，保護に関して各種の規制を受ける。指定に当たって，所有者の同意は要しないが，運用上は事前に調整が行われる。文部科学大臣は，所有者がいない場合や所有者による適切な管理が期待できない場合は，地方公共団体などを指定して（管理団体），所有者に代わって管理・修理を行わせることができる。

④ 財産権の尊重

　私人の所有物であっても，重要文化財などに指定されると，所有者は保護法に従って必要な管理・修理の実施などの規制に従う義務を負う。保護法で

表 14.1　文化財の保護の体系

[建造物]
[美術工芸品] 絵画・彫刻・工芸品・書籍・典籍・古文書・考古資料・歴史資料など

[演劇・音楽・工芸技術など]

[無形の民俗文化財] 衣食住・生業・信仰・年中行事などに関する風俗慣習・
　　　　　　　　　　民俗芸能・民俗技術
[有形の民俗文化財] 無形の民俗文化財に用いられる衣服・器具・家具など

[遺跡] 貝塚・古墳・都城跡・旧宅など
[名勝地] 庭園・橋梁・峡谷・海浜・山岳など
[動物・植物・地質鉱物]

[棚田・里山・用水路など]
＊都道府県又は市町村の申出に基づき文部科学大臣が重要文化的景観を選定

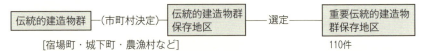

[宿場町・城下町・農漁村など]
＊市町村が条例などにより決定。市町村の申出に基づき文部科学大臣が重要伝統的建造物群保存
　地区を選定

出典；文化庁「平成27年度我が国の文化政策」から筆者作成
注：件数は，2016年4月1日現在。「特に重要なもの」の欄の「国宝」などの件数は，対応する
　　「重要文化財」などの件数の内数である。

は，所有者に対して公共のために大切に保存することなどを訓示する（第4条）一方で，私人の財産権の制限となるため，国などに，法律の執行に当たって関係者の財産権を尊重することを命じる（第4条）とともに，制限に伴い損失が生じる場合それを補償する規定が設けられている。

ちなみに，重要文化財の所有者別の件数割合を見ると，社寺56.8％，法人14.7％，国12.4％，個人11.7％，その他（地方公共団体等）4.4％（2007年）となっており，8割以上が国，地方公共団体以外の者の私的所有となっている。保護法の建前は一方的に指定可能であるが，円滑な制度運営のためには，私人である所有者の協力が不可欠である。指定に伴う所有者の負担を軽減するため，修理などについて助成を行うのに必要な財源が措置されることが不可欠である。しかし，財源の不足により助成が十分に行き渡らないため破損が進み，文化財の価値を失うケースがあることが指摘されている。

⑤　地方公共団体による条例に基づく指定

保護法に基づいて，地方公共団体（都道府県及び市町村）は，当該地方公共団体の区域にある文化財のうち重要なものについて，条例を定めて，その保存及び活用のため必要な措置を講ずることができる。都道府県や市町村は条例を定め，指定を行っている（2015年5月現在，都道府県指定21,476件，市町村指定88,087件，合計109,563件）。

⑥　地方公共団体・管理団体などに対する助成

地方公共団体が行う史跡などの買上げ経費，管理団体，個人や社寺などが行う文化財の保存修理，防災施設の設置などに要する経費に対し，国は補助金を交付し，助成している。

⑦　地方財政措置

普通交付税の算定の基礎となる基準財政需要への算入措置が講じられている。また，特別交付税で，国が指定する文化財及び条例に基づき指定された文化財が所在する地方公共団体に対し，保護のための行政経費が措置されている。

⑧　税制

重要文化財などに指定された家屋や敷地の固定資産税は非課税になるなど

250 **第 4 部　観光経済の事例分析**

所有者に対して，国税，地方税に関して，税制上の措置が講じられている。

14.2.2　文化財保護制度の課題と新たな展開

　保護法は，文化財の名称の下に，多様なジャンルのものの保護措置を一つの法律にまとめ，欧米の主要な国々でも例を見ないものである。次のような特徴を持つと言われている（西村（2011）参照）。

①時間の経過の中で文化財のジャンルごとに構築された国の高度に専門的な文化史上，学術上などの価値基準に従い指定が行われており，ジャンルごとのタテ割りの体系となっていること

②国の価値基準に従って文化財の価値を決定する中央集権的な体系になっていること

③限られた財源などの下，国が責任をもって文化財保護を推進するため，国の価値基準に基づく優品を優先的に保護する仕組み（選択保護主義）が採られていること

④他の分野の行政と相互に干渉せずに独立して文化財保護政策を実行するタテ割りの仕組みを形成してきたこと

　文化財保護制度は，文化財のジャンルの拡大（制定当初「有形文化財」，「無形文化財」，「史跡名勝天然記念物」の 3 ジャンル→現在「有形文化財」，「無形文化財」，「民俗文化財」，「記念物」，「文化的景観」，「伝統的建造物群」の 6 ジャンル，表 14.1 参照），新しい保護手法の採用，重要文化財などの指定・選定件数の増加によって，発展を遂げてきた。さらに，開発の進展や生活様式の変化などによってその価値が評価を受けないまま消滅の危機にさらされている状況に対応して，厳格な審査手続きを経て，強い規制が講じられている有形文化財指定制度を補完するため，1996 年に，対象文化財の登録，現状変更の届出とこれに対する指導などの緩やかな措置を内容とする登録有形文化財制度が創設されている（2004 年の保護法改正によって，有形民俗文化財，記念物にも登録制度を創設）。

　しかし，登録文化財制度が創設された以降においても，文化審議会は「**文化財の喪失**」を食い止めるための政策の展開を提唱している（2007 年の文化審議会文化財分科会企画調査会報告書）。過疎化，少子高齢化の進展などに

よって，今後ますます，「文化財の喪失」が加速する可能性がある。

　経済学の知識を活かして，背景を考えてみよう。文化史上，学術上などの価値を持つ文化財に該当するが，いまだ保護法上の指定が行われていない私人が所有し使用している古い住宅を考える。所有者は，住宅として利用することによって便益（私的便益）を享受しているが，そのための管理費用を負担し，住宅としての価値（及び結果として文化財の価値も）が維持されている。文化財は，「わが国の歴史，文化等の正しい理解のため欠くことができないものであり，且つ，将来の文化の向上発展の基礎をなすもの」（保護法第3条）であり，このような文化財がもたらすサービス（社会的便益）は**外部性**を有するか，または**公共財**としての性質を持つ。所有者は，通常住宅としての私的便益に見合う範囲でしか費用を負担しないので，私的便益が期待できなくなれば文化財としての価値を持っていても維持管理が行われなくなる。すなわち，文化財が生み出す社会的便益が評価され，その供給費用が所有者に補塡され，または維持管理が義務付けられる仕組み（**外部性の内部化**）がないと，文化財として維持管理されることは担保されない。文化財のこのような性質（外部性・公共財）によって生ずる問題は，日本だけでなく，世界共通であり，多くの研究が行われている（章末の参考文献を参考）。

　最近の事象として，古くなった住宅の例について言えば，新しい様式や設備を持ったものへの建替え・改造をした方が大きい効用をもたらし，また，少子高齢化や過疎化によって住宅としての利用する便益が失われ，古いまま維持管理することによる所有者の機会費用が急速に増加し，取り壊されたり，放置され荒れるに任されているものもあることが推測される。

　また，日本のどの地域でも，古いものとしてまず思い浮かぶのは，鎮守である神社，先祖代々が祀られている寺院である。建造物が維持されているほか，催事の中で踊り，祭りなどの民俗芸能の伝承や仏像などの美術品の保蔵が行われてきている。これらの神社や寺院は，そこに住む人によって享受されるサービスを供給するが，それは外部性または公共財としての性質を持つ。過疎化，少子高齢化によって地域の住民（氏子，檀家）が減少していくと，神社や寺院が存在することから享受する便益に対して分担する1人当たり費用が増加していくため，フリーライダー的な行動をする人が増加し，人

がいなくなれば，最後には神社，寺院が建造物，催事などとともに消滅する可能性がある。

「文化財の喪失」は，経済学で市場の失敗と呼ばれる現象である。保護法は，文化財を保護する仕組みを構築することによって，市場の失敗を是正するための制度である。私人の所有する物件を文化財に指定することによって，維持管理を義務付ける一方，維持修繕費用を助成するとともに，所有者に帰属する価値を高め便益を増進することによって，社会的な便益と費用が所有者に内部化される仕組みである。しかし，この仕組みが適用されるためには，一つ一つの物件ごとにそのジャンルごとに構築されてきた国の基準を満たす価値が認められなければならない。これに加え，維持修繕費用予算の制約とトップダウンの制度運用によって，保護法のカバーが，文化財の喪失のスピードに追い付かない。また，他の分野の行政との連携がないため，文化財保護制度の機能不全が補完されない。上で述べた，保護法の特徴とされたことが，「文化財の喪失」への対応に当たって制約となっている。

文化審議会の報告を基に，文化財政策当局で展開されていることは，「文化財の総合的把握」と「社会全体での文化財の継承」をコンセプトとし，これらに従いボトムアップ的に地域主体に文化財保護の体制（地域でも文化財が持つ**外部性を内部化する**仕組み）を組み立て，文化財保護制度を補完することである。1件1件単体でなく関連する文化財をジャンルを超えて一括して保護の対象にすることによって，一定のテーマの下に文化財を総合的に捉え，地域資源としてマチづくりや地域の活性化に活かし，それを供給する費用として地域において所有者に助成したり，代わって維持管理を行い，地域全体で文化財を守っていこうとするアイデアである。具体的には，文化財を中心においた市町村のマチづくりのマスタープランとして「歴史文化基本構想」の策定の推進が進められている。2015年度からは，地域単位に，ジャンルを超え，保護の対象の有無にかかわらずパッケージ化した複数の文化財が織り成すストーリーを「日本遺産」として認定し，文化財を総合的に活用する取組みが開始されている（章末のトピックス参照）。

第14章 文化財と観光政策　　*253*

14.3 | 文化財と観光政策

14.3.1　文化財保護政策における観光の位置付け

　上で述べた特徴の一つとして他分野の行政との連携がないことを挙げた。しかし，観光政策との関係に関しては，観光立国推進基本法において，その前身である観光基本法におけるのと同様，国は，観光資源の活用による地域の特性を活かした魅力ある観光地の形成を図るため，史跡，名勝，天然記念物等の文化財などに関する観光資源の保護，育成及び開発に必要な施策を講ずるものとされている（同法第13条）。

　これまで，文化財政策当局において，文化財を観光資源として位置付け，積極的に活用する視点に立った施策はもちろんのこと，政策文書に観光なる言葉で言及されることはほとんどなかった。観光政策当局が作成している白書においても，文化財保護政策が平板に記述され，特段観光を意識した内容でなかった。

　しかし，「文化財の喪失」という事態に直面し，関連する文化財を一括して捉え，一定のテーマの基に地域振興に活かす方針が打ち出された。また，経済政策の面でも，2010年の政府の『新成長戦略』で「我が国独自の文化財・伝統芸能等の文化遺産の活用は地域活性化や雇用増大の切り札である」と位置付けられ，その後，2014年の『地方創生総合戦略』においても観光など地域活性化に活用することの重要性が書き込まれている。これを契機に文化財保護政策において，平成23年度から「文化遺産を活かした観光振興・地域活性化事業」が開始され，観光への活用が明示されるようになった。

　しかしながら，観光資源として活用するに当たって，過度に期待するあまり文化財の価値の源泉である真正性（**オーセンティシティー**（authenticity）；本物であること）を損なうことがないようにしなければならない。

14.3.2　観光商品の市場と文化財

　企業及び消費者の最も基礎的な意思決定は，価格とともに，どのような製

品をどれだけ生産・販売し，消費するかということについてであり，企業に
とっては利潤の最大化，消費者にとっては効用の最大化が得られる製品を選
択する。観光に関する製品（「**観光商品**」）は，通常，観光地までの移動（電
車，バス，飛行機，自家用車利用の場合の高速道，燃料など），宿泊，食事，
観覧等に関するサービスである。これらの一連の観光商品は，1人の消費者
にとっては，観光を行う場合，購入が必要となる諸サービス一式である。他
方，消費者にとって一式を構成する個々のサービスの生産者は，それぞれに
ついて存在する。これらのサービスの供給に関して，消費者の探索費用や取
引費用の軽減に役に立つ，サービス一式の全部または一部をパッケージにし
た商品（「複合商品」，河村誠治（2008），48頁）を販売する代理店と呼ばれる
企業が成立している。消費者がパッケージにされた商品をこのような代理店
から一括して購入するケースのほか，単品のサービスをそれぞれの生産者か
ら購入するケースもある。多様な個別サービスを抱き合わせて，一括して価
格付けを行う観光商品を販売するケースが多いと考えられる。

　観光資源である文化財が観光商品の市場に与える効果を考える。第1は，
文化財に限られることでないが，観光の対象となる観光資源は，消費者の観
光商品に対する支払い用意の形成に影響を与える。第2の効果は，観光商品
を差別化し，他の地域を対象とした商品との価格競争を緩和する（価格を競
争相手の商品よりも引き上げても需要のすべてを失わない）。第3の効果は，
文化財は外部性や公共財的な性質を持つことから，観光商品の供給者にとっ
て，一般に，その費用を負担することなく，便益を享受することが可能であ
ることである。

14.3.3　観光商品の差別化と文化財

　観光地の選定に当たって歴史文化（文化財）を決め手とする消費者の需要
に対して，複数の供給者によって観光商品が生産され，供給される市場を考
える。各供給者は，競争相手の商品を想定し，寺社仏閣や史跡が所在する場
所を選択し，そこを対象として，発地から着地までの交通，宿泊を内容とす
る抱合せ商品を企画し，価格を設定し，広告宣伝を行い，オファーするとす
る。

第14章　文化財と観光政策　　*255*

　神社仏閣や史跡は，その地域において時間を通じて人の営為の中で生まれ，引き継がれてきたものであるため，その地域固有のもので他の地域にはないことに特徴がある。供給者は，観光商品を企画するに当たって，消費者の嗜好の分布状況を踏まえ，神社仏閣や史跡（同時にその所在場所）を選択する。供給者がその選択に当たって，地方公共団体の企画提案が行われることが多い。最近では，人口の減少期を迎えている大多数の地方公共団体においては，地域経済の振興のみならず，観光客の増加は交流人口の増加につながることから，人口対策としても関心が高まっている。地方公共団体の観光に関する重要な行動の一つは，観光商品の供給者に対する企画提案や，旅館・ホテルなどの観光サービス事業者と連携した販売促進活動である。

　観光商品を販売する供給者と地方公共団体などの関係者が一体となった誘致に関しての地域間競争が存在している。消費者は，供給者から販売される観光商品から効用を最大化するものを選択し，購入する。一般的に，企業にとって，市場競争における関心は，過度の価格競争を回避することであり，そのために採られる戦略が製品**差別化**である。異なる神社仏閣や史跡が所在する観光地について，同じような観光商品が提供される場合，多少価格が高くなっても，消費者は最も訪問したい観光地を目的とした観光商品を選択すると考えられる。これが，製品差別化による価格競争の緩和である。

　観光商品の供給者と地方公共団体などの関係者が連携した誘致活動が消費者の最も訪問したい場所の選択に影響を与えるならば，価格競争の緩和を通じて地域経済にメリットをもたらす。京都市のような社寺仏閣や史蹟が数多く集積している地域は，消費者が訪れたいと思うものを見いだす確率が高く，かつ，1回の訪問で多数の文化財を訪れることが可能である。また，1ヵ所当たりの単位費用が小さくなるため，選択する消費者が多いと考えられる。文化財は先人からの贈り物であり，新たに生み出すことができないため，文化財の価値を新たに発見して観光資源とした観光商品を企画開発するに当たっても，文化財が多く集積している地域がアドバンテージを持ち続けることは否めない。

　しかし，数少ない神社仏閣や史跡しかない場所であっても，京都市のような地域より大きい効用を見いだす（ニッチな）消費者が存在する。上で引用

した文化審議会の報告において，「現在，国や地方公共団体により指定など
がされていない，地域や人々の暮らしの中で埋もれた文化財が，その存在を
認識されながらも価値を見いだされないままに失われつつある」という危機
意識が文化財政策当局に持たれるようになってきている。文化財を地域の資
産として把握し，消費者が魅力を感じる新たな価値を見いだし，文化財政策
と観光などの地域振興政策とが連携した取組みが重要性を増している。

14.4 おわりに

　文化財は，観光資源として可能性がある。過疎化，少子高齢化の進展によ
り文化財の喪失の危機が高まる一方で，観光など地域振興を図る上で，文化
財は他の地域にはない魅力を与える地域資源として期待が高まっている。文
化財が供給するサービスは外部性または公共財としての性質を持つので，そ
の経済的特性（フリーライダーの出現など）を踏まえ，文化財を活用した観
光など地域振興を企画するに当たって制度設計（外部性を内部化する仕組み
づくり）を行うことが必要である。

[参考文献]

足羽洋保（1997）『観光資源論』中央経済社

岡本伸之編著（2001）『観光学入門』有斐閣

垣内恵美子（2007）「文化財の保護」根木昭編著『文化政策の展開』放送大学教育振興
　　会

亀井伸雄（2008）「近年の文化財保護施策の展開」文化庁文化財部監修『月刊文化財』
　　5/平成 20 年』第一法規

河村誠治（2008）『新版　観光経済学の原理と応用』九州大学出版会

川村恒明監修・著（2002）『文化財政策概論―文化遺産保護の新たな展開に向けて』東
　　海大学出版会

文化財保護法研究会編著（2006）『文化財保護法』ぎょうせい

文化審議会（2007）『文化審議会文化財分科会企画調査会報告書』文化庁ホームページ

文化庁（2001）『文化財保護法五十年史』ぎょうせい

中村賢二郎（2007）『文化財保護制度の解説』ぎょうせい

西村幸夫（2011）「文化財の新たな展開―歴史文化基本構想のめざすもの―」『月刊文化
　　財 10/平成 23 年』第一法規

Benhamou, F. (2003), "Heritage," *A Handbook of Cultural Economics*, Edward Elgar, 253-262

Bonet, L. (2003), "Cultural Tourism," *A Handbook of Cultural Economics*, Edward Elgar 187-193

Rizzo, I. and Throsby, D. (2006), "Culture Heritage ; Economic Analysis and Public Policy," *A Handbook of The Economics of Art and Culture*, North-Holland, 983-1016

トピックス：日本遺産の認定

　2015年度に，文化庁は，有形・無形の文化財群によって裏付けられた地域の歴史的魅力を通じてわが国の文化・伝統を語るストーリーを「日本遺産 Japan Heritage」として，「近世日本の教育遺産群――学ぶ心・礼節の本源――」（申請：水戸市，足利市，備前市，日田市）など18件の認定を行った。2020年度までに認定数を100件程度とする方針を示しており，2016年度においても，「正宗が育んだ"伊達"な文化」（仙台市，塩竈市，多賀城市，松島市）など19件追加認定が行われている（既認定日本遺産については，文化庁ホームページを参照）。

　日本遺産は，ストーリーを語る上で欠かせない魅力あふれる有形や無形の様々な文化群を，地域と主体となって総合的に整備し，国内だけでなく，海外へも戦略的に発信していくことにより，地域の活性化を図ることを目的としている（文化財の指定と異なり，文化財の価値の保護でなく，地域の活性化を目的としている点で，指定文化財と異なる）。申請者は市町村で，都道府県を経由して申請が行われる。申請を行うには，本文で触れた最近の文化財政策の展開方向である文化財の総合的把握（ジャンルや指定，未指定と関係なく文化財群を一括して保護し，一定のテーマのもとに総合的に捉え，地域活性化などに活かす構想）が行われている地域とするため，歴史文化基本構想の策定などが行われていることなどが条件となっている。認定されると，当該市町村に日本遺産発信の推進や人材育成，文化財群の公開活用のための整備に必要な経費について助成が行われる。

　このプロジェクトは，本文で説明した地域主体の文化財を活用した地域振興とそれを通じた文化財保護を連携して行うという最近の文化財政策に沿ったものであるが，2014年の「地方創生総合戦略」及び2015年の文化芸術基本法に基づく「文化芸術の振興に関する基本方針」（いずれも閣議決定）による政府の方針の具体化である。

（田家邦明）

第15章 世界遺産と観光

●キーワード
　世界遺産制度，文化遺産・自然遺産・複合遺産，危機遺産，顕著な普遍的価値と地域観光資源，持続可能な開発と観光
●ポイント
　ユネスコ世界遺産制度の内容と目的を考え，観光との関係を整理します。

15.1 はじめに

　「世界遺産の旅」が人気を集めている。わが国でも，「屋久島」や「紀伊山地の霊場と参詣道」などの世界遺産が人気を集めており，2015年の「明治日本の産業革命遺産　製鉄・製鋼，造船，石炭産業」の世界遺産登録に伴う端島炭鉱（軍艦島）や韮山反射炉への注目度アップは記憶に新しいところである。その一方で，これらの世界遺産登録地へ来訪する観光客の急増による様々な「観光圧力」が存在する。この章では，世界遺産の基礎的な知識を概説し，観光が世界遺産に及ぼす功罪を整理する。

15.2 世界遺産の基礎知識

15.2.1 世界遺産とは

　世界遺産とは「世界遺産一覧表（世界遺産リスト）」に記載（登録）された物件である。世界遺産一覧表は「世界の文化遺産及び自然遺産の保護に関する条約（**世界遺産条約**）」という国際条約によって定められていて，この国際条約は，1972年の第17回ユネスコ総会において満場一致で採択された。つまり，世界遺産活動はユネスコが主導しており，世界遺産を記載（登

録）する目的は，ユネスコの設立目的に沿ったものである。

　ユネスコの正式名称は United Nations Educatinal, Scientific and Cultial Organization，日本名は「**国際連合教育科学文化機関**」である。教育や科学，文化，コミュニケーションといった“心の分野”の国際的連帯強化を目的としている。第二次世界大戦が終結した直後の 1945 年 11 月，ロンドンで連合国教育大臣会議が開催された。戦争のない国際社会を実現させるための国際会議であり，この会議で採択された国際憲章が**ユネスコ憲章**であった。ユネスコ憲章の前文には

　　戦争は人の心の中で生まれるものであるから，人の心の中にこそ，平和のとりでを築かなければならない。

とある。ユネスコは，ユネスコ憲章に基づき，1946 年に設立された組織であり，ユネスコ憲章の前文にあるとおり，人の心に“平和のとりで”を築くことによる真の国際平和実現が設立目的である。

　「世界遺産とは」の答えは，ユネスコが中心的役割を担う以上，人の心に平和のとりでを築き，真の国際平和を実現させる具体的手段となる。

15.2.2　世界遺産条約の特徴と世界遺産の種類

　改めて世界遺産活動の基本となる世界遺産条約を見ると，この国際条約の大きな特徴が見えてくる。それは「文化財と自然環境を同時に保護する国際条約」であるという点だ。文化財保護や環境保全に関する国際条約は数多く存在するが，文化財と自然環境を同時に保護する国際条約は世界遺産条約だけである。世界遺産には文化遺産，自然遺産，複合遺産の 3 種類が存在する。文化遺産とは，人類の歩みを表す文化財であり，自然遺産とは，地球生成 46 億年の歴史を表現する自然環境である。そして複合遺産とは，文化と自然双方の価値を併せ持つ物件となる。さらに，世界遺産条約の目的が保全・保護にあることも条約名が明確に表している。保全・保護の上，次世代に引き継がれるべく世界遺産一覧表に記載される物件には，いくつかの条件がある。第一の前提条件として「不動産」であることが挙げられる。自然遺産として登録される自然環境は間違いなく不動産であるが，文化遺産は“不動産文化財”であり，具体的には「記念物，建造物や遺跡」を記載すること

表15.1 世界遺産の内訳と登録物件数 (2016年7月現在1,052件)

種　類	内　　　　　容	登録数
文化遺産	人類の歴史が生み出した記念物や建造物，文化的景観など	814件
自然遺産	地球生成や動植物の進化を示す地形や景観・生態系など	203件
複合遺産	文化遺産と自然遺産，両方の価値を兼ね備えているもの	35件

が基本となる（1992年以降は「文化的景観」が加わった）。

　複合遺産は，自然環境が建造物や遺跡を含んで登録されている。つまり，絵画や彫像などの動産は世界遺産として登録されない。能楽や歌舞伎などの伝統芸能も世界遺産ではなく，**無形文化遺産**という範疇に入る。**無形文化遺産保全活動**は，「無形遺産の保護に関する条約（無形文化遺産保護条約）」という国際条約で規定されていて，やはりユネスコが主導する文化財保全活動だが，世界遺産とは一線を画す。さらに，世界遺産として登録される不動産は，その物件保有国の法律で保護されていなければならない。保有国に保全・保護の最終責任がある不動産，これが世界遺産の前提条件である。この前提条件を満たした物件の推薦は，物件所有国が行う。つまり世界遺産一覧表記載とは，保有国が，国際社会から記載物件の保全の義務と責任を負託されることを意味する。保全には経済的負担が伴うが，保全費用を賄うのは，世界遺産の保有国であり，ユネスコが保全費用を負担することはない。

15.2.3　危機にさらされている世界遺産リスト

　世界遺産条約3章第11条では，「危機にさらされている世界遺産リスト（**危機遺産リスト**）」の作成が定められている。危機遺産リストに記載される物件は，世界遺産一覧表記載物件の中で，世界遺産としての遺産価値が消滅する重大かつ明確な危機にさらされている物件であり，一般的には「危機遺産」と称されている。2011年に内戦が始まり，世界遺産への破壊活動が絶えないシリア・アラブ共和国は，6件の文化遺産を保有しているが，2013年にすべての物件が危機遺産リストに記載された。また，アフリカのコンゴ民主共和国は，5件の世界遺産を保有し，すべてが自然遺産であるが，密猟や

森林伐採，内戦などによりすべてが危機遺産である。自国の世界遺産が危機遺産リストに記載された場合，当該遺産の保有国は遺産に対する保全計画の作成と実行が求められるが，両国から，納得のいく保全計画は提出されていない（2016年にはリビアの文化遺産5件すべてが危機遺産となった）。

そして，危機的な状況が解決されなければ，世界遺産登録は抹消される。オマーン国の「アラビアオリックスの保護地区」はオマーン政府が地下資源開発のため保護地区の90％削減を決定したため，危機遺産リストに記載されることなく2007年に抹消された。ドイツ連邦共和国の「ドレスデン・エルベ渓谷」は，エルベ川への架橋計画が，文化的景観を損ねるとして2006年に危機遺産リストに記載された。しかし，橋の建設が実行されたため2009年に削除されている（世界遺産アカデミー（2015），p. 139）。

ユネスコ第8代事務局長であった松浦晃一郎氏は，世界遺産が直面する7つの危機要素を挙げている。それは，以下の7要素である（松浦（2008），第6章）。

1. 自然劣化　　2. 自然災害　　3. 戦争や内戦による破壊
4. 人為的な破壊　　5. 経済開発優先による脅威
6. 都市開発による脅威　　7. 観光事業の増加

シリア・アラブ共和国，リビアの危機要素は3であり，コンゴ民主共和国の危機要素は3，4，5となる。

しかし，7番目に「観光事業の増加」が挙げられていることにも注目すべきであろう。上述の松浦晃一郎氏は，観光事業の増加が，内戦や密猟と同様に世界遺産の遺産価値を破壊しかねない，と指摘しているのである。これが「観光圧力」とされる内容である。観光資源として知られる世界遺産ではあるが，観光事業の増加による遺産価値消滅の可能性が指摘されており，ここに観光が世界遺産に及ぼす功罪の原点を見ることができる。危機遺産リスト記載物件の救済責任が，第一義的には遺産保有国にあることはすでに述べた。観光事業者は，自身の行動が世界遺産に及ぼす影響を十二分に理解していないと，遺産保有国に多大な損害を与えかねないことに留意する必要がある。

15.2.4 顕著な普遍的価値

　世界遺産の遺産価値は「顕著な普遍的価値（OUV: outstanding universal value）」とされる。観光事業者は，個々の世界遺産が持つ顕著な普遍的価値への理解と配慮が求められる。たとえば，旅行会社が世界遺産への観光旅行を主催する場合，参加者へ，訪問世界遺産のOUVの事前告知をすることは重要で，観光圧力を回避する第一歩となり得る。

　各国から推薦された物件は，専門機関による調査を受けた後，1年に1回開催される「世界遺産委員会」で審議され，登録の可否が決定する。事前調査と最終審議では，対象物件が世界遺産としての顕著な普遍的価値を有した物件か否かと，保全体制の状況を調査，審議の対象とする。顕著な普遍的価値が認められ，保全状況が万全でなければ世界遺産一覧表に記載されることはない。顕著な普遍的価値を簡単に表現すると「他に類のない価値」であり，判りやすく表現すれば「個性」とも言える。世界遺産には，それぞれ別々の個性があり，世界遺産の個性を知ることは，個々の世界遺産の魅力を理解することにつながる。

15.2.5 登録基準

　世界遺産のOUVを理解し，その魅力を知る手段として登録基準がある。登録基準は10項目あるが，すべての世界遺産は，最低1項目の登録基準を持っている。登録基準とは，その世界遺産のOUV＝個性がどのような内容かを表す指標となる。登録基準の詳細な内容まで理解することは難しいかもしれないが，表15.2に登録基準10項目の内容を要約したものを一覧表にした（登録基準の全文は http://www.unesco.or.jp/isan/decides/ を参照）。

　登録基準の内容を理解すれば，訪問する世界遺産の個性が事前に理解でき，その魅力を知ることができる。表15.2のiからviまでは，文化遺産登録のための登録基準であり，viiからxまでが自然遺産の登録基準となる。複合遺産は，i〜viの1つ以上と，vii〜xの1つ以上を併せ持つ物件である。登録基準から，自分が訪問したい世界遺産を見極めることも可能である。たとえば，訪問先の一般庶民の伝統生活を体感したければ，登録基準（v）を持つ物件＝独自の集落を訪問することを薦める。「独自の集落」とは

その国や地域の独自集落であり，訪問先の庶民の生活の歴史や伝統文化に触れる可能性が増すだろう（世界遺産アカデミー（2016），26-30頁）。

15.2.6 旅行・観光行動は多様性認識の第一歩

地球上には，さまざまな価値観が存在し，それぞれの価値観は，風土や環境によって異なる。価値観の違いが多様な文化を創造してきた。つまり，自然の多様性は，文化の多様性に直結する。自然と文化の多様性認識は，国際社会成立の根幹を認識することにもつながる。多様性の重要性に関しては，フランスの海洋学者で，アクアラングの開発者としても有名なジャック゠イブ・クストー氏が，1995年，東京の国連大学で開催された「ユネスコ創立50周年記念シンポジウム」で発言している（服部（2015），14頁）。

表15.2 世界遺産の登録基準

登録基準	内容の要約
i	人類の才能
ii	文化の交流
iii	文明の証拠
iv	建築や技術の発展段階（時代性）
v	独自の集落
vi	大きな出来事
vii	自然美・景観美
viii	地球の歴史
ix	独自の生態系
x	絶滅危惧種の生息域

南極のように生物種の数が少ないところでは生態系は脆い。赤道直下のように種の数が多いところでは生態系は強い。そしてこの法則は文化にも当てはまる。

現場を経験した上での貴重な発言だ。つまり，グローバリゼーションが進み，一つの強大な価値観が地球を網羅した場合に生じる文化の多様性の減少は，文化の衰弱につながるという警告である。文化の多様性は，個々の文化の力を強める。多様な文化を次世代に引き継ぐことは，個々の文化の力を世代を超えて継続させることであり，多様な文化が共生できる環境の創出は，真の国際平和が実現できる環境に近づくことを意味する。

昨今の国際情勢は，価値観や文化の衝突といった状況を呈していて，サミュエル・ハンチントンの「**文明の衝突**」が再び注目されている。「文明の衝突」が発表されたのは1996年であった。これに対しユネスコは，2000年を「平和の文化国際年」に定めた。さらに，このユネスコの精神をより深化

する形で，国連は，2001年を「文明間の対話国際年」に指定している（服部，2015，pp. 315-325）。文化の多様性を認識し，相互の文化や価値観を理解しあうことは，衝突の回避につながる。「**文明は衝突しない。衝突するのは対話をしない文明間のお互いの無知だ**」という宣言である。

　世界文化遺産は，異文化へ興味を抱く入り口となり得る。興味は対話のきっかけとなる。興味を持った異文化を訪問すること＝旅行・観光行動は，異文化理解の第一歩となり，ユネスコや国連の精神＝文明間の対話を現実化させるステージと言える。ただ，訪問先の世界遺産が持つOUV＝個性を理解していないと，その個性を傷つけてしまう可能性も発生する。

15.3　観光資源としての世界遺産

15.3.1　行ってみたい旅行タイプ

　図15.1は「JTBF旅行需要調査」の数値を基に，2000年から2015年までの日本人の旅行動機の変遷を示している。この調査は，示された選択肢から「行ってみたい旅行タイプ」を選ぶもので，複数回答も可であるから，パーセンテージの合計は100ではない。行ってみたい旅行タイプの1位から4位までは15年間変わっていないが，注目すべきは「世界遺産巡り」に対する需要の増加である。2004年まで，「世界遺産巡り」は選択肢にも入って

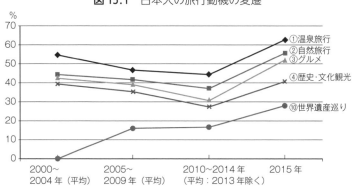

図15.1　日本人の旅行動機の変遷

出所：日本交通公社「JTBF旅行需要調査」

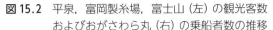

図 15.2 平泉，富岡製糸場，富士山（左）の観光客数およびおがさわら丸（右）の乗船者数の推移

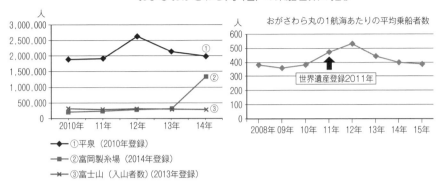

出所：平泉は平泉町データ及び岩手日報記事。富岡は富岡製糸場データ。富士山は環境省関東地方環境事務所。小笠原は，小笠原チャネルホームページデータ http://www.ogasawara-channel.com/access/ogamaru_archives.htm（注：「小笠原諸島」へのアクセスはおがさわら丸に限定され，気象条件などで欠航も発生するので1航海の平均乗船者数を算出した。）

図 15.3 白川郷・五箇山（左）と石見銀山（右）の観光客数の推移

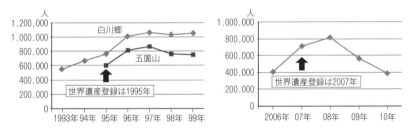

出所：白川郷は白川村役場の観光統計。五箇山は富山国際大学の統計。石見銀山は大田市観光資料振興課。

いなかった。2005年以降に選択肢に加わると，急激に順位を上げている。

日本の世界遺産は，2011年に「平泉――仏国土（浄土）を表す建築・庭園及び考古学的遺跡群」と「小笠原諸島」が登録され，それ以降2013年に「富士山――信仰の対象と芸術の源泉」，2014年に「富岡製糸場と絹産業遺産群」，2015年に「明治日本の産業革命遺産 製鉄・製鋼，造船，石炭産業」と登録数を順調に増やしてきた。ここでは，最近の登録物件のうち比較データが得られた4件に対する観光客数の変化を図15.2で示す。

266　第4部　観光経済の事例分析

　次に「白川郷・五箇山の合掌造り集落」と「石見銀山遺跡の文化的景観」の観光客数を図15.3に示す。この2件には大きな違いが見える。白川郷の観光客増加及びその継続と，石見銀山に見る観光客増加の一過性である。なお五箇山は白川郷に引っ張られる形で推移するが，白川郷に比べて若干減少傾向にある。

　また，世界遺産登録以前から著名な観光地である京都や奈良は世界遺産登録以前と以後で大きな変動はなく，グラフでは表していないが，これも一つのパターンである。「平泉」「富岡製糸場」「小笠原諸島」「富士山」，さらに「明治日本の産業革命遺産」への観光客数が，今後どのように変化するかは不確定であるが，世界遺産登録により，瞬間的とはいえ観光客が増加することは間違いない。そして，その傾向は，観光地としての注目度が低かった場所ほど顕著である。

15.3.2　マス・ツーリズムと世界遺産観光

　「マス・ツーリズム」とは，観光旅行が大衆化した現象を意味し，背景には交通インフラの整備，宿泊施設の拡充，可処分所得の増加といった社会環境の変化が挙げられる。日本においては，1970年の大阪万博以降に一気にマス・ツーリズム化が進んだ。日本の旅行代理店も，大阪万博を機に大きく飛躍の時代を迎えるが，1964年に観光目的による海外渡航の自由化を迎えており，「人気の三都市を巡る──ロンドン・パリ・ローマ5泊7日の旅」などのパッケージ商品が人気を集めた。パッケージ商品とは，交通機関・宿泊施設・食事をセット販売する旅行商品であり，海外旅行商品の場合，添乗員が同行することを基本とした。1960年代から1970年代は，日本の旅行業界，観光業界にとって大きな変革の時代であった。それは，海外旅行のマス・ツーリズム化であり，具体的には旅行参加者にとって手間が掛からず，不慣れな外国語への対応も楽で，低価格の商品を開発することによる「数」へのこだわりである。いかに大量の顧客を囲い込めるかがキーワードとなり，マス・ツーリズムが加速した。しかし，一時的な大量送客のために企画された商品は，パンフレットと異なる食事内容や，シーズンを無視した出発日設定など，商品内容に問題が発生する可能性がある。世界遺産巡りの旅に

おいても，単なる "通過旅" は参加者のクレームにつながりかねない。世界遺産のどのような魅力を伝えるか，商品開発には，世界遺産の遺産価値＝個性の理解と把握が不可欠になってくる。

世界遺産登録地の観光客の推移を見ると，単なる「世界遺産巡りの旅」では一過性の人気商品で終わってしまう可能性を否定できない。

15.4 世界遺産の旅

15.4.1 多様な魅力

世界遺産の旅は，その多様な魅力を実感できる旅であるべきだ。個々の世界遺産の魅力は，その物件が持つ顕著な普遍的価値（OUV）＝個性に由来する。

自然遺産を例に取った場合，自然遺産に対しては，一般的には "絶景" を期待する場合が多い。「自然美・景観美」を意味する登録基準は（vii）になる。アメリカ合衆国の「グランドキャニオン国立公園」やオーストラリア連邦の「グレート・バリア・リーフ」などは登録基準（vii）を有するので，期待を裏切らないだろう。しかし，すべての自然遺産が登録基準（vii）を有しているわけではない。一例を挙げれば「白神山地」の登録基準は（ix）であり，OUV は「独自の生態系」である。「白神山地」に景観美を求めても，その期待は裏切られる可能性がある。「白神山地」の魅力である「独自の生態系」を実感するにはマタギ小屋などに宿泊する滞在型の旅行のほうが適しているかもしれない。

15.4.2 入場料，入場規制と観光経済

世界遺産の遺産価値保全のためには，観光客に対する制限措置も必要となる。また，世界遺産登録の一義的目的が，遺産価値の保全にある以上，保全に対する経済的な対策も不可欠である。観光地としても人気の高いペルー共和国の「マチュ・ピチュ」にも 1 日 3,000 人（鉄道 = 2,500 人，トレッキング = 500 人）という入場制限がある（http://www.machupicchutrek.net/how-many-tourists-visit-machu-picchu-annually/）。

268 第4部 観光経済の事例分析

　さらに,「マチュ・ピチュ」の入場にはチケットが必要である。このような入場規制や入場料の徴収は,多くの世界遺産登録地で実施されていて,入場料収入は,遺産の保全費用に充当されることを基本としている。

　入場制限が遺産価値の保全に直結し,入場料収入が,保全費用に充当されれば,それは世界遺産保全に対して,大きな効果をもたらす。一方で,観光業界にとってみれば,世界遺産登録地域への入場制限や入場料徴収は,参加人数や旅行費用に反映され,観光促進の障害となりかねない。「富士山」の入場者減少は,任意ではあるが2014年から徴収が始まった「入山料」の存在であろうか。

　今まで述べてきたように,世界遺産の存在意義は「多様性の理解」にあり,観光は「多様性の理解」に必要な"文明間の対話"のステージとなり得る。また,世界遺産登録が,遺産価値の保全を目的にしている以上,保全費用の確保は重要な課題であり,入場料収入なども大きな財源である。つまり,観光経済の活性化は,世界遺産保全の経済的基盤と成りえる。観光圧力ではなく,世界遺産保全と観光経済促進の両立を実現させる具体策は,国際的な取組みとして検討されるべきだろう。1992年6月にリオ・デ・ジャネイロで開催された地球サミットにおいて「アジェンダ21」が採択された。「アジェンダ21」は持続可能な開発のための行動計画である。これを補足するかたちで,1995年に「観光のためのアジェンダ21」が,世界観光機関(現在のUNWTO),世界旅行産業会議(WTTC),地球会議(ECA)の3団体により作成されている。世界遺産委員会においても2000年代初め,観光事業に注目が集まった。**現在は「戦略的行動計画(2012-2022)」に集約される形で「世界遺産を守る持続可能な観光計画」の策定について動き始めている**(世界遺産アカデミー,2016,p. 44)。

15.4.3　世界遺産保全と観光経済促進の両立を阻む要因

　世界遺産の遺産価値がしっかり保全され,世界遺産訪問者が安定的に存在することによって観光経済が活性化し,雇用機会の創出も含めて地元経済が発展する,このような理想的状況を創出するために最も重要なことは「遺産価値の理解」である。観光客が遺産価値を理解していることは当然必要だ

第 15 章 世界遺産と観光 *269*

が，観光業に従事する人間も含めた「地元の理解」も不可欠である。しかし，観光業者や地元経済界が，それを妨害する現実もある。1 日 3,000 人に制限されている「マチュ・ピチュ」の，2013 年訪問者総数は 120 万人に迫っており，1 日平均の現実的入場者数は約 3,300 人である（http://www.machupicchutrek.net/how-many-tourists-visit-machu-picchu-annually/）。

なぜマチュ・ピチュの入場者数は入場制限をオーバーしているのか。それは，世界遺産を単なる観光資源として捉える中で，目先や個人の利益だけを追求し，世界遺産がもたらす経済効果だけに注目が集まる状況に一因がある。しかし「各国の法律で保護されている不動産」という世界遺産申請の条件を考えると，その国の法律で保護されている不動産とは，その国の固有資産であり，ユネスコといえども，その管理体制に対して簡単には口が出せない状況がある。

世界遺産条約に罰則規定はなく，あくまでも紳士協定である（唯一の罰則規定が世界遺産登録抹消である）。重要なのは規則ではなく，個人個人の意識にある。世界遺産登録が決定すると，「喜びに沸く地元の方々」といった内容のニュース映像が流れる。世界遺産に登録されることで，経済活性化が図れるといった視点からの取材に基づく映像だが，世界遺産登録は，保全義務を負うことを世界に宣言し，その責任を全うするスタート地点でもある。喜びの反面，厳しい現実が突きつけられた側面も存在することを忘れがちだ。地元の世界遺産の遺産価値保全義務を全うするためにも，世界遺産の地元住民，そして世界遺産を観光資源とする観光・旅行業界も遺産価値＝個性をよく理解することが必要となる。

15.5 | 観光競争力

15.5.1 観光力

世界経済フォーラム（WEF：World Economic Forun）は，2007 年より「旅行・観光競争力レポート（*Travel and Tourism Competitiveness Report*）」を 2年ごとに発表している。各国の観光競争力を評価したレポートで，「観光力」ともされる観光競争力とは「旅行・観光分野の継続的発展が，その国の経済

270 **第4部** 観光経済の事例分析

表15.3 日本の観光競争力（2015）

内　　　　　容	得点（7点満点）	ランク
総合順位（以下は各分野）	4.94	9位
①旅行・観光事業運営のための基礎分野	5.8	13位
②旅行・観光事業に対する政策分野	4.4	26位
③旅行・観光事業に対するインフラ整備分野	4.6	31位
④自然・文化などの観光資源及びビジネス旅行分野	4.9	11位

出所：世界経済フォーラム http://reports.weforum.org/travel-and-tourism-competitiveness-report-2015/#read

全体の発展や国際競争力の強化に資するか」を戦力的，総合的に評価する指標となるものだ。評価は表15.3の通り4分野で構成されている（分野はさらに14項目に分かれる）。

　その中で④の「自然・文化などの観光資源及びビジネス旅行分野」の項目では，各国の世界遺産の登録数を比較している。さらに2015年度のレポートからは無形文化遺産登録数も評価に加わった。2016年7月現在，日本の世界遺産登録数は20件（文化遺産16件，自然遺産4件，複合遺産0件）で，世界12位である。また，日本の無形文化遺産登録数は2016年7月現在22件で，中国の37件に次ぎ世界2位となっている。結果として，観光資源及びビジネス旅行分野の日本のランクは11位で，日本の総合順位を世界9位と前回（2013年）の14位からランクアップさせ，日本の評価を押し上げる要因となっている。旅行・観光競争力レポートは，現在の観光客誘致力の評価ではなく，今後の各国における観光事業発展の可能性を評価したものであるから，今後の日本における観光政策においても，登録数が少ない自然遺産を含めた自然環境保全に対する取組みと，無形文化遺産・文化遺産を併せた中で日本文化の独自性をアピールする取組みが有効な手段となりうる。

　観光力は，交通や宿泊施設，食事環境などのインフラ部分＝ハード部門と，旅行目的となる観光資源，さらには「安心」や「安全」といった社会環境も含めたソフト分野で構成される。つまりは国の総合力が問われている。その国の観光事業発展の可能性とは，観光経済発展の可能性であり，観光経済の発展は国力の増強にも直結する。2007年に施行された「観光立国推進

第 15 章　世界遺産と観光　　*271*

基本法」は観光力強化＝観光経済発展による国力の増強を目指したものでもある。

15.5.2　持続可能な開発と観光へ

　観光旅行の大衆化＝マス・ツーリズムは，大量送客に代表される量を追求してきた。しかし，「観光のためのアジェンダ 21」が指摘するように大量送客は，化石燃料による環境への負荷を引き起こし，リゾート開発は水資源の無駄づかいにつながりかねない。一方，観光経済は，発展途上国の経済力強化にもつながる要素を内在しており，発展途上国の観光資源の開発や確保には，観光資源そのものの質の向上が不可欠となる。世界遺産は質の高い観光資源になりえるが，遺産価値が消失すれば登録は抹消される。つまり，**世界遺産の遺産価値を保全する観光は，持続可能な開発に直結し，先進国・発展途上国を問わず，その国の国力強化につながる。**

15.6 ｜ おわりに

　世界遺産とは，地球の歴史と人類の歩みをあわせて保全し，次世代へ引き継ぐ事業であり，「地球の記憶」を守ることを意味する。

　現在の世界遺産を取り巻く環境に目を移すと，そこには，さまざまな危機的要因が存在し，「観光圧力」もその一因とされる。しかし，旅行が実現させる「文明間の対話」はユネスコの理念に沿っており，観光経済の強化は保全費用の基盤づくりに貢献できる。観光経済強化が，世界遺産保全に直結する仕組みづくりは持続可能な開発の仕組みづくりであり，世界遺産保全の現実的な具体策にもつながる。そのための第一歩として，観光業界と世界遺産登録地の関係機関が，個々の世界遺産の遺産価値を正しく認識し，顧客に対し正確な情報を発信することが重要な課題となる。

［参考文献］

　世界遺産アカデミー（2015）『はじめて学ぶ世界遺産 100（第 5 刷）』マイナビ出版

272 　第4部　観光経済の事例分析

松浦晃一郎（2008）『世界遺産・ユネスコ事務局長は訴える』講談社
世界遺産アカデミー（2016）『すべてがわかる世界遺産大事典〈上〉』マイナビ出版
服部英二（2015）『未来世代の権利・地球倫理の先覚者，J-Y・クストー』藤原書店

トピックス：見た目の存在感から使い良さへ。「ル・コルビュジエの建築作品―近代建築
**　　運動への顕著な貢献―」の遺産価値**

　日本の世界遺産，節目でもある20件目の登録物件は，上野の「国立西洋美術館」で
あった。と言っても，「国立西洋美術館」の単独登録ではない。世界遺産登録名は「ル・
コルビュジエの建築作品―近代建築運動への顕著な貢献―」であり，近代建築（モダニズ
ム建築）の巨匠ル・コルビュジエが世界各国で設計，建設にかかわった17資産をまとめ
て登録した中の1資産として，「国立西洋美術館」の世界遺産登録が実現したわけである。

　ル・コルビュジエは，スイスで生まれ，フランスで活躍した建築家である。登録された
17資産は，フランスの10資産，スイスの2資産と日本，ベルギー，ドイツ，インド，ア
ルゼンチンの5ヵ国からの各1資産ずつで構成されている。このように国境を超えて複数
国にまたがる世界遺産を"トランスバウンダリー・サイト"と呼ぶ。トランスバウンダ
リー・サイトは，基本的には国境を接する隣国同士で構成されるが，「ル・コルビュジエ
の建築作品」は，大陸を超えた複数国にまたがっており，"トランスコンチネンタル・サ
イト"と呼ぶべき世界遺産となる。「ル・コルビュジエの建築作品」は，世界遺産史上，
初のトランスコンチネンタル・サイト，という特徴も有している。

　「国立西洋美術館」を訪れた人にとって，「国立西洋美術館」が，エジプトのピラミッド
やフランスのモン・サン・ミッシェルと同じ世界遺産である，と説明されても納得できな
い気持ちは否定できないのではないか？

　世界遺産の中で，文化遺産登録の歴史は，記念物や建造物から始まった（1992年から
は文化的景観が加わった）。記念物や建造物は，時の権力者や宗教界が，自身の権力や威
光を表現するために建造された歴史があり，特に世界遺産には，石造建造物を中心に，圧
倒的な存在感を備えた記念物や建造物が登録されてきた。ところが，18世紀後半，イギ
リスで産業革命が始まると，人類は鉄鋼やコンクリートなど新しい建築材料を手に入れ
る。この新しい建築材料を駆使して確立されていくのが，近代建築（モダニズム建築）で
ある。近代建築の考え方の基本には，「使いやすい空間設計・住みやすい居住スペースの
追及」がある。つまり，存在感や威圧するような外観は，近代建築には必要ないものにな
る。逆に直線を多用するシンプルな外観と，使い勝手の良い内部空間が求められた。つま
り，今までの，有名な文化遺産の対極に位置する建造物が近代建築となる。

第 15 章　世界遺産と観光　273

　「ル・コルビュジエの建築作品」だけが，世界遺産に登録された近代建築の世界遺産ではないが，近代建築の世界遺産を見学に行っても，外観からはその価値を判断するのは難しい。例えば国立西洋美術館だが，外観の特徴として"ピロティ＝柱"が挙げられる。1階部分を支える柱がピロティだが，木造建造物の軸組み工法の要素を取り入れることによって，内部に吹き抜けなどを備えた空間確保が可能になり，美術館として，展示物の展示方法の可能性が広がった。つまり，「使いやすい空間設計」を具現化しているわけである。

　世界遺産を観光資源と捉えた場合，外観や見た目は集客に役立つ重要な要素となる。しかし，「国立西洋美術館」などの近代建築の世界遺産を訪問する場合，外観に期待すると，期待外れに終わる可能性が高い。やはり，世界遺産を訪問する場合は，各物件の「顕著な普遍的価値＝遺産価値」を学んでから訪問するべきである。遺産価値を知ることで，訪問先の見学方法，見学場所も変化する。

© 国立西洋美術館
外観左側

© 国立西洋美術館
19 世紀ホール

© 国立西洋美術館
外観正面

館　名	国立西洋美術館
所在地	〒110-0007　東京都台東区上野公園 7-7
開館時間	9：30～17：30
	金曜日　9：30～20：00
	土曜日
	常設展 9：30～20：00
	企画展 9：30～展覧会により異なる
	※入館は閉館の 30 分前まで
休館日	月曜日（休日の場合は翌日），年末年始
URL	http://www.nmwa.go.jp/

(目黒正武)

第16章 エコツーリズム

● **キーワード**
狭義のエコツーリズム，広義のエコツーリズム，持続可能な観光，エコツーリズム推進法
● **ポイント**
エコツーリズムの考え方を学び，観光が地域の環境や資源の観光に役立つことを見ます。

16.1 はじめに

　近年，所得水準の向上や余暇時間の拡大などの影響により，人々がレクリエーションや観光[1]といった時間消費型のサービスを享受する傾向が強まっている。経済のサービス化やソフト化が言われて久しいが，それに併せて，従来の生産をめぐる公害などの環境破壊から，モノ・サービスを含めた消費過程がもたらすさまざまな環境問題が生じている。観光についても，一方で関連する財やサービスの生産に直接かかわるものの他に，まさに，その消費過程から生み出される環境問題の重要性が認知され，それに対峙するための施策が模索されている。現代では，観光が地域に及ぼす経済的なプラス面と環境へのマイナス面の相克が次第に明らかになってきており，環境保全型の観光発展なしには，持続可能な発展はないとさえ思われる。このように，

---

1 「観光」という用語の，語源は易経の「観国之光」に遡るとされている。ツーリズムに対して観光という用語が当てられることになるが，一般的にツーリズムをもって観光を表すようになるのは，1960年代以降である。現在では，エコツーリズムを始めとして，アーバンツーリズム，ルーラルツーリズム，カルチュラルツーリズム，グリーン・ツーリズムやアグロツーリズムなど，多くの接頭語を付したツーリズムが論じられている。

第16章　エコツーリズム　　*275*

「環境保全」と「持続可能な開発」の両方を満たす観光の一形態として，「エコツーリズム」（定義に関しては次節で示す）の可能性とその効果について国の内外を問わず注目が集まっている。

　「エコツーリズム」には，「開発と保全」や「開発と地域厚生の向上」といった，古くてしかし現代的な課題が残されている。本章では，これらの問題を考えるために，制度や法律の整備に関する歴史的側面と，観光と環境問題を考えるための基礎となる環境経済学的側面について検討を加える。本章の構成は，まず，エコツーリズムを取り巻く議論を整理し，グローバル化の中でエコツーリズムが満たすべき要件を明らかにする。次に，わが国の観光と環境問題の関係性を法律や計画制度の側面から解説し，わが国の置かれた状況と課題を明らかにする。さいごに，日本の屋久島とラオスにおけるエコツーリズムの事例を用いて，エコツーリズムの実現する上での課題を示す。

16.2 ｜ エコツーリズムとは何か

16.2.1　エコツーリズムの概念のはじまりとその展開

　エコツーリズムの議論の背景には，観光地の自然環境や歴史・文化を無視し，経済発展を優先とした観光の在り方への反省があった。1980年代以降，とりわけ，中南米やアフリカでは，観光産業は急速な成長を遂げた一方で，観光開発による自然環境の破壊や観光客によって持ち込まれる廃棄物の問題などの課題が表面化し，それまでの観光の在り方の限界に直面していた（真坂，2001；薮田，2015）。このような課題を受けて，観光産業では，それまでに代わるような（オルタナティブ）持続可能な観光の一形態として，エコツーリズム（ecotourism）が考えられた。そのエコツーリズムに求められた観光の形態とは，住民や観光客の双方が，観光地の自然環境や歴史・文化の保全の大切さを理解するという教育的側面を持ちながら，その保全活動自体が結果として観光地域に利益をもたらすようなものであった（薮田（2015））。つまり，エコツーリズムは，大量の観光客を受け入れるようなマスな観光ではなく，むしろニッチな市場で求められた観光の形態である。

　他方で，グローバルな視点からも，エコツーリズムの取組みの議論が進め

276　第4部　観光経済の事例分析

られてきた。1992年の「環境と開発に関する国際会議（リオ会議）」での持続可能な開発の議論を受けて，1995年に「旅行ツーリズム産業のアジェンダ（Agenda for the Travel & Tourism Industry）」が国際観光機関（World Tourism Organization：UNWTO），世界旅行観光業協会（World Travel and Tourism Council：WTTC），地球評議会（Earth Council）の3つの組織の協力のもとに作成された。そこでは，地域の潜在的な持続可能性とそれを引き出すための法律や政治ならびに管理・運営システムの関連が論じられており，とりわけ，中央や地方の政府が果たすべき役割として，持続可能な観光をもたらす規制や経済的および「自発的な枠組み」の評価，組織自身がもたらす経済的，社会的，文化的および環境的影響の評価，ツーリズムを持続可能なものにするための関連主体の訓練と教育などの必要が掲げられている[2]。その後，国際連合は，2002年を「**国際エコツーリズム年**（IYE = International Year of Ecotourism）」とし，UNWTO と UNEP（国連環境計画）を中心に，エコツーリズムの取り組みの推進，および各政府間，あるいは国際組織との協力関係の構築が試みられた。こうして，国際的な規模でツーリズムの持続可能性の促進と持続可能な観光の王者（the champion of sustainable tourism,（UN website, 2002））としてのエコツーリズムの認識が高まっていった。

　また，真坂（2001）によれば，エコツーリズムの概念が形成された背景には，1972年の「**国連人間環境会議（ストックホルム会議）**」を契機に，国際社会の中で自然環境の保護や持続可能な発展に関する議論がすでに展開されていたことも関係している。ストックホルム会議以降，各国では，環境問題や自然環境の保護・保全に関する法制度の整備や国立公園保護区の設置などの環境政策が進められた。同時に，1972年には，パリで開催された第17回ユネスコ総会で「世界の文化遺産及び自然遺産の保護に関する条約（世界遺産条約）」が採択され，地域の固有の自然や文化を戦争や開発から国際社会

2　その他に，環境や経済面での純便益を最大化させる効果的な土地利用の展開，先進国と途上国間の情報交換の促進，すべての部門に対する持続可能なツーリズムへの参加機会の提供，持続可能な新たなツーリズム関連生産物のデザイン，持続可能な発展の尺度の提供，持続可能なツーリズムと企業責任の促進のためのパートナーシップの展開，などが掲げられている。

全体として協力して保護し維持していく制度が設計されたことも重要な点である。初期の段階で自然遺産として登録されたガラパゴス諸島やコスタリカでは，地域の自然環境を保全しながらも，それらをエコツーリズムとして観光資源として活用している。この2つの事例は，その後，他の観光地におけるエコツーリズムのプロトタイプとなっている（真坂（2001））。

16.2.2　エコツーリズムと持続可能な観光

エコツーリズムの概念は，観光地でニッチに取り組まれてきたローカルな動きから始まり，国際的な議論や取組みと相まって，グローバルな動向として進展していった。その一方で，グローバル化の中で，エコツーリズムは，国・地域のレベルを超えたグローバルな視点からの環境保全や貧困の削減，地域間の格差の解消，地域経済の発展など，さまざまな効果が期待されている。とりわけ，発展途上国においては，国や地域の経済成長や外貨収入の獲得を求めて，地域の観光資源のマーケティングや世界遺産登録のようなブランド化戦略が取り組まれている。

しかしながら，そのような流れの中で，エコツーリズムがもともと企図した，自然環境や歴史・文化遺産の保全を目的とした観光ではなく，観光地の持続可能な発展を維持するために，その限りにおいて，観光資源である自然環境や歴史・文化の保全を求めるような，観光開発ありきの観光が増えている。このような観光の形態は，本来のエコツーリズムとは異なる観光の形態である。藪田（2015）は，本来のエコツーリズムが，保全のために観光を考えるのに対して，いわば観光開発のために保全を考えるのが持続可能な観光であるとし，前者を**狭義のエコツーリズム**，後者を**広義のエコツーリズム**と定義している。以下では，その定義に従い，狭義のエコツーリズムをエコツーリズム，広義のエコツーリズムを持続可能な観光と称する。

グローバル化の社会の中で，エコツーリズムは，本来の目的とされた自然環境の保全から，地域発展の維持を目的とした持続可能な観光の側面が強くなっていった。グローバル社会において，環境保全と持続可能性の2つが求められていることを考えれば，これら2つを対峙する概念としてとらえるのではなく，エコツーリズムの視点を基礎と置きながらも，それを持続可能な

観光に拡張するべきである。

それでは，そのような拡張を試みる場合に，エコツーリズムが満たすべき必要な要件とは何だろうか。薮田（2015）は，エコツーリズムが目指すべき基本原則，施策内容，および目標の観点から表16.1のように整理している。その基本原則によれば，エコツーリズムは，その最小限度の条件として，持続可能な観光を保証する必要がある（薮田（2015））。経済学の視点から考えると，持続可能な観光を保証するためには，2つの満たすべき条件がある。

一つ目は，外部性や混雑化の問題などの「市場の失敗」を回避することである。観光地は，誰でも利用な可能（利用者を排除することが困難）である一方で，ある個人の利用が他者の利用を妨げる（コモンプール財の）性質を持っている。観光地では，一人一人が経済合理的な行動を取ったとしても社会全体として望ましい状態に至らない外部性の問題が生じる。このような問題を回避するために，観光地では，国や地方行政によって，観光客数の制限などの直接規制や課税や補助金のようなインセンティブ規制などの公共政策によって社会的な調整がなされる必要がある。

二つ目は，地域観光資源の利用に関する持続可能性の議論である。観光利用水準が観光資源の持つ**環境容量**（carrying capacity）を超過すると観光資源は劣化，あるいは枯渇する。文化遺産の場合は，適切な補填投資を行えば，その維持や保全は可能であるが，自然環境の多くは，再生可能な資源であっても，その再生能力を超えて利用をした場合，資源は枯渇や消失してしまう。観光資源の持続可能性を実現のためには，地域ごとに持続可能な観光資源の最大利用水準，**観光容量**（tourism carrying capacity）を計測して指標化・明示化し，その水準を超えないかを定期的に点検したりするような制度を設ける必要がある。

以上のように，持続可能な観光を保証するためには，市場の失敗を回避しつつ，観光資源の利用水準を持続可能な範囲に抑える必要があり，そのために，どちらの議論においても，観光地の利用を適切にコントロールされなければならない。もちろん，この中では違法な利用がなされないように定期的にモリタリングし，違法者に対して罰則を与えるルールも必要である。

加えて，観光資源である地域の自然環境や歴史・文化が持続的に維持され

第 16 章 エコツーリズム　　*279*

表 16.1　エコツーリズムの基本原則

エコツーリズムの基本原則	主 な 施 策	主な目標
持続可能な資源利用	環境容量の推計（生態的，社会的，環境的飽和水準の測定など），境界（バウンダリー）の明確化	• 市場の失敗の回避 • 持続可能性の実現
過剰消費と浪費の抑制	インセンティブ規制（課税，補助金など），産業規制（直接規制，自主的規制，企業の社会的責任など），観光客管理（ゾーニング，交通規制，観光客誘導・分散など）	• 教育的側面の推進 • 市場の失敗の回避
環境的多様性，文化資源の維持	保全地域規制（国立公園，生物保護地域，特定領域指定など），文化財の保全施策（文化財保護法など）	• 教育的側面の推進 • 市場の失敗の回避 • 持続可能性の実現
地域計画策定，地域経済の維持	環境，観光基本計画策定，環境影響評価（費用便益分析，マテリアルバランスモデル，GIS，エコラベリング，環境計画など）	• コミュニティと自治体・ビジネス・専門家の協働 • 持続可能性の実現
地域共同体との連携，組織間の協働	住民参加による審議および協働（情報公開，情報共有，審議会の設置運営，住民行動調査，表明選好調査など）	• コミュニティと自治体・ビジネス・専門家の協働 • 地域厚生の最大化
関係者の教育	観光知識および技術訓練（地域ボランティアガイド育成，環境教育など）	• コミュニティと自治体・ビジネス・専門家の協働 • 教育的側面の推進 • 市場の失敗の回避
適切なマーケティング	観光客の管理・運営，観光客満足（観光客・業界の管理規制，関連条約など）	• 教育的側面の推進 • 市場の失敗の回避
モニタリングと研究調査	持続可能指標の作成および活用（環境，社会，まちづくりなどとの連携）	• コミュニティと自治体・ビジネス・専門家の協働

出所：薮田（2015）の表 6.1 をもとに作成。

るためには，観光客のモラルや行動に対する環境教育の要素も求められる。つまり，エコツーリズムの活動を通じて，観光客自身が自然環境や歴史・文化の価値やその保全の重要性を理解し，その保全活動に協力・参加するような仕組みづくりや啓蒙活動が必要である。

　ただし，持続可能な観光の条件を満たしながらも，国家や地域外の企業のみがイニシアティブを取り，地域コミュニティは参加できずに，観光からの利益が地域に還元されない観光は，エコツーリズムに該当しない。エコツーリズムは，地域観光資源の利用と管理に関わる地域社会全体の厚生の向上を目指す観光である。そのためには，地域コミュニティを含めて，すべてのステークホルダー（利害関係者）の理解，意見調整，計画立案や意思決定への参加，また，法整備や行政による支援などのトップダウンな施策だけではなく，地域コミュニティによるボトムアップなルール作りなどのガバナンスの構築が求められる。

16.3 わが国のエコツーリズムの展開

　わが国では，2007年6月に「エコツーリズム推進法」が成立し，2008年4月から施行されている。基本理念として，自然環境への配慮，観光振興および地域振興への寄与，環境教育への活用，が掲げられ，政府によるエコツーリズムの基本方針策定のもとで，市町村ベースでのエコツーリズム推進母体と構想の策定，必要に応じた環境保全などができる仕組みが形成された。その背景には，1992年の地球サミットとそれを受けた2002年における国連の「エコツーリズム年」以降の活動など，国際的な視点から，各国の自然環境に配慮し自然資源保護をめざすツーリズムの展開の必要性が高まったことが指摘できる。とかく，開発イメージの高い地域の観光開発から，環境配慮型の観光発展へと移行せざるを得なくなった背景には，将来世代へ向けた持続可能な観光開発の必要性と，地域の過疎化や衰退など地域保全の必要性がある。

16.3.1 観光開発と観光の基本法

　高度成長が持続する中，1963年に「**観光基本法**」が制定された。「観光基本法」は，観光政策の基本目標として，国際収支改善などの経済面ならびに文化交流促進などにある点を明確にし，目標実現へ向けた施策として「来訪の促進，安全の確保，観光資源保護，育成及び開発，観光に関する施設の整備」などを掲げた。また，高度成長期以来の観光ブームや地域開発の推進のなか，1987年に制定された「**総合保養地域整備法**」（いわゆる「リゾート法」）が制定された。リゾート法は，地域に固有の文化資源や自然環境の保全というよりは，むしろ基本は，ツーリズムに関する総合的な機能・施設整備にあり，従来の公共施設の拡充に加えて法の規定する特定施設を整備（同法第2，3条）するためのハード中心の法律である。しかし，リゾート法の下で，規制緩和と財政優遇措置を通じて，また民間活力をもって開発競争を促した結果，地域の自然環境の悪化が促され同時に地域の管理・運営システムもその自律的な力を失っていった。広大な面積を対象に展開されたリゾート開発施策の多くが，各地域における人々の自主的な発展意欲や工夫を削ぎ，地域コミュニティの崩壊や環境問題に大きな負の影響を及ぼしてきた[3]。こうして，観光開発や地域開発の下に，自然環境保全型の地域発展が置き去りにされたのである。

　こうした中，2006年に，観光立国の実現がわが国の主たる戦略であることを明確化させるとの方針から同年12月に「観光基本法」を廃止し，「地域における創意工夫」と「地域の主体的な取組みの尊重」，「活力に満ちた地域社会の持続可能な発展を通じて国内外からの観光旅行を促進すること」を軸に観光政策の立案を行うべきであるとして，2007年から新たに「観光立国推進基本法」が制定された。「**観光立国推進基本法**」は，観光立国を目指す国家戦略の立案および推進を第一に謳っているが，旧法との大きな違いは，

　3　これらは，リゾート法による開発のみではないが，補助金に依存する地方財政の仕
　　　組みの中で地域住民の厚生が軽視されその主体的参加が阻害されるシステムのもと
　　　で生じ，それに加えて，不十分な環境評価体系や開発をめぐるゾーニング手法，と
　　　くに，前節で触れた自然公園法による指定のうち，特別保護地区や第1種特別地域
　　　などを除く地域でのリゾート開発などによって引き起こされたと考えられる。

観光の施策が「地域の住民が誇りと愛着を持つことのできる活力に満ちた地域社会を実現して国内外からの観光旅行を促進することが，将来にわたる豊かな国民生活の実現のため特に重要であるという認識の下に講ぜられなければならない」（第2条1項）とし，観光産業の役割と国，地方公共団体，事業者，住民などによる相互の連携の重要性（同4項）に言及した点であろう。地域固有の潜在的な観光の可能性は別にしても，衰退する地域にあって，その主体的な取組みをベースにした活力ある地域社会の持続可能な発展が観光展開によって可能であることを示唆した点は新しい。他方で，地域発展と持続可能性が掲げられているものの，基本的な方向性は，選択的な地域開発と観光開発による観光促進であって，持続可能性や自然資源や文化保全といった視点は必ずしも明確ではない。その基本は国際競争力の強い地域における観光開発を企図したものであり，その意味では，旧法同様，観光の開発側面が強調され，地域の自主的，主体的取組などの側面が軽視され地域間格差の一層の拡大がもたらされる懸念がある。さらに，前節でエコツーリズムのキーワードとして挙げた自然環境への配慮，地域文化の保全，教育的配慮といった面への言及も希薄と言わざるを得ない。先に言及した「エコツーリズム推進法」は，このような地域の自然環境や文化および歴史などの保全面を補完するものとして重要な役割がある。

16.3.2　エコツーリズムの本旨とその課題

　16.2で論じてきたように，エコツーリズムは，地域の観光容量に依存するために，一般にはリゾート開発などの大規模開発とは対極の形態をとるものである。地域開発と環境保全の両立を目的とする「エコツーリズム」という標語も，前節で明らかにした基本原則を満たさず，ただ単に名称を変えた「ツーリズム」に過ぎない場合がある。わが国の場合，1990年代以降，先述したように地球規模での環境問題へ適切な施策が求められていく一方で，国内的に行き詰まりをみせてきたリゾート開発手法に変わる新しいタイプのツーリズムが必要となったと考えられる。背景には，地域間の経済的格差拡大の問題と同時に，供給者サイド（あるいは地域全体）における自然環境保全の困難性といった問題がある中で，消費者から供給者への所得移転を促す

と同時に地域の環境保全を維持することによって，いわゆる持続可能な成長が図れるのではないかという期待があったからである。

ここで，わが国における，エコツーリズムにかかわる観光サービスの拡大を政策的に支える施策の端緒は，1994年制定の「農山漁村滞在型余暇活動のための基盤整備の促進に関する法律」（いわゆるグリーン・ツーリズム法）に求められる。さらに，2000年3月の「食料・農業・農村基本計画」においては，都市と農村の交流促進を通じた農村振興施策が主張されており，エコツーリズム政策の重要性が主張されている。また，同年12月に，農林水産省農村振興局が公表した「**グリーン・ツーリズムの展開方向**」によれば，こうした新たなツーリズムへの期待の高まりの背景には，「ゆとり」「やすらぎ」または「自然の希求」などで示される農業や林業体験への志向が高まっている点があり，また，同時に農村地域においては，「就業や副収入機会」の創出ならびに「所得の向上」といった要求が高まっている点があるという[4,5]。

言うまでもなく，エコツーリズムの理念を，このような都市域と農山漁村地域間の経済的格差の解消といった点に局所化させることはできない。エコツーリズムの論調は，むしろ，農村（あるいは自然資源国）における過剰な自然資源の利用による自然環境の悪化に対して，自然保全を行うことによって自然環境の価値を再確認しようとするものである。先の「展開方向」や同年の「新グリーン・ツーリズム総合推進対策実施要領」では，どちらかといえば，豊かな自然環境の維持は自明の理として政策の前提とされ，もっぱら戦略としてのツーリズムを介した地域開発に力点が注がれている。そこで登場するグリーン・ツーリズムセンター機能の充実や人材の育成，地域連携シ

---

4 しかし，同報告書も認めているように，グリーン・ツーリズム推進の地域経済への影響は必ずしも芳しくはなく，ほぼ半数の市町村が観光面，雇用面での効果が期待以下であったと回答している。

5 これに関連して，持田（1997）は，グリーン・ツーリズムの成立条件として，サービス供給者である農山漁村については，地域資源価値の啓発と利用システムの確立，目標意識の醸成，生産体制や経営面での確立，地域の生活文化と環境の確立，また，国民的レベルでの課題としては，サービスを容易に利用できる環境整備とライフスタイルの確立が必要であると論じている。

284   **第4部** 観光経済の事例分析

ステムの確立などは，先の持続可能な観光の理念に必ずしも矛盾するもので
はないが，だからといって，持続可能性のための重要な政策要素が見過ごさ
れてよいはずがない。すでに見たように，エコツーリズムの基本的理念は，
農村を含む地域全体の環境保全と地域における一定水準の所得確保を両立さ
せ，地域の持続可能な成長を可能ならしめることであった。エコツーリズム
の進展が地域の自然環境や文化財の保全と継承に失敗することがあるとすれ
ば，そうした政策は本末転倒と言わざるを得ない。

　ところで，このようなグリーン・ツーリズムに沿った農水省を中心とする
施策の推進とは別に，そもそもわが国の観光展開を長く担ってきた国土交通
省や環境保全の立場から施策の展開を図ってきた環境省の推進するエコツー
リズムがある。

　16.2でも言及したように，2008年の「エコツーリズム推進法」は，観光
による環境への悪影響の増大に対して，主に自然保護に配慮した観光の推進
を行うための基本的枠組みを，地域のさまざまな主体が協働する市町村ベー
スの「エコツーリズム推進協議会」（第3条）によって実現させようとする
ものである。主務大臣が認定した市町村の全体構想に基づいて保護すべき
「特定自然観光資源」を指定できるとされ，これらの損傷，汚損の禁止，利
用者数の制限ができるとされている[6]。すでに，2003年11月に環境大臣の
もとに「エコツーリズム推進会議」が設置され，その推進策としてエコツー
リズム憲章の制定やエコツーリズム推進マニュアルの策定などが行われた。
このような指針作りが重要であることは言うまでもないが，すでに，地域に
あっては，それぞれ固有の自然および文化的資源を生かして，人々の主体的
な工夫と活動の中で展開するエコツーリズムの実践地域がある。これらの展
開を保証し側面支援することもまた国，行政の役割であることは言うまでも
ないが，地域主体のツーリズムの展開が望まれる。

　6　同法でいう「自然観光資源」とは，1）動植物の生息又は生育地その他の自然環境
　　に係る観光資源，2）自然環境と密接な関係を有する風俗慣習その他の伝統的な生
　　活文化に係る観光資源，を指している。これに関連して，「観光旅行者その他の者
　　の活動により損なわれるおそれがある自然観光資源」を「特定自然観光資源」とし
　　て指定できる（同法第8条）とされるが，同時に，「他の法令により適切な保護が
　　なされている自然観光資源」はこの限りではないとしている。

第 16 章 エコツーリズム　*285*

16.4 | エコツーリズムの事例と課題

　エコツーリズムを基礎とした観光発展が満たすべき条件は多い。16.2 で論じたように，エコツーリズムは，もともとは自然環境の保全を目的としたニッチな観光であった。一方で，グローバル社会の中で，エコツーリズムは，持続可能な開発，貧困の削減，地域間格差の縮小などのさまざまな効果が期待され，さらにその規模も拡大する中で，環境保全と持続可能な観光の両方が強調されるようになった。本節では，事例として，世界自然遺産である日本の屋久島，ラオスの国家生物多様性保護区におけるコミュニティ・ベースド・エコツーリズムを取り上げ，これまでの議論と照らし合わせながら，その取組みと課題を明らかにすることで，エコツーリズムの目指すべき方向性を考える。

16.4.1　事例 1：世界自然遺産の屋久島

　屋久島は，九州の最南端の佐多岬から南南西に約 60 km に位置する島で，九州最高峰の宮之浦岳（1,935 m）を筆頭に 1,000 m 以上の山々が 40 以上あり，「洋上のアルプス」とも呼ばれている[7]。屋久島は，その独特な地形と「ひと月に 35 日間」雨が降ると言われるほど多雨な環境から，樹齢数千年とされる屋久杉をはじめとして極めて特殊な森林植生を形成している。とりわけ，樹齢 7200 年とも言われる縄文杉や宮崎駿監督の映画「もののけ姫」の舞台になった白谷雲水峡は有名である。

　屋久島は，1993 年に白神山地とともに世界自然遺産に登録されている[8]。世界遺産登録地域は，西部林道から山頂部にかけての 10,747 ha であり，これは屋久島全体の約 2 割に当たる[9]。世界遺産登録後は，1995 年 9 月に，環境省，林野庁，鹿児島県等関係機関から構成される「屋久島世界遺産地域連

7　屋久島ガイド協会のホームページ（http://www.yakushima-guide.com/yakushima/ 2016/06/02 アクセス）を参照

8　日本の世界自然遺産としては，2005 年に知床半島，2014 年に小笠原諸島がそれぞれ登録されている。

286 **第4部** 観光経済の事例分析

絡会議」が発足し，同年11月に，環境省，林野庁，および文化庁によって「屋久島世界遺産地域管理計画」が策定され[10]，1996年4月に「屋久島世界遺産センター」が開設された。また，永田浜は，ウミガメの保護において重要な地域であるとされ，2003年に「霧島屋久国立公園」に指定され[11]，2005年にはラムサール条約湿地に登録されている。

その一方で，屋久島は，世界遺産に登録されたことや「もののけ姫」の舞台となったことからメディアなどを通して観光地として周知されるようになり，観光客数が徐々に増加していった。他方で，観光客数が増加したことで，周辺の自然環境や生態系に深刻な影響を与えている。山岳地域，とりわけ縄文杉周辺では，登山やトレッキングを目的とした観光客の訪問が集中したことで，土壌の流失や植生の荒廃が進行している，また，トイレが足りておらず，し尿処理が追い付かないといった問題も生じている。永田浜では，ウミガメのフラッシュ撮影，ゴミの廃棄，浜への無秩序な立ち入りによるウミガメの産卵やふ化への悪影響が懸念されている[12]。さらに，過剰な観光客での混雑さは，本来の魅力である自然環境の景観や雰囲気の喪失につながりかねない。観光開発による地元住民の不満も指摘されており，たとえば，観光客が地元住民の生活圏や憩いの場に入り込んでくることに対する地元住民の不快感や島外からの移住者によるエコガイドの増加に対する地元の人々の反発などが挙げられる（市川（2008））。

これらの課題を受けて，行政や地元でも観光地の保全・管理活動，観光の利用に関するマニュアルの作成，ルール・制度の策定や厳格化が進められた。たとえば，縄文杉とその周辺では，縄文杉の展望デッキの設置や登山道

---

9 屋久島世界遺産センターのホームページ「世界遺産とは」（http://www.env.go.jp/park/yakushima/ywhcc/wh/toroku.htm 2016/06/02アクセス）を参照。

10 2012年10月に，「屋久島世界遺産地域管理計画」は，新たに鹿児島県と屋久島町も加わって，改訂が行われた。

11 霧島屋久国立公園は，1934年に設置された日本で最初の国立公園であり，1964年に錦江湾地域と屋久島地域が編入されている。なお，2012年に屋久島地域は霧島屋久国立公園から分割し，「屋久島国立公園」として独立している。

12 屋久島ガイド協会のホームページ「ウミガメ観察におけるエコツーリズム」（https://www.env.go.jp/park/yakushima/ywhcc/ecotour/umigame_e.htm 2016/06/02アクセス）の記事を参照。

の木道化・木階段化，水洗トイレの増設が実施された。2010年には，3-11月のシーズンオフ期間における，屋久島自然開館からの登山バス運行による縄文杉荒川登山口車両乗り入れ規制立ち入り規制が導入されている。また，2004年9月には，屋久島観光の本来あるべき姿としてのエコツーリズムを推進するために，「エコツーリズム推進協議会」を設置し，さまざまなステークホルダー間での議論を行っている。協議会の取り組みの一つとして，2006年から「屋久島ガイド登録制度」が実施されている。この制度によって，ガイドの質を維持，あるいは向上がなされ，観光客による環境への負荷の防止，観光客に対する環境教育，観光資源への保全活動などが促進されることが期待される。

　しかしながら，以上のような施策を講じても，やはり観光資源への負荷は大きく，環境保全と観光開発の両立はできているとは言えない状況にある。そのため，屋久島町は，2011年6月14日に，縄文杉に至る自然植生，永田浜のウミガメ，西部地域の生態系及び歴史的遺産への保護措置として，観光客の立ち入り期間と人数を制限するために，町議会に「屋久島町自然観光資源の利用及び保全に関する条例」の制定に関する議案を提出した。しかし，それに対して，議会特別委員会，本会議ではともに，観光産業への影響を懸念して，全会一致で否決になった（深見（2011））。

　たしかに，屋久島にとって観光は基盤産業であり，縄文杉などへの観光客の制限は，屋久島の経済にとってマイナスの影響があることは間違いないであろう。しかし，このような状況は，持続可能性の要件を満たしておらず，また，本来のエコツーリズムや世界遺産条約の目的を考えれば，屋久島の環境保全を何よりも第一に考えるべきであり，将来世代も現代世代と同様に屋久島の自然を享受できることが求められる。

16.4.2　事例2：ラオスのコミュニティ・ベースド・エコツーリズム

　ラオス人民民主共和国（以下，ラオス）は，豊かな自然環境と多種多様な文化からエコツーリズムの観光地として注目されている。ラオスは，2008年には，ニューヨークタイムズの紙面で「次に行きたい国」で1位に選ばれ，また2009年には，世界観光機構主催の世界エコツーリズム会議がビエ

ンチャンで開催されている。

　ラオスのエコツーリズムの魅力の一つは，地域ごとの多種多様な自然景観であろう。標高2,000 m級の山々に囲まれる北部では，高低差のある地形とメコン川が相まって形成されるダイナミックな自然景観を見ることができ，他方，標高が低く平原地帯が広がる中部・南部では石灰岩から形成されるカルスト地形，神秘的な鍾乳洞などを楽しむことができる。また，希少な動植物を観察することができるエコツアー，野生の象と触れ合うことができる体験ツアー，あるいはトレッキングやカヤッキングなどのアウトドアスポーツもある。さらに，少数民族が暮らす村落に泊まり，少数民族[13]の生活や文化を体験できるエコツアーもある[14]。

　ラオスで豊かな自然環境や生物多様性を持つエコツーリズムのサイトとしては，国家生物多様性保護地区（national biodiversity conservation area：以下，NBCA）が挙げられる。NBCA は，貴重な動植物の生息地で生物多様性の富んだ地域や流域圏として重要な地域を保護・保全する目的で，政府によって中央集権的に管理されている保護区である。ラオスには，20ヵ所のNBCA が設置されており[15]，国土面積の約 12 ％を占めている。NBCA は，森林法と土地法に基づき，政府主導で管理される保護区であり，区内での地

---

13 ラオスには，49 の少数民族が存在しており，地域ごとの自然環境に合わせてそれぞれ異なる文化，歴史を持っている。ラオスの民族は，居住する地域の標高差に応じて3つに分けることができる。まず，標高 400 m 以下の平原地域に居住するタイ語系のラオルム（低地ラオ族），次に，標高 400 m から 800 m 以下の山腹地域に居住するモン・クメール語系のラオトゥン（中地ラオ族），最後に標高 800 m 以上の山頂地域に居住するミャオ・ヤオ語系とチベット・ビルマ語系が含まれるラオスン（山地ラオ族）である。

14 ラオスの代表的な歴史・文化の観光資源は 2 つの世界遺産であろう。一つは，1995年に文化遺産として登録されたルアンパバーン郡の市街地である。もう一つは，2001 年に文化遺産として登録されチャンパサック県の文化的景観と関連の遺跡群である。その他の歴史・文化的な観光資源として，「ジャール平原の石壺群に代表される歴史的考証が不明な遺跡群，ラオス南部カンボジアとタイの国境に近いチャンパサック県のクメール文化の寺院ワットプー，ランサン王国時から王制崩壊までに建築された華麗な仏教寺院や宮殿，フランス植民地時代の町並み，フアパン県ビエンサイにある革命軍政府の洞窟内の司令塔や住居などの革命を記念する構造物」（神澤，2004）などが挙げられる。

域住民による資源利用は原則禁止されている。その一方で，エコツーリズムのサイトとして期待できる NBCA については，トレッキングやバードウォッチングなど観光地としても活用されている。

しかしながら，政府の管轄で管理されている NBCA でのエコツーリズムでは，周辺地域には何ら恩恵もない。そこで，地域住民をガイドやホームステイなどで活用することで，エコツーリズムからの利益を地域に還元する仕組みとして，**コミュニティ・ベースド・エコツーリズム**（community based eco-tourism；以下，CBET）が取り組まれている。CBET は，地域コミュニティを基礎としたガバナンスや地域コミュニティの厚生の視点を強調したエコツーリズムの一形態であり[16]，その目指すべき方向性は，16.2 で明らかにしたエコツーリズムや持続可能な観光の議論と何らかけ離れたものではない。

ラオスにおける代表的な CBET の一つとして，プーカオクワイ NBCA での取り組みがある[17]。プーカオクワイ NBCA は，1993 年に設立された保護区であり，その面積が 2,000 km^2 で，ビエンチャン都，ビエンチャン県，ボリカムサイ県の 3 つの地域が含まれている。プーカオクワイ NBCA での CBET は，2003 年からラオス観光局と森林局，および DED（Deutscher Entwicklungsdienst: German Development Service）事業の技術支援を得て，ボリカムサイ県ターパバート郡のナー村とハッカイ村の 2 村落を対象に開始された。2 村落内では，DED の支援の下で，CBET の運営体制や活動に関わるルールが形成されている。また，デンマークとスウェーデンの支援を受けて，観光客に保護地域に関する情報を伝えるビジターセンターの設立，ホー

15　1993 年に第 164 号「国家生物多様性保護地区に関する首相法令」が制定において，18 ヵ所の国家生物多様性保護地区を設置している。さらに，1995 年に 2 ヵ所の NBCA が設置された。

16　Khanal and Babar（2007）によれば，CBET は，地域コミュニティ自身により管理，運営が為されるものであり，その意思決定においても地域住民の主体となって行われるものである。

17　プーカオクワイ NBCA は，国家観光庁が国際連合開発計画（UNDP）の支援の下で，世界観光機構（UNWTO）のコンサルタントと合同で作成したマスタープランの中では，観光開発として重要な CBET のサイトとして挙げられている（神澤（2004））。

ムステイをする世帯への語学やホスピタリティの研修が行われている。

ところで, Kiss（2004）が指摘するように, CBET を成功するためには, 地域コミュニティに対して CBET の活動に参加する動機を与える必要がある。地域コミュニティからの協力を十分に得るためには, 地域コミュニティに十分な利益が還元され, 内部での公平な利益配分がなされる仕組みづくりが欠かせない。

当該地域の CBET では, 地域住民をガイドやホームステイとして活用することで, 地域にお金が落ちるような仕組みが設けられている。プーカオクワイ保護区に入山する場合は, 必ず郡行政からツアーガイドの資格を得た地域住民を同行しなければならない。また, 直接的な利益を得るのは, 実際にガイドとホームステイに携わる世帯のみであるが, CBET からの利益が一部の世帯に集中されないような取組みもなされている。たとえば, 2 村落ともに, 利益が低所得世帯に配分されるように, 低所得世帯を優先的にガイドやホームステイとして雇用される。これは, 村落内での格差を拡大させないような工夫と考えられる。また, CBET からの利益の一部は村落基金にプールされ, 村落内のマイクロファイナンスの財源に充てられている。村落基金の存在は, コミュニティ内のリスクを低下させるだけでなく, 間接的に, CBET からの恩恵をガイドやホームステイに従事しない村民に及ばす役割も持っている。さらに, これらとは別な利益の活用として, プーカオクワイ NBCA では, 観光客から入山料を徴収しており, その資金を NBCA 内の保全活動や人材育成の財源に充てている。これは, 公共政策として, 当該地域全体の厚生を高める公共政策としての役割を持っている。

その一方で, 森（2016）によれば, 当該地域の CBET では, 地域コミュニティの「参加」が部分的なものに限られており, 地域コミュニティは, CBET 事業の事前調査, 計画策定, 実施, 評価のプロセスの意思決定には関与することができない。また, 地域コミュニティは, プーカオクワイ NBCA 内のモニタリングなどの管理活動にも一切関与していない。このような形式は, 真の意味での "Community Based" とは言い難い。

本来の CBET は, 前述したように, 地域コミュニティが主体的に運営に携わり, 保全や管理活動に参加することが欠かせない。確かに, 発展途上国

において，一から地域コミュニティが主体的にプロジェクトを計画し運営していくのは難しいかもしれない。実際に CBET や‘参加型’と称するプロジェクトでも，政府，NPO/NGO などの専門家，地域外の企業が計画を立て，運営を進行し，地域コミュニティの参加は部分だけというものも少なからずある。しかし，将来にわたって，地域観光資源である自然環境や歴史・文化を保全し，それらを継承していくのは，その地域で居住するコミュニティであり，エコツーリズムや CBET が持続可能な観光であるためには，地域コミュニティの主体的な協力や参加が不可欠である。

16.5 おわりに

　これまで，エコツーリズムを基礎とした観光発展のあり方を議論してきた。われわれは，グローバリゼーションや技術の革新などのおかげで，さまざまな国や地域に観光に行くことが容易になっている。われわれは，エコツーリズムを通して，日常では触れることのない多種多様な自然環境や文化，あるいは地域社会との交流を図ることができる。しかし，エコツーリズムは，誰もがその楽しみを享受することができる反面，観光利用を適切にコントロールできない場合，エコツーリズムの観光地では悲劇が生じることを本章では指摘してきた。そのような悲劇を回避するためには，政府や行政による公共政策だけではなく，地域コミュニティが主体的に参加して協働することが不可欠であり，観光客の観光地域の自然環境や社会へ配慮した行動も求められる。そのような意味で，将来世代が我々と同様にエコツーリズムを享受するためには，われわれ，エコツーリズムにかかわるすべての人々が観光資源の保全に配慮し，協力していくことが必要である。

[参考文献]

市川聡（2008）「世界遺産登録後の屋久島の課題とエコツーリズムの現状」『地球環境』
　　第 13 巻，pp. 61-70
神澤隆（2004）「インドシナの内陸国ラオスの観光開発に関する考察」『日本観光学会誌』，第 44 号，pp. 102-109

持田紀治（1997）「グリーン・ツーリズムの課題と展望」『農林業問題研究』，第33巻，第3号，pp. 127-136

坂井宏光（2008）「日本の世界遺産における環境保全型観光産業の発展と課題―屋久島の世界自然遺産を中心として―」『教養研究』第15巻第1号，pp. 63-79

深見聡（2011）「環境保全と観光振興のジレンマ：屋久島を事例として」『地域総合研究』第39巻，第1・2号合併号

真坂昭夫（2001）「エコツーリズムの定義と概念形成にかかわる史的考察」『国立民族博物館調査報告』第23巻，pp. 15-40

森朋也（2016）「ラオス中部ブーカオクワイNBCAにおけるコミュニティ・ベースド・エコツーリズムの現状と課題：コモンプール・アプローチに基づく実証研究」『経済学研究所年報』第48号，p. 111-131

薮田雅弘（2004）『コモンプールの公共政策―環境保全と地域開発』新評論

薮田雅弘（2015）「エコツーリズムと環境保全」亀山康子・森正寿編『シリーズ環境政策の地平線1：グローバル社会は持続可能か』岩波新書，pp. 119-140

Kiss, A.(2004).‘Is community-based ecotourism a good use of biodiversity conservation funds?,’TREND in Ecology and Evolution, 19（5），pp. 232-237

Khanal, B. R. and Babar, J. T.（2007）"Community Based Ecotourism for Sustainable Tourism Development in the Mekong Region", policy Brief, pp. 1-8

トピックス：エコツアーガイド

　エコツーリズムにおいて，エコツアーガイドの制度が設けられているケースが多い。エコツアーガイドが設けられることで，さまざまな効果が期待できる。まず，観光客への環境教育の効果が期待できる。エコツアーガイドは，観光客に対して地域観光資源に関する適切な知識を提供し，観光客自身にもその保全活動に協力・参加させる仕組みと言える。本章でも指摘したように，観光資源である自然環境や歴史・文化を維持するためには，観光客のモラルや保全への理解が不可欠である。また，地域住民がエコツアーガイドを担うことで，地域観光資源が適切に維持されているかのモニタリングすることができる。さらに，地域住民からガイドを選出することで地域の雇用創出にもつながり，地域活性化の効果も期待される。その一方で，十分に知識がなく質の低いガイドが横行する場合があり，ガイドの認証制度や育成制度を設ける必要がある。例えば，わが国では，環境省主催のエコツーリズムガイドの養成事業や日本エコツアー協会によるエコツアーガイドの講習会などが開催されており，国内のエコツアーガイドの人材育成に取り組んでいる（日本エコツーリズム協会のホームページを参照：http://www.ecotourism.gr.jp/）。

（森　朋也）

第17章 離島の観光

●キーワード
 わが国の離島，離島振興法，離島経済の特徴，離島観光の特色，離島の観光政策
●ポイント
 離島の現状を把握し，離島振興法の位置づけ，離島における観光振興が果たすべき役割
 を考えます。

17.1 | はじめに

　日本は，島国であると言われる。1994 年に発効（我が国は 1996 年に批准）した国連海洋法条約の第 121 条第 1 項「島の制度」において，島は「水に囲まれていて高潮時にも水面上にある自然に形成された陸地」であって，人工島や人が居住できない岩などは島ではないとされている。島においては，領海や**排他的経済水域**（EEZ：exclusive economic zone）[1] などが認められていることから，現代では，とくに島の重要性が改めて認知されている。我が国全体では 6,852 島があるとされる（海上保安庁，1987 年）が，一般的に，北海道，本州，四国，九州の 4 島は本土と呼ばれ，それ以外の沖縄，奄美，小笠原，その他が「離島」である。これらの地域は，その振興を主な理由として，おのおの，「沖縄振興特別措置法（2002 年改題）」，「**奄美群島振興開発特別措置法（1974 年改題）**」ならびに「**小笠原諸島振興開発特別措置法（1989年改題）**」が制定されており，その他の「離島」のうち 78 の地域 260 島の有人離島が「**離島振興法**」の対象になっている[2]。本章では，特に「離島振興法」が対象とする離島に焦点をあてて，離島振興法と離島振興について説明

　1　排他的経済水域は，沿岸国が水産や海底鉱物などの資源について排他的に管轄権を
　　　行使できる水域であり，おおむね領海基線から 200 カイリの範囲をさす。

した後に，離島の現状，観光発展の現状と課題について考える。

17.2 離島振興法の成立と展開

昭和 28（1953）年に 10 年間の時限立法として離島振興法が制定されて以来，延長を重ね，現在の離島振興法は平成 25（2013）年に施行されたものである。その下で，必要な公共事業や基盤整備事業が進められ，住民の生活や産業基盤の維持発展が図られてきた。しかし，インフラなどの基本的条件整備が進む一方で，人口の減少，高齢化の進行，産業の衰退など，停滞傾向が強まっている。こうした中，平成 25（2013）年の新たな離島振興法の下で「観光の振興」が初めて明記され，観光による離島振興の重要性が認知された。ところで，離島振興に関する観光の位置を知るうえで，離島振興法の成立過程やガバナンスを知ることは重要である。ここでは，離島振興の背景にあるガバナンスの歴史的展開を概観する。

17.2.1 離島振興法の成立と背景

江戸・徳川幕府時代は，金山のある佐渡の直轄管理，小笠原諸島への開拓民募集，会津藩による北方警備での離島への藩兵派遣など，幕府が主体的役割を果たす一方，対馬や平戸，天草などの藩による自治があり，国の直轄管理と分権的管理の複合的な体制であった。明治時代になると，島嶼町村制が施行され自治の振興が進み，第二次世界大戦前には，日本の領土は大陸や東南アジアをはじめとした広大な領土となったため，政府の中での離島の位置づけや国土観は，現在とは大きく異なり，当時の植民地政策を反映したものであった。他方，明治期の大日本帝国議会では，離島振興の問題については，現在同様，離島航路の支援や，港湾整備についての議論が交わされている。

離島振興法の成立には，戦後のサンフランシスコ講和条約によって，国境意識や離島に対する視点が変わり，戦後の日本本土の急速な発展の中で，**離**

2　国土交通省の資料による（離島振興対策実施地域一覧 HP（http://www.mlit.go.jp/kokudoseisaku/chirit/　2016/03/20 アクセス）。

島の後進性が顕在化してきたことが挙げられる。連合国による占領や，シャウプ勧告などがあり，地方自治やナショナルミニマムの重要性が議論された。その一方，戦争で疲弊したわが国の国土を開発するために，昭和25（1950）年に「国土総合開発法」が成立した。「特定地域総合開発」の対象として島根県隠岐島，長崎県対馬島，鹿児島県種子島・屋久島の大型離島が本土地域に包含された形で指定されたが，外海内海における小規模離島を始めとして，大多数の離島は指定されなかった。この事態を受けて，各離島の実情に対応した細かな振興策が必要との機運が高まり，東京都，新潟県，島根県，長崎県，鹿児島県による法制定運動が展開された。これら5都県知事による「離島振興法（仮称）制定に関する趣意書」（昭和28（1953）年1月）には，本土から隔絶された離島の地理的特殊事情によって後進性が存在する，との認識が示されており，法成立後，離島振興と「後進性の除去」という言葉を象徴として，同年，議員立法として「離島振興法」が成立し，以降各種の基礎条件の改善が始まった。

17.2.2 離島振興法の意義と振興政策の展開

　離島振興における後進性の除去は，わが国のナショナルミニマム，地方自治体におけるシビルミニマムを保証する施策と言える。戦後の本土復興に合わせて，出遅れていた離島の電気水道の本土並みの整備や，港湾事業による船舶の往来の安定性の向上など，インフラ整備が急がれた。また，生活環境やユニーバーサルサービスといった，国民が等しく共有できる基本的なサービス格差の解消も重要な視点である。他方，離島での産業振興は，本土との所得格差の改善にも向けられている。こうして，「後進性の除去」の範囲は時代とともに拡大され，公共事業以外のソフト事業，交通や医療および教育といった社会基盤整備は，生活条件や他の関連する法律によって対応されてきた。離島航路整備法は，離島振興法よりも1年早く成立し，また昭和29（1954）年には，教育の機会均等の趣旨に基づき，へき地教育振興法が成立した。他方，医療に関しては，昭和31（1956）年度から，へき地や離島の保健医療対策にかかる計画に基づき，へき地診療所やへき地医療拠点病院の施設・設備整備に対する財政支援やへき地医療支援機構に対する財政支援が行

われている。離島振興法のもとでは，公共事業のみならず公立小・中学校，保育所，消防施設などの非公共事業についても，一般の市町村より高い国庫補助率が適用されたが，当初3,000を超す他の一般自治体との競争もあって，国家予算の配分の伸びは少なかった。こうした中，昭和34 (1959) 年に閣議了解事項として実現した「離島振興関係公共事業予算の一括計上」と「離島振興課の新設」によって，初めて離島市町村と都道県からの体系的な予算要求が可能となった。

　昭和38 (1963) 年の最初の改正法以降，離島振興法においては，教育施設整備や医療の確保や，簡易水道整備などの進展があり，とくに，平成5 (1993) 年の改正法では，わが国のEEZ確保への離島の貢献が明記され，離島開発総合センター整備事業から発展した「コミュニティ・アイランド推進事業」が加わり，「施設整備」に加えて基盤整備を超えた産業振興施策などの展開が可能となったほか，「観光の開発」も同計画に初めて盛り込まれた。平成15 (2003) 年の改正法では，離島は「我が国の領域，排他的経済水域等の保全，海洋資源の利用，自然環境の保全等に重要な役割を担っている」(同1条) と位置づけられ，同時に，「後進性」という用語もこの改正法から消去された。これまでは，関係都道県知事が当該地域につき離島振興計画 (「都道県計画」) を策定し，それを受けて国が離島振興計画を定めていたが，平成15 (2003) 年の改正法では，法の目的として，地域の主体性と創意工夫を活かした自立的発展を促進することが規定されたことを受け，国は「**離島振興基本方針**」を定め，従来国が策定していた「**離島振興計画**」の策定主体を都道県に移し，市町村が同計画の原案を作成するように改められた。近年では，離島航路の利便性向上に資する措置 (船舶の建造や改良費に充当可能な「地域活力基盤創造交付金」(平成21 (2009) 年度創設)) や，公設民営化のための船舶建造費・購入費を補助する「地域公共交通確保維持改善事業」(平成23 (2011) 年度創設) が導入され，船舶建造費等に初めて国費が投入されるようになり，一部の航路では就航条件の改善や料金値下げ効果も出ている。また，平成17 (2005) 年度には，水産振興の面から「離島漁業再生支援交付金」が新規事業として実現し，農業面ではすべての離島を対象として「中山間地域等直接支払制度」(平成23 (2011) 年度) が適用されている。

17.2.3 新たな時代の離島振興法と離島振興

　平成 25（2013）年 4 月 1 日に施行された離島振興法（以下，改正離島振興法）は，無人島化の防止，運賃の低廉化に努めること，などが「国の責務」として明記され，ソフト事業の一層の拡充が目指されている。離島人口減少の防止や離島における定住の促進などに向けて，ソフト施策などを総合的かつ着実に推進するための「離島活性化交付金等事業計画」が創設され，関連施策の充実を図るための主務大臣の役割が追加されている。改正離島振興法の付帯事項として，離島航路，航空路の支援のための法整備，国境離島の保全，規制緩和と新たな「離島特区制度」の創設，などがある。離島活性化交付金は，地方交付税制度のような一般財源ではなく，補助率のある交付金であり，実質的には「補助金」である。海上輸送費の低減や戦略産業の育成による雇用拡大などの定住促進，観光の推進などによる交流の拡大促進や，安全・安心な定住条件の整備強化など，市町村の創意工夫を活かした取組みに対する支援策がある。このうち，観光による交流人口拡大や，観光産業の活性化の事例としては，北海道礼文島や島根県海士町中ノ島，三重県鳥羽市神島などがあり，いずれも島外との交流人口を維持，拡大する施策が展開されている[3]。これに関連して注意しなければならない点は，現在，離島活性化交付金の適応範囲の拡大が論点となっていること，また，平成 15（2003）年以降，国内では平成の大合併により多くの離島市町村の合併が進み，離島を有する自治体数は半数近くにまで減少したことである。本土の自治体の一部となった離島の多くで人口の激減に見舞われつつあり，これらの一部離島（これに対して，島の全域が基礎自治体となっているものを全部離島という）については，本土側に軸足を置く政策決定に頼るところが多く，直接的な政策主体ではないため手当てが届き難いことがあり，こうした実態を踏まえた離島振興策の新たな展開が必要となっている。

　3　離島活性化交付金の事例については，国土交通省 HP（http://www.mlit.go.jp/common/001103176.pdf　2016/03/25 アクセス）を参照

17.3 離島の現状―人口,産業の概観―

17.3.1 減少傾向にある離島の人口

　離島振興法のもとで,離島におけるインフラ整備が進み「後進性」が一定程度解消されるとともに,本土では,経済成長が進み人口の増大傾向が続く中,離島の人口は,図17.1のように厳しい状況が続いている。すでに述べたように,離島の持つ経済的便益は大きい。実際,わが国の陸上面積は約38万 km^2 と世界第61位であるが,離島があるがゆえに世界第6位,447万 km^2 に達する広大な**排他的経済水域**(EEZ)を得て,海洋資源を利活用する権利が確保されている。こうした重要な価値を持つ離島であるが,離島の置かれた状況は,人口構成や産業構造から見て決して楽観できる状況にない。全国の人口は戦後増加傾向が見られるが,離島の人口は昭和30(1955)年から一貫して減少し続けており,離島振興法の指定地域のみならず,奄美,小笠原,沖縄の離島についても同様である。もちろん,個々に見た場合,近年増加傾向にある島(利島や御蔵島などの小規模離島)も例外的にはあるが,人口減少が離島の基本的趨勢と言える。

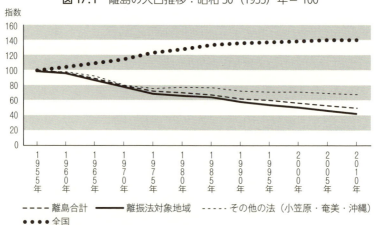

図17.1 離島の人口推移:昭和30(1955)年＝100

出所:全国離島センター『離島統計年報』2012年版により作成。

17.3.2 離島における産業の展開

　離島の産業のイメージとしては，地理的要因から漁業などが想起される。実際，離島の産業構造については，就業者ベースでの特化係数を見た場合，表17.1のように，漁業がきわめて高く，農業，複合サービス業，林業，飲食店，宿泊業の順に大きい。また，特化係数の推移を見た場合，第1次産業

表17.1　産業者別就業者ベースの特化係数（2012年）

産業分類	就業者実数（人）				特化係数（対全国）		
	離島計	離振法	その他の法	全　　国	離島計	離振法	その他の法
農業	39,197	21,705	17,492	2,135,977	3.6	3.2	4.2
林業	786	613	173	68,553	3.0	3.0	2.0
漁業	21,233	19,459	1,774	176,885	24.7	36.3	5.3
鉱業	357	250	107	22,152	1.0	1.0	1.0
建設業	28,346	16,996	11,350	4,474,946	1.2	1.2	1.3
製造業	15,818	10,663	5,155	9,626,184	0.3	0.4	0.3
電気・ガス・熱供給・水道業	1,673	979	694	284,473	1.2	1.2	1.2
情報通信業	1,332	535	797	1,626,714	0.2	0.1	0.2
運輸業	14,234	9,214	5,020	3,219,050	0.9	0.9	0.8
卸売・小売業	37,269	22,701	14,568	9,804,290	0.7	0.7	0.8
金融・保険業	3,094	1,837	1,257	1,512,975	0.4	0.4	0.4
不動産業	1,928	752	1,176	1,113,768	0.4	0.2	0.5
飲食店・宿泊業	23,010	12,684	10,326	3,423,208	1.3	1.2	1.5
医療・福祉	34,511	20,202	14,309	6,127,782	1.1	1.0	1.2
教育・学習支援業	14,883	8,676	6,207	2,635,120	1.1	1.0	1.2
複合サービス事業	6,289	4,698	1,591	376,986	3.1	3.7	2.1
サービス業（他に分類されないもの）	24,617	15,320	9,297	7,505,822	0.6	0.6	0.6
公務（他に分類されないもの）	19,638	11,400	8,238	2,016,128	1.9	1.8	2.1
合　　　計	288,215	178,684	109,531	56,151,013	1.0	1.0	1.0

出所：日本離島センター『離島統計年報（2013年版）』により作成。

注：なお，特化係数は，たとえば離島の産業（就業者ベース）の第1次産業の特化係数は（離島の
　　第1次産業の就業者構成比÷全国の第1次産業の就業者構成比）で求められる。

300　　**第4部**　観光経済の事例分析

表 17.2　離島における産業特化係数の推移（就業者ベース）

①実数（人）

実数	〈離島計〉			〈離振法〉			〈その他の法〉			〈全　国〉		
	第1次産業	第2次産業	第3次産業	第1次産業	第2次産業	第3次産業	第1次産業	第2次産業	第3次産業	第1次産業	第2次産業	第3次産業
1985年	140,612	88,621	179,369	105,501	54,345	119,500	35,111	34,276	59,869	5,412,193	19,334,215	33,444,306
1990年	115,968	77,893	181,000	85,005	52,089	118,406	30,963	25,804	62,594	4,391,281	20,548,086	36,421,356
1995年	98,722	76,322	189,945	72,057	50,997	122,388	26,665	25,325	67,557	3,819,849	20,247,428	39,642,059
2000年	80,263	70,263	192,025	57,136	46,357	119,646	23,127	23,906	72,379	3,172,509	18,571,057	40,484,679
2005年	73,071	55,926	193,474	51,234	35,890	117,146	21,837	20,036	76,328	2,965,791	16,065,188	41,328,993
2010年	61,216	44,521	182,478	41,777	27,909	108,998	19,439	16,612	73,480	2,381,415	14,123,282	39,646,316

②特化係数

特化係数	〈離島計〉			〈離振法〉			〈その他の法〉		
	第1次産業	第2次産業	第3次産業	第1次産業	第2次産業	第3次産業	第1次産業	第2次産業	第3次産業
1985年	3.70	0.65	0.76	4.06	0.58	0.74	2.92	0.80	0.81
1990年	4.29	0.62	0.81	4.63	0.61	0.78	3.61	0.64	0.88
1995年	4.50	0.66	0.84	4.90	0.65	0.80	3.72	0.67	0.91
2000年	4.59	0.69	0.86	5.02	0.70	0.82	3.80	0.67	0.93
2005年	4.63	0.65	0.87	5.12	0.66	0.84	3.78	0.64	0.94
2010年	5.05	0.62	0.90	5.57	0.62	0.86	4.21	0.60	0.95

出所：表17.1に同じ。

　　ならびに第3次産業の構成が全国に比して相対的に増加していることが表17.2によって示されている。

　　就業者（実数）の推移を見ると，第1次産業（農業，漁業など）の就業者数は半減し，これらが離島経済に負の影響を与えていると考えられる。このような離島地域の人口や産業の停滞状況の原因は，地理的，経済社会的要因が複雑に関係しており，衰退の原因はさまざまである。財政面での支援がさまざまな振興策を補強し，特に，港湾，漁港，道路，上下水道などの生活基盤や生産基盤を充実させ，それらが産業を活性化させ雇用を増進させてきた面もあるが，必ずしも，島嶼における人口や産業の衰退を食い止めることに結び付いていない。

17.4 離島観光の現状と課題

17.4.1 離島観光の推移

　離島振興における観光は新しいテーマではない。しかしながら，その意義は日増しに高まってきている。離島の停滞的な産業の状況の中で，観光振興による地域発展の可能性が叫ばれている。特に，離島観光の持つ零細性，季節性や，産業の相互性（食とサービスなど）などを活用し，第1次産業に従事しつつ，加えて観光業に従事することによって，観光需要に対峙できる供給力の増進が地域経済にとって大きな意味を持つと考えられる。

　1つは，第1次産業を軸にした体験型観光を通じて，主に都市部を発地とした観光客の体験型観光の需要を高めることが，都市部から離島への所得移転を促進し，離島地域の活性化につながっていくと期待される。また2つには，近年のクルーズ観光の展開の中で，沖縄の石垣島などのように離島での大型船の接岸が可能になれば，インバウンド観光の発展を通じて活性化が十分可能になる。しかし，実際には，図17.2にあるように，離島の観光客は全体として停滞している。

　国内観光のトレンドについては，離島の観光客数は，小笠原，奄美，沖縄を除き，昭和60（1985）年代初頭から減少傾向にある。沖縄，奄美，小笠原といった，特別地域振興法の対象地域については増加傾向が見られるもの

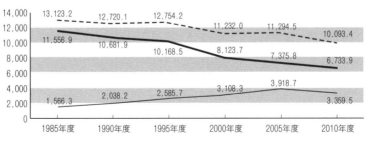

図17.2　離島の観光客数の推移（千人）

出所：日本離島センター『離島統計年報』2012年版ほかにより作成。

の，一般の離島，すなわち，離島振興法の対象地域が総じて減少傾向にあることが分かる。離島の観光については，昭和50（1975）年代に手軽な海外としての「離島ブーム」があり，離島に多くの人が訪れた時代もあったが，その後，観光需要の変化，旅行形態の変化，本土の公共交通機関の整備充実，離島側の宿泊施設の老朽化や，海外旅行ブームとともに離島観光のブームは去った。今次改正された離島振興法の目的に「観光振興」が入る背景には，平成20（2008）年の観光庁創設があり，加えて，健康保養を兼ねた長期滞在，エコツーリズムなどのニューツーリズムへの対応，地域特性を活かした観光資源の高付加価値型の観光への転換などがある。観光を滞在型化，高付加価値化させることによって離島振興へと繋げるために，地方自治体や事業者の施策の工夫や，観光を担うための人材育成が行われつつある。

17.4.2　離島観光の展開可能性

　離島における観光発展の可能性について，2つの点を考えたい。

　第1の点は，離島振興法対象の離島の停滞的な観光の状況に比して，沖縄などの観光展開が比較的良好な点である。もちろん，観光需要は，交通などの利便性や魅力など固有の要素によって決まるが，この違いが振興法の違いに基づく可能性がある点である。表17.3は，各振興法の観光分野における観光振興予算などの違いについてまとめている。各制度の観光振興施策の予算措置を比較すれば，離島振興法で導入されている離島活性化交付金による観光振興に比べて，歴史的な背景の異なる振興法ではあるが，交付金事業以外の施設整備が存在しているなど，奄美，沖縄の振興策は手厚い。

　先行している沖縄では，振興交付金の活用，市町村による独自の産業振興計画，観光振興計画の策定，もしくは，交付金の活用による航路航空運賃の値下げなども実施されている。平成26（2014）年から改正された小笠原振興特別措置法では，小笠原村の観光振興に関する施設整備及びソフト事業があり，世界遺産の島を保全するための自然公園の整備（補助率1/2）やソフト事業としてのガイドの養成やその他に国が実施す直轄調査事業がある。加えて，現在就航中の「おがさわら丸」の代替船建造が実施され，平成28（2016）年に就航した。同時に改正された奄美群島特別措置法において創設

第17章　離島の観光　　303

表17.3　各離島振興法と観光推進策一覧

法律名	離島振興法	小笠原諸島振興特別措置法	奄美群島振興特別措置法	沖縄振興特別措置法
施行年	昭和28年 （平成25年改正）	昭和44年 （平成26年改正）	昭和29年 （平成26年改正）	平成14年 （平成26年改正）
時限	10年	5年	5年	10年
法指定関係市町村数	143市町村	小笠原村	奄美群島12市町村	沖縄本島及び離島地域18市町村 （離島のみ）
観光振興施策の予算措置	離島活性化交付金の活用 ・「交流促進事業」地域情報発信，交流拡大の仕掛けづくり，島外住民との交流促進，観光メニュー開発，ＰＲ等の観光促進事業が可能。（補助率1/2）民間事業者は市町村との連携により（1/3）補助。	・観光振興に関する施設整備及びソフト事業。自然公園の整備，ガイドの養成，その他直轄調査事業。（補助率1/2） ・規制緩和として，特例通訳案内士育成等事業，小笠原諸島内限定旅行業者代理業者 ・おがさわら丸の代替船建造	奄美振興交付金の活用 ・規制緩和として，特例通訳案内士育成等事業，奄美群島内限定旅行業者代理業者を創設 ・奄美群島振興交付金を活用した交流需要喚起対策特別事業と，住民と観光客向けの航路航空運賃の支援（群島内路線利用者）を創設（補助率国6/10，県2/10，市町村2/10） ・奄美振興基金の設置と観光関連産業振興資金を融資	沖縄振興交付金の活用 ・市町村による独自の産業振興計画，観光振興計画の策定。 ・交付金の活用による航路航空運賃の値下げ。沖縄本島の住民が離島を観光することによる補助も一部の市町村で実施している。（補助率8/10） ・離島航路の新船建造支援

出所：各振興法，振興計画により筆者作成。なお，平成26（2014）年度実績として施行されている事例をもとに，観光振興策を実施している事業を掲載している。

された奄美群島振興交付金では，この交付金を活用した住民と観光客向けの航路航空運賃の支援が実施されている。従来から存在する奄美振興基金によって，観光関連産業振興資金を融資が実施されている。他方，政府が沖縄県に対して実施している支援については，とくに，航空運賃や航路運賃の値引きに活用できる交付金制度などがあり，沖縄の島々へのアクセスが優位になると考えられる。加えて，観光業に対する人材育成など，ソフトの支援策も有効ではないかと考えられる。ガイドの養成などは従来から取り組まれて

いるが，生業，産業として位置づけられている離島はまだ少ない。以上のように，政策的な利便性の改善や，観光の離島容量の上昇，さらに観光産業就業者の人材育成をも踏まえた施策展開は，観光客の増加に繋がり，離島地域の活性化に貢献しうると考えられる。

第2点は，新たな観光展開を見据えた離島における観光展開に必要なハード，ソフトの施策を展開するという視点である。離島の産業の現状についてはさまざまである。たとえば，宿泊業や飲食業といった観光が発達している離島については，先述した観光基盤やソフト面での基盤整備が重要であろうし，漁業や農業を，観光と連携，連動させて展開を図るという施策の可能性がある。こうした離島では，1＋1＋3＝5次産業の展開など，観光（宿泊や飲食業）を軸にした発展が期待できる。また近年，離島や本土を周遊する国内，国際クルーズ観光の展開がある。飛鳥Ⅱなど5万トン級の船舶が，離島においても接岸もしくは，自載テンダーボートや地元通船による上陸を可能にし，離島内交通に関するインフラ整備を行って対応していくことが考えられる。平成26（2014）年開催の国土交通省の「海洋観光の振興に関する検討会」の最終とりまとめでは，まず，離島の自然や文化，伝統などの観光資源の発掘，見直しによる魅力の向上を図ることや，アクセス改善による利便性の向上，離島内での観光取組みの向上など図ること，などが提言されている。このような新たな視点で，離島の観光を位置づけすることが必要であろう。

17.5 | おわりに

日本を代表する民俗学者である宮本常一は「離島振興法ができたから島がよくなるのではない。島をよくしようと行動するとき離島振興法が生きてくる」と言う。離島観光の振興においても，人々の関与が重要になるであろう。島内の人々の意欲と知恵，離島に魅入られた島外からの移住の促進などの定住人口拡大策に加えて，観光による交流人口の拡大は，近年，わが国にとって地勢的にも戦略的にも重要さを増している離島の振興を促すうえで重要な施策になることは間違いない。

[参考文献]

個別離島に関しては,

秋吉一郎, 井内善臣 (2007)「粟島における観光に関する動向調査 (離島の超高齢地域社会について：香川県粟島の場合)」『研究資料』215, pp. 22-45.

梅村哲夫 (2005)「沖縄県入域観光客に関するグラビティーモデル分析」,『琉球大学・経済研究 (第69号)』, pp. 1-21.

尾方隆幸 (1997)「離島における観光化と産業構造—沖縄県座間味島の事例研究—」,『日本地理学会発表要旨集52』, pp. 126-127.

などがある。包括的な離島観光に関する研究は少ないが,

小澤卓「離島地域における観光政策の経済分析」『中央大学経済研究所年報』第47号, pp. 185-204.

を参照されたい。海外文献では, 離島観光に関しては, 国際観光地を中心に多くある。一部を列挙すると,

Garin-Muñoz, T., and Montero-Martín, L. 2007. "Tourism in the Balearic Islands: A dynamic model for international demand using panel data 2007" *Tourism Management*, Vol. 28, Issue5, October 2007, pp. 1224-1235.

Joo, H., Sung, Y., and Larry, Y. (2009) "The analysis of the relationships of Korean outbound tourism demand: Jeju island and three international destinations", *Tourism Management*, Vol. 30, Issue4, August 2009, pp. 530-543.

などが挙げられる。

(小澤　卓)

第18章 観光の課題と将来

●キーワード
　観光の経済効果，観光戦略の展開と課題，リゾート法，ニューツーリズム
●ポイント
　観光戦略の展開と課題を具体的に示し，観光の経済効果を概観する

18.1 はじめに

　「観光」という言葉は，今日，私たちの生活に広く浸透している。それは，「自由時間における日常生活圏外への移動をともなった生活の変化に対する欲求から生ずる一連の行動」と定義できる（長谷（1997），p. 1）。ツーリズム（tourism）が世界経済に多大な影響を与えている今日，「観光」は，その対訳語として一般に定着している。しかし，もともと「観光」と「ツーリズム」は，それぞれの語源も成り立ちも，異なる世界観を持つ語である。

　「観光」の語源は，紀元前4世紀ごろの中国の哲学書『易経』の「観国之光」に由来し（河村（2000），p. 11），江戸時代の朱子学の解説書である『程伝』においてなされた解釈が，広く認知されたとする説が一般的である。「光」は，政治，宗教，風俗を指し，観光は，「地位のある人がよその地域に行ってその国の良いところをみて帰ってくると，自分たちの土地も良くすることになる」（村上（2011），p. 9）という意味を持つ。一方，ツーリズムは，ラテン語の tour（回る（もの））を語源としている。18世紀から19世紀の産業革命を時代背景として定着した，「定住地以外の場所を訪れたり，一定期間その地に滞在したりしたのちに，再び定住地に戻るという社会行動（佐竹（2009），p. 90）」に対してツーリズムという語が与えられ，確立されたとされる。このように，この2語は，語源において「本来の地にまた戻ってく

る」という意味を共有するが、「観光」の持つ意味の広範性は、ツーリズムの概念を内包する。

　さらに、「観光産業とは何か」を示すことは容易でない。河村（2000）によれば、それは「観光産業は、運輸や宿泊、飲食などの複合産業であり、供給側の属性に則する従来の産業分類とは異なり、需要側の属性に大きく依存する性格のもの」だからである[1]。我が国においても、日本標準産業分類には、「観光産業」または「旅行産業」という区分は存在しないため[2]、観光産業の実態を定量的に捉えにくいという問題を長く抱えてきた。

18.2 | 国際観光市場の基本的構造とその動向

　旅行と観光は、世界的に見ても、最も大きく最も多様な産業のひとつであり、多くの国が、収入や雇用、インフラ整備と経済成長の基本的な資源として、このダイナミックな産業に依存している。われわれの生活においても同様であり、「人びとの支出予算の中で、観光の相対的かつ絶対的重要性は著しく高まっている（Sinclare and Stabler（1997）, p. 18）。たとえば、観光が増えれば、観光先における買物や輸送サービスなどの、財・サービスの消費が派生する。一方で、限られた支出予算の中で観光に充てる予算を増やせば、他の、観光に関係のない物品やサービスの購入は控えられる。つまり、観光と他の財・サービスの消費は、「補完」および「代替」の関係にある。

　観光需要の変化は、常に観光価格の変化によってもたらされる。この他、観光需要に影響する要因として、①可処分所得、②他の財の価格（交差効果）、③品質（付加価値）の比較、あるいは商品差別化、④流行や嗜好、⑤広告、⑥消費機会、⑦人口などが挙げられる（Tribe, 2011, pp. 51-55 を参照）（図 18.1）。

　今日、観光とレジャーは最も人気のある経済分野と言える。**国連世界観光機関**（United Nations World Tourism Organization, 略称：UNWTO）は、観光

　1　詳細については、河村（2000）の pp. 19-20 を参照のこと。

　2　日本標準産業分類（平成 25 年 10 月改定、平成 26 年 4 月 1 日施行）を参照のこと。

図 18.1 観光市場における需要と供給

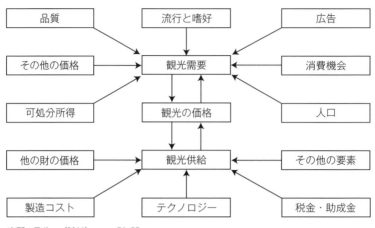

出所：Tribe (2011), pp. 51-55.

　旅行の目的を，「個人旅行」と「ビジネス及び業務旅行」の2分野に大別し，さらに，「個人旅行」を，8項目に分類している（①休暇，レジャー，レクリエーション，②知人・親戚等訪問，③教育，研修，④健康と医療，⑤宗教的理由及び巡礼旅行，⑥ショッピング，⑦輸送，⑧その他）。このように，観光（トラベル&ツーリズム：UNWTO は T&T と呼ぶ）は，国内外ともに，経済の回復と成長の主要な原動力のひとつと考えられている（WTTC (2012)）。

　UNWTO による資料（図 18.2）によれば，国際観光客到着数（インバウンド）は，この65年で47倍に増加しており，最近の15年間（2000年から2015年）では約1.8倍，その間に国際観光収入は約2.5倍に増えている。

　2014年のインバウンドは11億4,000万人で，直接的な観光支出額は1,383.8億 US ドルに達し，それは年間総輸出額の5.7％を占める。新興国からの旅行客は，現在，全世界の海外旅行客数の46％（2000年は38％）を占め，新興市場が経済的に成長すると，旅行の機会も増加することが証明されている（WTTC（ワールド・トラベル&ツーリズム協議会），(2015)）。

　一国の経済において観光の重要性が高まっているという事実に，政府当局

第18章 観光の課題と将来 *309*

図18.2 世界の国際観光客到着数の推移（1950年～2015年）と
国際観光収入の推移（1990年—2015年）

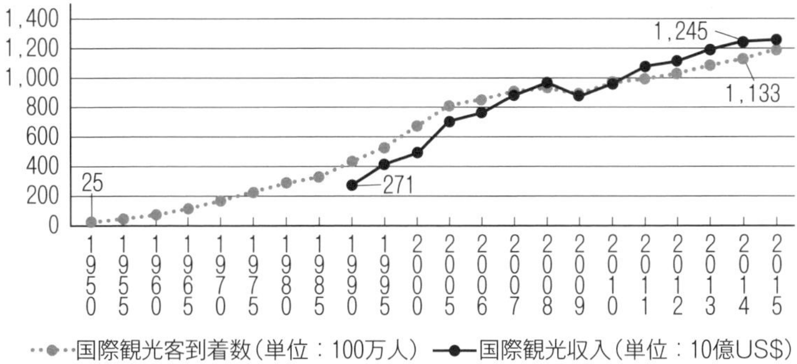

出所：UNWTO（国連世界観光機関），Tourism Highlights（2015年）

および経済の発展に関わるさまざまな分野が注目している。観光支出は，ビ
ジネスにおける新しい事業の創出や，家計の収入の増加，雇用や政府収入の
増加をもたらす点において，「輸出における影の貢献者」として，各国間の
為替収益の収支の均衡の一翼を担っている。

　観光は，主に，経済，環境，社会文化的なカテゴリーに分類され，多方面
に影響を与えている。特に経済的貢献は重要で，観光関連の支出は，GDP
（国内総生産），世帯収入，付加価値，外貨収入などの重要な経済変数を左右
する。

　観光の直接的な経済効果は，まず，観光客による支払いに表れる。間接的
な経済効果は，観光客に財やサービスを販売する企業が他の企業から原材料
や中間品を購入する際に，また，その供給企業が他の供給企業から原材料な
どを購入する際に，発生する。つまり，観光支出は，特定の観光地に対して
直接的な効果を，また当該地域とそれ以外の地域に対して間接的に誘発的な
効果をもたらす（**ケインズの乗数効果**）。観光の，直接的また全体的な貢献
は，WTTCにより，次のように定義される。

① 直接的効果

　GDPに対する観光の直接的効果は，観光の「国内」の支出（ビジネスや
レジャー目的の居住者と非居住者による観光における特定の国内での総支

出）として GDP に反映される。観光に関する政府の支出は，直接に観光に関係するもので，文化的な施設（たとえば美術館）や休養のための環境整備（たとえば国立公園）などである。GDP に占める観光の直接的効果は，国民経済計算で見られるように，ホテル，航空会社，空港，旅行代理店やレジャー・娯楽サービスなどの，観光客と直接に関わるような特性で分類されるところに表れるが，さまざまな観光産業によってもたらされる支出を合計することにより，すべての国内消費について算出される。

② 全体的な貢献

観光の全体的な貢献は，経済への「幅広い影響力（間接的および誘発的な影響力）」を含む。「間接的」効果には，中間財や中間的なサービスだけでなく，観光への投資支出や，それが生み出す雇用が含まれる。このような，観光に直接的または間接的に関わる投資は，新しく航空機を買う，新規にホテルを建設する，などの投資活動を含む，現在および将来のために重要な活動である。観光の間接的貢献として，観光を支援する政府の「集合的な」支出も考慮されなければならない。たとえば，観光マーケティングやプロモーション，空港や港湾整備，リゾートエリアのセキュリティーサービスや衛生サービスなどである。

観光客を直接に扱う部門が供給する財やサービスの，国内における派生的な需要の例として，ホテルによる食品の購入やクリーニングサービス，航空会社による燃料の購入や機内のケータリングサービス，旅行代理店によるIT サービスなどが挙げられるが，それらは間接的な経済効果の一部である。

このように，観光の関連で，直接・間接に雇用されている人々の人件費の支出は，国内総所得と全体の雇用の一部を形成する。

国際観光旅行が急速に拡大するなかで，先進国や新興国では労働時間の短縮や，国家間の交通機関の輸送費の大幅な削減が見られ，観光と技術進歩が連動し，その相乗効果で結果的に国内所得が大幅に伸びている（Lim (2006)，pp. 45-46）。

WTTC のデータでは，旅行と観光は，2014 年において，世界の GDP の10 ％におよぶ7.6 兆 US ドルをもたらし，また，全世界で2 億 7,700 万人の雇用を創出した。そのため今日では，労働人口の11 人に 1 人が旅行と観

光産業に従事している。

18.3 | 日本の観光政策の主な目標と枠組み

18.3.1 国土交通省の設立と観光庁

2001年1月，中央省庁等改革の一環として，旧4省庁（北海道開発庁，国土庁，運輸省及び建設省）を母体として，**国土交通省**（MLIT：Ministry of Land, Infrastructure, Transport and Tourism）が設立された。2015年に刷新された国土交通省の重点政策は，次のとおりである（国土交通省HP）：①東日本大震災からの復興加速，②国民の安全・安心の確保，③我が国の主権と領土・領海の堅守，④豊かで利便性の高い地域社会の実現，⑤観光立国の推進，⑥国際競争力の強化と世界の経済成長の取り込み，⑦2020年東京オリンピック・パラリンピック競技大会への対応。

観光振興と発展は，観光が，輸送政策（航空，地上，海上）やインフラ構築，地域開発政策の提供，多様なコミュニティの構築，生活の質向上などに密接に関連しているため，省庁再編のシナジー効果が発揮される重要な分野になると期待されている。また，国土交通省のもとには観光庁が設置され，日本政府の観光政策に貢献している。

18.3.2 JNTOの組織

東京オリンピックが開催された1964年，運輸省の監督下の非営利組織として，日本へのインバウンド旅行の促進や，日本の歴史，文化，伝統，習慣や日本人への理解を深めることを目的とした，日本政府観光局（JNTO：Japan National Tourism Organization，正式名称：独立行政法人国際観光振興機構）が設立された。JNTOは世界主要都市に事務所を持ち，海外でのインバウンド観光プロモーション，国際会議のマーケティングおよび推進，草の根交流プログラムを通した国際交流の拡大，およびツーリスト・インフォメーション・センター（TIC）を通した海外からの訪問客のサポートなど，広範囲の業務に従事し，そのウェブサイトは，旅行者に積極的な情報提供を行っている。

312 **第 4 部　観光経済の事例分析**

図 18.3　2015 年のアジアの国別訪日客（観光客のみ）（単位：万人）

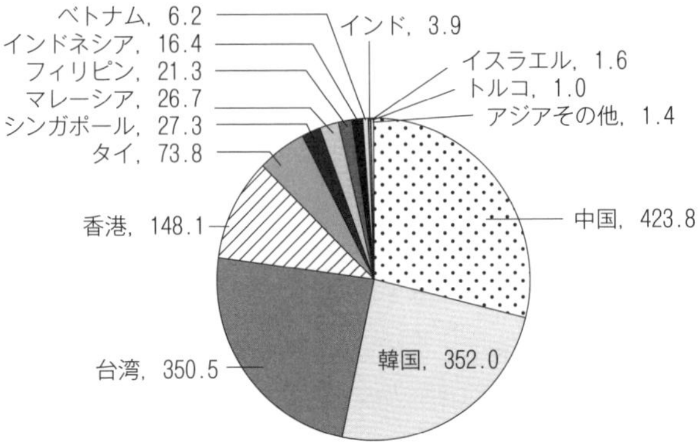

ベトナム，6.2
インドネシア，16.4
フィリピン，21.3
マレーシア，26.7
シンガポール，27.3
タイ，73.8
香港，148.1
台湾，350.5
韓国，352.0
インド，3.9
イスラエル，1.6
トルコ，1.0
アジアその他，1.4
中国，423.8

出所：JNTO 統計情報・白書「2015 年国籍別／目的別訪日外客数」

18.3.3　JNTO の海外キャンペーン

　1997 年には，「ウェルカムプラン 21」，「訪日外客数倍増計画」とともに，「外客誘致促進法」が制定され，政府は，海外現地メディアやウェブサイト，SNS などを活用し，観光振興のための諸政策の実施に取り組んできた。特に最近では，従来の工業立国のイメージを刷新し，美しい自然，芸術，文化，伝統，祭りや食など，観光地としてのイメージを創出することが重視されている。2001 年には，インバウンド市場の拡大のため，大規模な広報活動が行われ，各国の市場特性に対応した戦略的な活動の結果，日本への訪客数はアジア諸国を中心に増加した。図 18.3 に示されているように，2015 年度の訪日アジア人観光客のうち，上位 3 国は，中国（423.8 万人），韓国（352 万人），そして台湾（350.5 万人）であり，いずれも短距離旅行者であった。

18.3.4　TSA に見る日本の観光産業の経済波及効果

　JNTO は，「国籍と訪日目的別の到着客」や「観光地別の日本人海外旅行客」などのデータを提供している。国土交通省では，2003 年の**観光立国宣言**以来，観光統計の大々的な整備に着手した。2008 年には，観光がもたら

表18.1 2014 年の日本の観光産業の主要な数値

GDP に対する直接的寄与	11,900.6 億円	対 GDP　2.4 %
GDP に対する総合的寄与	36,222.8 億円	対 GDP　7.5 %
雇用に対する直接的寄与	1,152,500 件	総雇用件数の 1.8 %
雇用に対する総合的寄与	4,441,500 件	総雇用件数の　7 %
観光支出額	1,968.2 億円	総輸出額の 2.3 %
投資	3,341.8 億円	総投資額の 3.1 %

出所：WTTC (2015), *Travel & Tourism Economic Impact 2015：WORLD Report.*

表18.2 2014 年の旅行観光産業の他分野との比較（対 GDP 比）　　　　（単位：10 億ドル）

産　　業	直　　接	間接＋誘発	合　　計	対全経済（%）
農業	55	73	128	2.8 %
鉱業	2	5	8	0.2 %
化学製造業	75	329	404	8.8 %
自動車産業	102	680	782	16.5 %
小売業（卸以外）	224	1,013	1,237	26.9 %
金融サービス業	212	289	501	10.9 %
銀行業	120	119	238	5.2 %
教育	48	74	121	2.6 %
旅行・観光業	112	231	343	7.5 %

出所：WTTC (2015), *Travel & Tourism Economic Impact 2015：WORLD Report.*

す経済効果の国際間比較を正確に行うことができるよう，**観光サテライト勘定**（TSA：Tourism Satellite Account）の本格的な導入を行った（第 2 章を参照）。表 18.1 は，2014 年の，日本の旅行・観光業の，GDP，雇用，輸出への貢献度を示している。日本経済において，旅行・観光産業がどのような位置付けになっているかは，たとえば，表 18.2 に見られるように，GDP に対する貢献度が 5 番目に高いことが分かる。さらに総顧用に対する比率（表18.3）を見ても同様に，全体の 88.7 % と最大のシェアを持つ小売業や，自動車製造業，化学品製造業，金融サービスセクターに次ぐ位置づけであることが分かる。

314 **第4部** 観光経済の事例分析

表18.3 2014年の旅行観光産業の他分野との比較（対総雇用比）　　　（単位：千人）

産　　業	直　接	間接＋誘発	合　計	対全経済（%）
農業	2,888	1,080	3,968	6.2 %
鉱業	29	26	54	0.1 %
化学製造業	434	5,491	5,924	9.3 %
自動車産業	1,040	9,527	10,567	16.6 %
小売業（卸以外）	7,659	48,643	56,302	88.7 %
金融サービス業	1,829	3,356	5,184	8.2 %
銀行業	876	1,566	2,442	3.8 %
教育産業	2,971	1,046	4,017	6.3 %
旅行・観光業	1,153	3,289	4,442	7.0 %

出所：WTTC (2015), *Travel & Tourism Economic Impact 2015 : WORLD Report.*

18.4 総合保養地域整備法（リゾート法）の失敗

　観光は，あらゆる産業に関わるため，経済に及ぼすマイナスの影響も見過ごすことはできない。1987年に制定された総合保養地域整備法（**リゾート法**）では，ゆとりのある国民生活の実現と地域資源を活用した地域振興が謳われ，リゾートやレジャー施設の建設が進められた。全国の7都府県を除く，ほとんどの道府県に，次々とリゾート構想地域が特定され，施行から11年後の1998年までに，広大なゴルフ場やスキー場，ホテルやマリーナなど，施設の新設構想計画は，42の地域に対して，合計8,900件にも及んだ。しかし実際は，需要を見誤った巨額の投資により，経営上の問題が生じた事例が相次いでいる。国土交通省による見直しが行われた2003年時点の資料では，施設利用者数は当初見込みの42.8%（2001年度）であり，施設雇用の実績はおよそ22万人で，当初見込みの21.8%（2002年度）しか達成されていない。図18.4に示されているように，総施設の事業整備の進捗率は34.7%に留まっており，2006年から現在までに，特定地域，全42ヵ所中12ヵ所において，基本構想の廃止が決まっている[3]。地域振興とは名ばかりの，リゾート法の残骸ともいえる，地方の巨大な箱物の廃れた姿は，一向に

第18章 観光の課題と将来　*315*

図18.4　特定施設（既供用を含む）の種類別件数と進捗率（2003年）

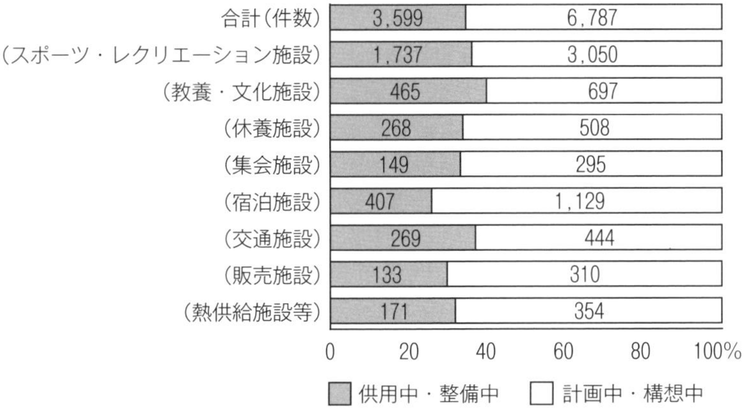

種類	供用中・整備中	計画中・構想中
合計（件数）	3,599	6,787
（スポーツ・レクリエーション施設）	1,737	3,050
（教養・文化施設）	465	697
（休養施設）	268	508
（集会施設）	149	295
（宿泊施設）	407	1,129
（交通施設）	269	444
（販売施設）	133	310
（熱供給施設等）	171	354

出所：国土交通省（2003）『総合保養地域の整備―リゾート法の今日的考察』より作成

改善されない日本の地域経済の疲弊を象徴するかのようである。

18.5 新しい観光戦略「ニューツーリズム」

　観光立国推進法（2007年）は，経済活性化の起爆剤として期待される観光を，日本の成長戦略の重要なひとつに据えて施行された。これをさらに具体化したのが，2012年に閣議決定された「観光立国推進基本計画」である。東日本大震災を経験し，地域経済復興策としての期待も高まる中，また，インバウンド客の急増など，多様化する消費者のニーズに対応することも求められている。この計画の主要な柱のうち，インバウンド客に対する日本のブランディング策や，MICE（国際会議（meeting）・企業の研修旅行（incentive travel）・学術会議（conference/convention）・展示会（exhibition/event）の略称）の誘致策，国民の休暇の取り方に関する取組みに加え，**ニューツーリズム**が注目されている。これは，長年「箱物作り」に囚われてきた地域振

3　詳しくは，国土交通省（2003）「総合保養地域の整備―リゾート法の今日的考察」図表編（特にp. 6-42）を参照のこと。

興政策に風穴を開け，リゾート法からの脱却を目指す新しい観光の概念である。

　消費者の生活様式の多様化は「物品の消費」から「コト消費，時間消費」への変化が見られる。ニューツーリズムは，これまで観光の対象としては認識されずに埋もれていた地域資源を新しい視点で発掘し，新たな観光，旅行の目的として捉えようという考え方である。ニューツーリズムの概念は，豊富で多岐にわたるが，同基本計画内で挙げられる8つのカテゴリーを以下で紹介する。

①エコツーリズム：自然観光資源に関わる有識者の案内によって，実際にその資源に触れながら，知識及び理解を深める活動（第16章を参照）
②グリーン・ツーリズム：農山漁村での自然，文化，人々との交流を楽しむ滞在型の余暇活動（農作業や農産物加工体験，農林漁家民泊，食育など）
③文化観光：日本の歴史や伝統，文化的な要素に対する知的欲求を満たす観光
④世界遺産観光：ユネスコの世界遺産リストに記載されている世界遺産を巡る観光
⑤産業観光：歴史的・文化的価値のある工場やその遺構，機械器具，最先端技術を備えた工場等を対象に，学びや体験を伴う観光
⑥ヘルスツーリズム：自然，温泉や身体に優しい料理を味わうなど，心身ともに癒され，健康を回復・増進・保持を目的とした観光
⑦スポーツツーリズム：スポーツを「観る」「する」旅行，「支える」人々との交流，旅先で多様なスポーツを体験できる環境の整備も含むもの
⑧ファッション・食・映画のロケ地・アニメ・山林・花などを観光資源としたツーリズム

　これらの新しい概念による，地域密着型の観光価値の創出は，日本の隅々にまで国際競争力を備えた資源が，豊かに潜在することを示している。同基本計画が，これらの地域資源と多様な消費者のニーズとを結ぶ，新たな流通の構築の必要性に触れている点はとりわけ重要である。

18.6 おわりに

観光の価値は，自身と比較対象との間に存在する乖離にある。さかのぼれば，私たちは旅することによって文明を育んできた。狩猟と採集といった生きるための旅は，やがて自身と他者間に存在する乖離を認識・追求することで，侵略や交易として経済の発展をもたらし，巡礼や文化交流は人々の心を豊かに潤してきた。

ICT 時代の現在，人びとは急速に国際的なコミュニケーションツールを持つに至った。これはまさに観光のあり方を変えた。より多くの旅人がスマートフォンを片手に，世界の隅々にまで自由に出かけ，一方，TSA の導入などは，わが国がそうであるように，ようやく自国の観光産業の実態を明らかにし，他国家に対する優位性の測定を可能にしたのである。

これによって，自身と他者間のより一層多様で，さらに深い乖離を見いだすことになったであろうことは，観光産業の可能性をより拡げたと考えられる。これは同時に国際社会において，自国と他国の経済的豊かさをシナジー（相乗効果）として追求することを意味する。世界が直面する世界規模の経済的諸問題や，環境保全，世界平和といったさまざまな問題意識を「観光」の視点によってお互いに共有した，ということが重要なのである。

今後ますます，私たちに多様な視点や志向を投げかけ，向かうべき方向性を示す役割を担うのは，まさに観光であると言ってよいだろう。

[参考文献]

河村誠治（2000）『観光経済学の基礎』九州大学出版会

佐竹真一（2010）「ツーリズムと観光の定義——その語源的考察，および，初期の使用例から得られる教訓——」『大阪観光大学紀要』第 10 巻，89-98 頁

長谷政広（編著）（1997）『観光学辞典』同文舘出版

村上和夫（2011）「基調講演：観光が社会を変える」『九州国際大学国際関係学論集』第 7 巻第 1 号，3-28 頁

国土交通省総合政策局観光企画課（2005）「我が国の観光統計の整備に関する調査報告書」（http://www.mlit.go.jp/common/000059346.pdf）

国土交通省（2012）「観光立国推進基本計画」

　　（http://www.mlit.go.jp/kankocho/kankorikkoku/kihonkeikaku.html）

国土交通省資料（2010）「ニューツーリズム旅行商品創出・流通促進ポイント集 2.
　　ニューツーリズムの概念」2-3 頁

　　（http://www.mlit.go.jp/common/000116863.pdf）

国土交通省（2003）「総合保養地域の整備―リゾート法の今日的考察」

　　・本編（http://www.mlit.go.jp/hyouka/pdf/review/14/resort/honpen.pdf）

　　・図表編（http://www.mlit.go.jp/hyouka/review/14/review05.html）

総務省（2013）「日本標準産業分類」（平成 25 年 10 月改定）

　　（http://www.soumu.go.jp/toukei_toukatsu/index/seido/sangyo/H25index.htm）

ITB Berlin (2015), *ITB World Travel Trends Report 2015/2016.*

　　(http://www. itb-berlin. de/media/itbk/itbk_dl_all/itbk_dl_all_itbkongress/itbk_
　　dl_all_itbkongress_itbkongress365/itbk_dl_all_itbkongress_itbkongress365_itblibr
　　ary/itbk_dl_all_itbkongress_itbkongress365_itblibrary_studien/ITB_World_Trav
　　el_Trends_Report_2015_2016.pdf)

Lim, C. (2006), "A Survey of tourism demand modelling practice: issues and implica-
　　tions," in Dwyer, L. & P. Forsyth (Ed.), *International Handbook on the Economics of
　　Tourism*, Edward Elgar. Cheltenham, UK. Northampton, MA, USA, pp. 45-72.

Stabler, M. J., Papatheodorou, A., and M. T. Sinclair (2010), *The Economics of Tourism*
　　(2nd ed.), Routledge.（第 1 版の邦訳：小沢健一（監訳）（2001）『観光の経済学』学
　　文社）

Tribe, J. (2011), *The Economics of Recreation, Leisure and Tourism* (4th ed.), Elsevier.

World Travel & Tourism Council (2015), *Travel & Tourism-Economic Impact 2015
　　WORLD Report.*（http://sete.gr/media/2614/150430-economic-impact-2015.pdf）

トピックス：民泊の課題

　観光の醍醐味は，日常と非日常の「ギャップ」を追求するところにある。しかし，「望ましからざるギャップ」が日常にあったらどうであろうか。「民泊」の事例をとりあげてみよう。アメリカの民泊仲介サイト "Airbnb" に代表される，Web をツールとするシェアリングエコノミーの世界的拡がりは，すでに日本の宿泊事情にも変化をもたらすに至っている。旅行客を住宅の空き部屋に割安な料金で泊める「民泊」は，東京都大田区が，2016 年 2 月に条例によって，全国で初めて対応物件を認定したが，日本では，この新しいスタイルは，まだ十分に理解が得られていない。これは，例えば，マンションの隣人の居住スペースが，いつのまにか外国人旅行客に提供されていて，私たちの日常が合意もないままに，非日常，つまり外国人の生活と隣接することを意味する。文化や風習の違いによる騒音やゴミ捨ての問題や，見ず知らずの外国人が居住スペースに入ることによる安全面の苦情が，たびたび報告されており，民泊ニーズの増加に対して，供給側の "アレル

ギー反応"は深刻である。ホテルや旅館など，既存の業態との兼ね合い，法整備の遅れなどの指摘もさることながら，最も大きな課題となるのは，観光客（ゲスト）と供給側（ホスト）の相互の信頼関係，つまり，ホスピタリティの醸成であろう。今後，さらに観光が経済の重要施策とされることは，私たちの日常が観光の現場となること，つまり，私たちが期せずして観光の供給者（ホスト）になり得ることを意味する。

（大熊美音子・黒木龍三・ダフチャン，アンナ）

おわりに

　近年における観光への熱い注目は，決して単一的な理由によるものではないが，その一つは，社会の成熟化であると思われる。たとえば，日本では，所得水準の向上は資金の面で，また，以前よりも複雑になった社会構造は精神的・身体的な安らぎのニーズを増幅させる面で，観光の必要性を高めてきた。しかし，豊かになった所得に基づく消費や精神的な癒しは，観光のみならず，スポーツ，音楽，芸術，グルメなどでも実現できる。ここで，多くの代替的項目の中で，なぜ，観光が大きな注目を集めるに至ったのかという疑問が生じる。それを探求することは難題であり，特に，需要面と供給面における個別の発展と，それらの相互作用の双方を探る試みは非常に複雑な作業となる。その難しさが，諸外国に比べて分析手法・手段が曖昧にされてきた日本の観光経済学を，遅ればせながら本格的に精緻化の軌道に導いた原動力となった。このような展開を受け，観光経済学が，学会における研究水準の向上とともに，大学講義としても開講されるようになった。ところが，日本で編集された観光経済学のテキストは，そのほとんどが観光経済の現状説明や実務知識を提供する内容となっており，経済学の学問体系に則ってアカデミックに解説された海外のテキストとは性質の異なるものである。したがって，大学・大学院，あるいは高等専門学校などで，観光経済の経済分析的側面を一定以上のレベルで意識した講義を行う場合，テキストは，海外で出版されたものを直接に用いるか，あるいはその翻訳本を採用せざるを得ない状況が続いている。その2つのうち，外国語で書かれたテキストを採用するという選択ができるのは，語学科目，基礎科目，専門・専攻科目が相互に連携したカリキュラムを有する一部の大学だけであり，現実として，良質な翻訳テキストを採用する方法が多数派の選択となる。優れた翻訳テキストを採用すること自体は，一定の意義を有する。すなわち，学生にとって海外で出版

された優良なテキストや学術書を使った学習は，外国語で書かれた論文や文献を読むことを避けて通れない専門的学術研究の初歩を経験すること，また，諸外国で示されたスタンダードな学習項目や研究動向を日本語で理解する機会を得ることを意味する。しかし，落とし穴も存在する。

優れた観光経済学のテキストブックが出版されている国々では，一般に，大学および大学院の学習カリキュラムがハイアラーキカル（hierarchical），あるいは階層的な構造になっており，学習レベルは段階的に高くなり，学習項目は基礎から応用・発展へと順々に向かうように仕組まれている。ところが，日本の大学では，90年代以降の積極的な改革によって，それ以前よりは合理的な講義運営が可能になってきたものの，依然として諸外国（アメリカ，カナダ，オーストラリアなど）に匹敵するカリキュラム再編に成功している大学は稀である。学習カリキュラムの構造がハイアラーキカルになっている国々の大学では，経済学の基礎理論科目を履修した後で，応用科目としての観光経済学を学ぶことになっている。したがって，観光経済学のテキストも，経済学基礎理論の解説は含まず，あるいは最小限に留め，応用・発展項目に特化した内容となっている。一方，日本の大学では，経済学基礎理論科目の履修を終えていない学生が唐突に応用科目としての観光経済学を履修したり，基礎理論科目が全く（あるいは，ほとんど）開講されていない状態で観光経済学を履修せざるを得ないというような，不都合な現実に直面することがある。このような状況では，海外で編集された優良なテキストを採用して講義を行ったところで，多数の受講生が学習上の消化不良を起こし，十分な成果を得ることはできない。

上記のような，日本の大学・大学院，または高等専門学校などでの不利を補いながら，アカデミックな観光経済学の講義を志すテキストとして企画されたのが，本書である。特に，講義現場でのカリキュラム上の不備に対応するため，まずは経済学の基礎理論を解説し，続いて，それに基づく観光分析，そして事例分析を考察する形態を試みた。すなわち，一冊の中で基礎理論と応用分析を相互に関連付けて配置した，いわゆる self-contained 型あるいは自己完結型テキストを目指した。具体的には，まず，第1章で観光の現状と課題を概観し，次に，第2章から第5章までの第1部ではマクロ経済学

の基礎理論を学びながら，第6章から第10章までの第2部ではミクロ（マイクロ）経済学の基礎理論を捉えながら，観光経済分析の基礎的手法を習得できるよう，執筆者間で編集上の工夫を施した。さらに，第11章から第13章までの第3部では，経済学の応用分野と観光との関係を捉えられるような構成を試みた。そして，第1部から第3部までで得た知識を土台として，第14章から第18章までの第4部では，豊富な観光経済の事例を整合的に把握できる内容にすべく努力した。なお，本書の特徴と背景は，「はじめに」にも別の視点から示されているので，併せてご理解をいただければ幸いである。

　執筆者一同は，ページ数と原稿作成期間の制約のもとで，さまざまな工夫と努力を惜しむことなく，本書を手にしてくださった方々の観光経済学の理解にできる限り貢献したいという思いを胸に，執筆と編集を行った。至らない点もあろうと思われるものの，本書が読者諸氏における学習や知識の拡張に少しでも役立つならば，それは執筆者全員の望外の喜びである。

2017年6月

編著者一同

索　引

ア行

IS-LM モデル　198
IS 曲線　199, 200, 203
アウトバウンド　113, 189, 195, 205, 215
アウトバウンド旅行　24
アニマル・スピリッツ　55n
アブソープションアプローチ　201
アベノミクス　97, 208
奄美群島振興開発特別措置法　293, 303
アンドウ，A.　43
按分比率　17
イースタリン・パラドックス　233
1 次速報値　17
一次統計　14
1 日のみの訪問者　24
一物一価　192
1 泊の宿泊を行う訪問者　24
移転収支　190
移転取引　15
移転フロー　14
移動者　24
インターナル旅行　24
インターネット　222
インバウンド　97, 151, 189, 195, 205, 207, 215, 217, 219, 220, 221, 223, 308
インバウンド観光　208, 214
インバウンド旅行　24
インフレ率　13
ヴェブレン，T. B.　121
　――効果　121
運輸収支　79
影響力係数　86
エイビーロード・リサーチ・センター　31

エコツアーガイド　292
エコツーリズム　6, 229, 275, 316
　狭義の――　277
　広義の――　277
　――推進法　280
エコロジカル・フットプリント　236
LM 曲線　200, 203
エンゲル曲線　125
円高　191
円安　191
欧州債務危機　1
横断面データ　39
横断面（クロスセクション）分析　47
小笠原諸島振興開発特別措置法　293, 303
沖縄振興特別措置法　293, 303
オストロム，E.　183n
オーセンティシティー　253
オフ・シーズン　52, 158
おもてなしプラットフォーム　28
オン・シーズン　52, 158
温泉法　177

カ行

海外旅行者　24
外生的要因　55
外部性　172, 239, 251
　――の内部化　251, 252
開放経済　190, 198, 204
開放体系　196
価格　136, 138
　――調整　155
価格消費曲線　103
下級財　110
拡張型サテライト勘定　21
確報値　17

確々報値　17
格安航空会社　218
家計部門　54
加工統計　14
加重限界効用均等の法則　101-102
加重平均　67
過剰利用傾向　183
可処分所得　37
課税所得　37n
寡占　144
加速度因子　61
加速度係数　61
加速度原理　60
傾き　68
価値の減価（円安）　191
価値の増価（円高）　191
各国に固有な旅行特有産業　25
各国に固有な旅行特有生産物　25
活動の重複計算　20
株式　14
株式市場　70
貨幣供給　199
貨幣市場　199, 200
貨幣需要　199
可変費用　134
為替相場　191
為替レート　107, 189, 190, 191, 192, 195, 196
環境・経済統合勘定（体系）　21, 22
環境サテライト勘定　22
環境容量　278
観光　306
観光開発プロジェクト　74
観光開発を通じた貧困軽減プロジェクト　230
観光価格　206
観光基本法　281
観光供給曲線のシフト要因　160
観光経済　212
観光圏　167
観光サテライト勘定　22, 313

観光サービスの魅力　106
観光産業　20, 23
観光資源　234
観光需要曲線のシフト要因　158
観光需要の価格弾力性　122
観光需要の所得弾力性　122
観光乗数　197
観光消費　35, 87
　——における組み合わせ消費　51
　——における生産との同時性　51
　——の特殊性　51
観光商品　91, 254
観光税　161
観光対象　74
観光庁　27, 311
観光投資　73
観光費用　206
観光部門　74
観光マップ　27
観光容量　236, 238, 278
観光予報プラットフォーム　28
観光立国　32, 208, 214
　——推進基本計画　27, 114, 315
　——推進基本法　27, 114, 270, 281
　——推進法　315
　——宣言　312
勘定　15
関数　36n
間接効果　86
間接税　16
完全競争　143
カントリーリスク　202
感応度係数　86
危機遺産　7
　——リスト　260
企業価値　71
企業価値評価　70
企業物価指数　13
企業部門　54
技術革新　55
技術進歩　210, 211

索　引　*327*

技術進歩率　211
技術的外部性　172, 174
技術的限界代替率　134
技術のスピルオーバー効果　212
基準改定　18
基準年　18
基準年次　17
規制的手段　175
季節性　52
帰属消費　25
基礎消費　36
基礎的機能　234
基礎的支出　111
基礎統計　14
期待（予想）　55
期待（予想）される実質収益　56
期待（予想）収益の割引現在価値　56
機能型サテライト勘定　20
機能指向型サテライト勘定　20
規模に関する収穫逓減　65
客室稼働率　138
キャピタル・ゲイン　66
九州経済調査協会　31
供給者価格　155
供給・使用表　23
行列形式　14
居住者　24
　　──の事業体　24
均斉成長経路　210
金銭的外部性　174
金融緩和　201, 204
金融緩和政策　208
金融技術　3
金融資産残高　15
金融資産の収益率　192
金融ストック　14
金融政策　198, 200
金融投資　54
金融取引　15
金融フロー　14
金利平価説　193

クズネッツ，S. S.　38
クズネッツ型消費関数　39
グッドウィン，R. M.　62
くもの巣調整過程　157, 158
クラウディングアウト　200
グリーンツーリズム　229, 283, 316
　　──法　283
計画投資水準　62
経済協力開発機構　232　→ OECD
経済循環　19
経済成長　209
経済成長政策　208
経済成長率　13, 210, 211
経済的手段　175
経済統計指標　13
経常収支　189, 190, 191
　　──の黒字　202
計測誤差　16
ケインズ，J. M.　57
ケインズ型消費関数　36
ケインズの乗数効果　309
限界 q　72
限界支払意思額　109
限界収入　135, 136, 141
限界消費　136
限界消費性向　36, 80, 194
限界生産力　133
限界税率　38
限界代替率　99
限界費用　135, 136, 137, 138, 141
限界輸出性向　80
限界輸入性向　80
減価償却費　15n
研究開発投資　54
減少関数　58
顕著な普遍的価値　262
コイック，L. M.　62
交易条件　190, 191, 192, 195
公共財　179, 212, 251
　　──の性質　180
　　──の過少供給問題　181

328 索引

公共投資　54, 212
航空　213
交差価格弾力性　103, 127
恒常所得　47
　——仮説　47
更新投資　55
厚生経済学の基本定理　171
公正取引委員会　147
公的資本ストック　74
購買力平価説　192
後発開発途上国　226
幸福のパラドックス　233
国際エコツーリズム年　276
国際観光客到着数　205, 206, 308
国際観光収入　206
国際収支　189, 190
　——の均衡　201, 202, 203
国際収支表　14n
国際的に比較可能な旅行特有生産物　25
国際標準産業分類　20
国際連合教育科学文化機関　259　→ユ
　ネスコ
国勢調査　18
国土交通省　27, 311
国土総合開発法　295
国内経済圏　24
国内最終需要　17
国内純生産（NDP）　15
国内総支出（GDE）　16
国内総所得（GDI）　16
国内総生産（GDP）　15
　——（生産側）　16
　——（支出側）　16
国内旅行　24
国内旅行支出　27
国内旅行者　24
国内旅行消費　27
国民勘定　19n
国民経済計算体系（SNA）　13
国民所得　16
国民総幸福量　233

国民総所得　16
国民旅行　24
国連開発計画　233
国連環境開発計画　6
国連環境計画　6
国連世界観光機関（UNWTO）　2, 25,
　29, 76, 104, 128, 226, 307
国連人間環境会議　6, 276　→ストック
　ホルム会議
個人消費　16
コースの定理　172
固定基準年方式　18
固定係数型の生産関数　61
固定資本係数の仮定　61
固定資本減耗　15
固定相場制　191
固定費用　134
コブ＝ダグラス型生産関数　65, 209,
　211
コミュニティ・ベースド・エコツーリズム
　289
コモディティー・フロー法　17
コモンズ　234
コモンズ論　234
コモンプール財（資源）　179, 182
コモンプールの過剰利用問題　183
雇用者報酬　16
コンコルド効果　144n

サ行
債権　14
在庫投資　16
財・サービス市場の均衡条件　198
最終需要　16, 83
最終生産物　20
財政支出　201
　——の増価　204
財政政策　198, 200, 208
最適資本係数　67
最適資本ストック水準　65
最適投資の条件　72

索引 329

サテライト勘定　19
サービスの国際取引　78
差別化　255
差別価格　164
産業マップ　29
産業連関　19n
産業連関表　17, 81
産業連関分析　81
サンクコスト　143n　→埋没費用
参照年　18
三面等価の原則　16
示威効果　40
JTB 総合研究所　30
資金循環表　14n
シグナリング　179
時系列データ　39
資産境界　20
資産需要　199, 201
支出系列　17
支出面　16
市場価格表示　15
市場集中度　143
市場の失敗　169, 171
自然資産　21
持続可能な開発に関する世界サミット　230
持続可能な観光　228
持続可能な発展　229
自治体比較マップ　27
失業率　13
実質 GDP　15
実物資産残高　15
実物ストック　14
実物投資　54
実物取引　15
実物フロー　14
GDP 成長率　13
GDP デフレーター　18
四半期速報値　17
四半期ベース　17
シフト・パラメター　153, 161

資本　16n
資本係数　61
　——一定の仮定　61
資本財　71
　——の供給価格　55n
　——の更新費用　55
資本サービスの帰属価格　66
資本産出比率　61
資本収益率　57
資本収支　190, 202
　——の赤字　202
　——の黒字　202
資本ストック　14, 56, 71
　——減耗分　66
　——調整原理　62n
　——の瞬時調整　67
資本蓄積率　211
資本と労働の代替可能性　65
資本の外部効果　212
資本の機会費用　56
資本の限界効率　3, 57
資本の限界生産物（力）　66
資本の純輸出　202
資本の使用者費用　66
資本の要素価格　66
資本の流出　204
資本のレンタル価格　66
資本分配率　211
資本労働比率　210
奢侈財　126
奢侈品　111
じゃらんリサーチセンター　31
習慣形成仮説　40
集合的消費　25
習熟効果　212
住宅投資　54
主活動　20n
主観的要素　55
宿泊　50
　——消費額　50
需要曲線　98, 103

需要者価格　156
主要な集計値　27
需要の価格弾力性　109
需要の交差弾力性　110
需要の所得弾力性　110
需要のマーケティング弾力性　111
純投資　55
生涯所得仮説　43
償却率　63
小国の仮定　204
乗数　194, 195, 196
乗数過程　193, 194, 196, 197
消費　14, 35
消費関数　35, 98, 194
　——の弾力性　51
　——のパラドックス　39
消費関数論争　39
消費支出勘定　15
消費者　23
消費者物価指数　206
消費者余剰　109
消費水準　35
消費生産物　25
情報通信技術　207, 212
将来収益の現在価値　70
所得効果　103
所得水準　35
所得弾力性　206
所得分配・使途勘定　15n
処分勘定　15n
ジョルゲンソン, D. W.　65
ジョルゲンソン型投資関数　65
新興国　226
人口マップ　29
新古典派投資関数　65
新古典派の経済成長モデル　209
伸縮的加速度因子　64
伸縮的加速度係数　64
伸縮的加速度原理　62n
人的資本　224
推定上のバイアス　18

ストック　14
ストック調整型投資関数　64
ストック調整原理　62
ストック変数　14
ストックホルム会議　6, 276
スノッブ効果　121
生産額　15
生産勘定　15, 23
生産関数　209, 212
生産境界　20
生産者余剰　142
生産手段　55
生産の資本弾力性　65
生産の労働弾力性　65
生産面　16
生産誘発係数　86
生産要素　16, 54
正常財　110
正の外部性　174
生物生産力　238
政府部門　54
世界遺産　258, 316
　——登録基準　262
世界遺産条約　7, 258
世界経済フォーラム　269
絶対的貧困　232
設備投資　16, 54
セーフハーバー基準　147n
セン, A.　233
潜在能力　233
選択的支出　111
選択保護主義　247
先導者　146
全要素生産性　211
増加関数　58
操業停止点　138
総合保養地域整備法（リゾート法）
　281, 314
総固定資本形成　23
総支出　16
総収入　134

相対所得仮説 40, 40n
　空間的な—— 40
　時間的な—— 40
相対的貧困 232
総費用 134
速報値 17
租税関数 37
粗代替財 127
粗投資 55
その他のサービス消費 79
その他の消費生産物 25
粗補完財 127
ソローの残差 210, 211
ソローモデル 209
損益分岐点 138

タ行
体系基準年 18
代替効果 103
代替財 103
代表的活動 19
太平洋諸島センター 30
タイム・ラグ 157
第6次産業 4
多部門乗数 85
短期資本収支 190 →資本収支
短期消費関数 39 →消費関数
地域経済分析システム 29
地域団体商標制度 163
チェネリー, H. B. 62
置換投資 66
蓄積勘定 15
地方公共団体 29
中央銀行 199
中間需要 17, 82
中間投入額 15
中枢体系 19
中枢分類 20
超過供給 155
超過需要 155
長期資本収支 190 →資本収支

長期消費関数 39 →消費関数
調整係数 63
調整速度 63
調整費用 68
　投資の—— 68
直接効果 86
貯蓄 14
貯蓄率 13
追随者 146
通貨の購買力 191
ツーリズム 306
定員稼働率 138
逓増する調整費用 69
デモンストレーション効果 40
デューセンベリー, J. S. 40
統一通貨 191
当期価値 23
統計上の不突合 16
投資 14
投資関数 60
投資計画（投資プロジェクト） 58
投資財価格 66
投資の限界効率 55-56, 57
投資の限界効率表 58
投資の資金調達コスト 59
投資の調整費用 68
投資の調整費用モデル 67
投資の二重性 208
投入係数 83
等比級数 57n
独占 144
独占的競争 144
特定地域総合開発 295
独立行政法人国際観光振興機構 29n
土地 16n
トービン, J. 70
　——の q 71
　——の q 理論 70
取引需要 199

ナ行

内生的技術進歩　213
内生的成長　212
内生的成長モデル　211，212
内部収益率　57
ナッシュ均衡価格　146
2 次速報値　17
二次統計　14
2 段階指定制度　247
2 部料金制　166
日本観光振興協会　30
日本交通公社　31
日本人国内延べ旅行者数　50
日本人国内旅行消費額　50
日本生産性本部　31
日本政府観光局　29，311
日本版 DMO　130
日本旅行業協会　30
入域税　176
ニュー・ツーリズム　229，316
人間開発指数　233
能力原理　63
望ましい資本ストック水準　60
延べ宿泊者数　221

ハ行

排他的経済水域（EEZ）　293，298
爆買い　220
パッケージ・ツアー　51
歯止め効果　40
バトラーサイクル　149
ハーフィンダール・ハーシュマン指数
　147
バンドワゴン効果　121
日帰り旅行　50
　——消費額　50
日帰り旅行者　24
非貨幣情報　27
非競合性　172
非居住者　24
非金融ストック　14n

非金融フロー　14n
ビザ（査証）　217
ビジット・ジャパン　215
非対称情報　172，177
必需財　111
必需品　126
非凸性　172，176
非排除性　172
BP 曲線　202，203，204
費用最小化問題　133
非旅行関連生産物　25
付加価値　15
付加価値法　17
負荷量　21
不完全市場　171，172
不完全競争　144
副次的活動　20n
付随的活動　20
付属勘定　19n
物価水準　190
物価変動　15
物的接近法　17
物量単位　23
負の外部性　174
部分調整型モデル　70
部分的補完推定量　21
部門　15
プライステイカー　138，163
ブランバーグ，R.　43
フリードマン，M.　47
ブレトンウッズ体制　191
フロー　14
フロー変数　14
プロプアー・ツーリズム　227
文化財保護法　7，245
分配面　16
文明の衝突　263
平均可変費用　137
平均 q　72
平均消費性向　37
平均貯蓄率　41

平均費用　137
閉鎖経済　190, 198
ベルトラン競争　146
変動所得　47
変動相場制　191, 205
ペンローズ曲線　68
ペンローズ効果　68
貿易　195
貿易外収支　190
貿易収支　190
貿易乗数　197
法の遵守　179
訪問者　23
補完財　103
保険サテライト勘定　22
補助金　16
ホスト　223, 224
ホスピタリティ　220, 225
ポリシーミックス　201, 205

マ行

埋没費用　143n, 144n
マクシー・シルバーストーン曲線　136
マクロの一般均衡　200
マーケティング弾力性　127
マーシャル的調整過程　156
マス・ツーリズム　159, 228, 266
マネーストック　14
マンデル・フレミングモデル　198,
　203, 204
ミクロ経済学的基礎　67
ミレニアム開発目標　6, 230
民泊　140
無形文化遺産　260
　——保全活動　260
無差別曲線　98
無償家計生産活動のサテライト勘定　22
無償労働　22
名目為替レート　191
名目 GDP　15
免税制度　219

モータリゼーション　159
モディリアーニ，F.　40, 43

ヤ行

屋久島　285
有償労働　22
輸出　185, 196
輸出乗数　80
輸入　185, 196
輸入係数　83
ユネスコ　7, 259, 316
　——憲章　259
ユーロ　191
要素価格　65
要素所得　16
予算制約　100
予算制約式　43
予想為替レート　193

ラ行

ライオンの経済学　8, 237
ライフ・サイクル　47
　——仮説　43
ライベンシュタイン，H.　121
ラグ構造　67
ラグジュアリーブランド　220
ラチェット効果　40
ラーナー，A. P.　57
　——の独占度　136, 144
リクルートホールディングス　31
リクルートライフスタイル　31
利潤最大化行動　65, 71
利潤最大化の 1 階の条件（ないしは必要条
　件）　65
利潤最大化の 2 階の条件（あるいは十分条
　件）　66n
利潤最大化問題　133
離島振興基本方針　296
離島振興計画　296
離島振興法　293, 303
離島の後進性　294-295

離島ブーム 302
リーマンショック 1, 128
量産効果曲線 136
旅客キロ 214
旅館業法 140n
旅館業法施行令 140n
旅行・観光サテライト勘定（TSA）
　12, 21, 22, 89
旅行（観光）サテライト勘定 22
旅行・観光消費動向調査 27, 50
旅行関連生産物 25, 89
旅行現物社会移転 25
旅行産業 25
　──における総付加価値 27
旅行支出 25
旅行者 24
旅行収支 79
旅行消費 23, 25
旅行総固定資本形成 25
旅行直接国内総生産 23
旅行直接総付加価値 23, 27
旅行特有生産物 25
累積生産集中度 147
劣等財 110
連鎖方式 18
労働 16n
労働人口増加率 210, 211
労働分配率 211
労働誘発係数 87

ワ行

割引因子 56
割引率 56
ワルラス的調整過程 155

我ら共有の未来 229

Fintech 3
GDE 16
GDI 16
GDP 15
GNI 16
GVATI 27
ICT 3
IoT 3
IMF 191
JATA 30
JNTO 29
MICE 315
NDP 15
NI 16
OECD 232
OUV 262
PIC 30
QE 17
RESAS 29
RMF08 23
SEEA 21, 22
SNA 13
TDGDP 23, 27
TDGVA 23, 27
TSA 13, 21, 23, 89
UNWTO 25, 29, 104, 128, 230

53SNA（1953SNA） 13, 89
68SNA（1968SNA） 14
93SNA（1993SNA） 14
08SNA（2008SNA） 14

執筆者紹介（五十音順）

井田貴志（いだ　たかのり）　　　　　　　　　　……第7章，第9章
　　熊本県立大学総合管理学部教授（公共経済学）

今泉博国（いまいずみ　ひろくに）　　　　　　　……第13章
　　福岡大学経済学部教授（環境経済学，厚生経済学）

大熊美音子（おおくま　みねこ）　　　　……第11章，第12章，第18章
　　立教大学大学院ビジネスデザイン研究科博士後期課程

小澤　卓（おざわ　たかし）　　　　　　　　　　……第17章
　　公益財団法人日本離島センター総務・調査係長（公共政策，離島政策）

黒木龍三（くろき　りゅうぞう）　　　　　……第11章，第12章，第18章
　　立教大学経済学部・大学院ビジネスデザイン研究科教授（マクロ経済学，金
　　融経済学）

田家邦明（たいえ　くにあき）　　　　　　　　　……第14章
　　公益財団法人日本農業研究所所長（農業経済学，公共経済学）

ダフチャン，アンナ（DAVTYAN, Anna）　……第11章，第12章，第18章
　　立教大学大学院ビジネスデザイン研究科博士後期課程

中平千彦（なかひら　かずひこ）　　　……編著者　第2章，第3章，第4章
　　明海大学経済学部准教授（応用マクロ経済学，応用計量経済学，経済政策学）

目黒正武（めぐろ　まさたけ）　　　　　　　　　……第15章
　　特定非営利活動法人世界遺産アカデミー特任研究員（世界遺産学）

森　朋也（もり　ともや）　　　　　　　　　　　……第16章
　　山口大学教育学部専任講師（応用経済学，地域研究）

薮田雅弘（やぶた　まさひろ）
　　　　　　　　　……編著者　第1章，第5章，第6章，第8章，第10章
　　中央大学経済学部教授（公共政策，環境経済学，観光政策）

〈編著者紹介〉

中平千彦（なかひら　かずひこ）

明海大学経済学部准教授。埼玉大学教養学部教養学科卒業。国際基督教大学大学院，東京都立大学大学院の博士前期課程修了を経て，（米国）サザンイリノイ大学大学院経済学研究科博士後期課程修了，Ph. D.（Economics）。島根県立大学助教授，准教授，諏訪東京理科大学准教授などを経て，2016 年より現職。
研究分野は，応用マクロ経済学，応用計量経済学，経済政策学，観光経済学など。主な著作は，"A Structural VAR Analysis of the Monetary Policy Stance in Japan," *International Journal of Economic Policy Studies*, vol. 4, pp. 77-103, 2010, "The New Keynesian Phillips Curve for Japan -An Empirical Analysis-," *International Journal of Economic Policy Studies*, vol.6, pp. 99-119, 2012, "The Hybrid New Keynesian Phillips Curve and Firm-level Inflation Expectations in Japan," *International Journal of Economic Behavior and Organization*, vol. 3, issue. 2-1, pp. 60-72, 2015，など。

薮田雅弘（やぶた　まさひろ）

中央大学経済学部教授。1981 年九州大学大学院経済学研究科博士課程単位取得後退学。博士（経済学，中央大学）。1981〜1989 年福岡大学，1989 年福岡大学経済学部教授を経て現職。
専門は，公共政策，環境経済学，観光政策。主な著作は，「コモンプールと環境政策」『計画行政』（共著，18［4］，1995，日本計画行政学会論文賞受賞），『コモンプールの公共政策』（2004，新評論），『環境と資源の経済学』（共編著，勁草書房，2007），"Dynamic Property of a Tourism Destination Network," *Tourism Analysis*,（共著，16［4］，2011，pp. 493-498），『ベーシック応用経済学』（共編著，勁草書房，2015），「エコツーリズムと環境保全」『グローバル社会は持続可能か』（亀山康子・森昌寿編，岩波書店，2015，pp. 119-140），など。

観光経済学の基礎講義

2017 年 7 月 24 日　初版発行

編著者　中平千彦・薮田雅弘

発行者　五十川　直　行

発行所　一般財団法人　九州大学出版会

〒814-0001 福岡市早良区百道浜 3-8-34
九州大学産学官連携イノベーションプラザ 305
電話　092-833-9150（直通）
URL　http://kup.or.jp/
印刷・製本／大同印刷㈱

ⓒ中平千彦・薮田雅弘 2017　　　　　ISBN978-4-7985-0204-5